新时代劳动教育
——"劳动精神 工匠精神 劳模精神"教程

张丽芳 主 编

王晴晴 张 松 李瑞红 杨学英 副主编

清华大学出版社
北京

内 容 简 介

本书以"劳动精神、工匠精神、劳模精神"（以下简称"三种精神"）为核心，以"劳动最光荣，劳动最崇高，劳动最美丽，劳动最伟大"为价值理念，围绕三种精神进行内容设计，彰显中国意蕴、民族传统和时代风尚。本书注重故事讲述，精选能够体现三种精神的技术能手、全国劳模、大国工匠作为典型人物，挖掘他们身上的故事，通过人物故事讲述，向学生传递精神理念，进行知识浸润。本书在编写理念上体现了学生主体，为学生设计了学材，这是本书最大的特点。另外，还专门设计技能培养任务、制订了评判标准，为学生提升劳动技能提供文本。教材和学材相互呼应，形成互补。

本书适合作为高等院校劳动教育课程教材，也可以作为各级各类学校开展劳动教育相关课程和培训的参考用书。

本书封面贴有清华大学出版社防伪标签，无标签者不得销售。
版权所有，侵权必究。举报：010-62782989，beiqinquan@tup.tsinghua.edu.cn。

图书在版编目（CIP）数据

新时代劳动教育："劳动精神　工匠精神　劳模精神"教程 / 张丽芳主编 . — 北京：清华大学出版社，2023.8 (2024.1重印)
ISBN 978-7-302-64374-6

Ⅰ.①新… Ⅱ.①张… Ⅲ.①大学生—劳动教育—高等职业教育—教材 Ⅳ.① G40-015

中国国家版本馆 CIP 数据核字（2023）第 149813 号

责任编辑：张　弛
封面设计：刘　键
责任校对：袁　芳
责任印制：杨　艳

出版发行：清华大学出版社
　　　　网　　址：https://www.tup.com.cn，https://www.wqxuetang.com
　　　　地　　址：北京清华大学学研大厦 A 座　　　邮　编：100084
　　　　社 总 机：010-83470000　　　　　　　　　邮　购：010-62786544
　　　　投稿与读者服务：010-62776969，c-service@tup.tsinghua.edu.cn
　　　　质量反馈：010-62772015，zhiliang@tup.tsinghua.edu.cn
　　　　课件下载：https://www.tup.com.cn, 010-83470410
印 装 者：三河市人民印务有限公司
经　　销：全国新华书店
开　　本：185mm×260mm　　　印　张：15.5　　　字　数：370 千字
版　　次：2023 年 9 月第 1 版　　　　　　　　　 印　次：2024 年 1 月第 2 次印刷
定　　价：56.90 元（全两册）

产品编号：098184-01

编审委员会

主　编：
　　　　张丽芳

副主编：
　　　　王晴晴　张　松　李瑞红　杨学英

编　委：
　　　　刘农责　崔立功　吴　涛　焦莹莹　李家俊
　　　　刘　阳　程兆燕　梁　霄　孙　钊　卜令芳

前　言

党中央、国务院高度重视职业教育，要求把立德树人作为教育的根本任务，培养社会主义建设者和接班人。党的二十大报告进一步突出科教兴国战略、人才强国战略、创新驱动发展战略的地位，首次对教育、科技、人才进行"三位一体"统筹安排，做出了"全面贯彻党的教育方针，落实立德树人根本任务，培养德智体美劳全面发展的社会主义建设者和接班人，加快建设高质量教育体系，发展素质教育，促进教育公平"的战略部署，劳动教育第一次被写入党代会报告，再次彰显其在"全面培养人、培养全面的人"中的重要地位。习近平总书记始终心系全国广大劳动者，深刻阐释劳动的价值和劳动者的作用，在2018年全国教育大会上的重要讲话指出：要努力构建德智体美劳全面培养的教育体系，要在学生中弘扬劳动精神，教育引导学生崇尚劳动、尊重劳动。教育部2019年工作要点明确了大力加强劳动教育的目标任务，全面构建实施劳动教育的政策保障体系，开展劳动教育情况考核、评估和督导，工作措施有：出台加强劳动教育的指导意见和劳动教育指导大纲，修订教育法将"劳"纳入教育方针。2020年3月20日，中共中央、国务院出台《关于全面加强新时代大中小学劳动教育的意见》，强调劳动教育是中国特色社会主义教育制度的重要内容，提出要以习近平新时代中国特色社会主义思想为指导，全面贯彻党的教育方针，坚持立德树人……把劳动教育纳入人才培养全过程，贯通大中小各学段，贯穿家庭、学校、社会各方面。这些都为我们加强劳动教育提供了难得的机遇和政策支持。

职业教育作为一种教育类型，既要发挥实习实训在劳动教育中的独特作用，强化劳动精神、劳模精神、工匠精神的教育，也要尊重劳动教育和青年学生成长的规律，在提高学生劳动认知的基础上，注重劳动实践技能的提升，帮助学生提升劳动意识、劳动能力，养成良好的劳动习惯。所以，高职学段的劳动教育教材不仅要可学，还要可用可练。当下面向高职学生的劳动教育教材大多聚焦劳动理论教育，实践技能培养偏弱。如何在高职院校开展劳动教育的实践研究多停留在构思、摸索层面，缺乏有效的方式方法。

正是基于这样的一种背景和认识，我们试图提供一本高质量的高职劳动教育教材，既可作为劳动课程的教学用书，也可作为师生劳动实践的指导用书；既注重劳动知识的传授、劳动文化的熏陶，也注重劳动技能的训练和劳动习惯的养成。为了强化劳动技能培养和劳动习惯养成，编者在编写教材的基础上还配备了学材。教材分三个模块：理论认知与三种精神、劳动安全与法律法规、三种精神的实践养成与技能提升。各模块下设相应的任务。每个任务都包括名言警句、故事导入、故事分析、问题导入、知识讲授、案例点评、问题思考以及对应的实践训练任务（含劳动实践目标、实践过程、结果呈现、评判标准）。学材可以有效地帮助学生巩固所学知识并内化提升，显现为劳动技能和劳动习惯的养成。

相较于其他劳动教育教材，本书的主要特色有三点：一是在教材内容上，坚持以"劳动精神、劳模精神、工匠精神"三种精神为核心，以"劳动最光荣，劳动最崇高，劳动最美丽，劳动最伟大"为价值理念，围绕三种精神开展内容设计。彰显中国意蕴、民族传统和时代风尚。二是在教材体例上，注重故事讲述，精选能够体现三种精神的技术能手、全国劳模、大国工匠作为典型人物，挖掘他们身上的故事，通过人物故事讲述，向学生传递精神理念，进行知识浸润。三是在教材构成上，增加了学材。学材主要面向学生设计，是本书最大的特点，强调学生劳动技能的提升，专门设计技能培养任务、制订评判标准，为学生提升技能提供文本。教材和学材相互呼应，形成互补。

全书分为三个模块，共22项任务，由具有较高理论水平和实践造诣的教师组成编写团队，由山东劳动职业技术学院张丽芳主持和担任主编，由山东劳动职业技术学院王晴晴、济南职业学院张松、滨州职业学院李瑞红、山东城市建设职业学院杨学英担任副主编。其中模块一由张丽芳、王晴晴、山东青年政治学院刘阳和齐鲁工业大学程兆燕编写；模块二由山东劳动职业技术学院李家俊、梁霄编写；模块三由山东劳动职业技术学院焦莹莹、孙钊、卜令芳编写。东营科技职业学院刘农责、滨州职业学院崔立功、山东城市建设职业学院吴涛提供相关案例、视频、研究成果等资源。教材部分由王晴晴统稿，学材部分由焦莹莹统稿。教材内容、配套课件、视频由张丽芳、王晴晴、张松、李瑞红、杨学英审定。

由于编者水平有限，书中难免有疏漏与不足之处，欢迎广大读者批评、指正。

编　者

2023年4月

教学课件

目 录

模块一 理论认知与三种精神 ... 1

任务一 劳动精神 ... 2
第一节 认识劳动精神 ... 2
第二节 劳动观与劳动精神 ... 10
第三节 劳动精神与职业发展 ... 17

任务二 工匠精神 ... 26
第一节 认识工匠精神 ... 27
第二节 工匠与工匠精神 ... 35
第三节 工匠精神与职业技能 ... 43

任务三 劳模精神 ... 50
第一节 认识劳模精神 ... 50
第二节 劳模与劳模精神 ... 58
第三节 劳模精神与职业道德 ... 65

模块二 劳动安全与法律法规 ... 72

任务一 劳动安全 ... 73
第一节 劳动中的安全风险与事故 ... 73
第二节 劳动安全意识 ... 80
第三节 劳动安全与健康 ... 86

任务二 劳动法律法规 ... 92
第一节 劳动法律关系 ... 93
第二节 劳动条件与劳动权益保护 ... 96
第三节 劳动争议调解与仲裁 ... 103
第四节 实习就业常见法律问题解读 ... 108

模块三　三种精神的实践养成与技能提升 115

任务一　日常生活技能 116
第一节　家务劳动提升生活技能 116
第二节　学校生活劳动提升责任意识 124

任务二　生产性劳动 131
第一节　实习实训与现场管理 132
第二节　创新创业 151

任务三　社会技能 158
第一节　以"技"服人，发挥一技之长 158
第二节　以"志"服人，彰显无边大爱 167

理论认知与三种精神

　　党的十八大以来,习近平总书记多次礼赞劳动创造,讴歌劳模精神、劳动精神、工匠精神。三种精神的学习是培养高素质技术技能人才的必然要求。本模块在重点分析三种精神的基本内涵基础上,通过全国劳模、大国工匠、技术能手、普通劳动者等典型人物讲好劳模故事、劳动故事、工匠故事,用劳模精神感召人、用劳动精神培养人、用工匠精神铸造人,培育爱岗敬业、勤奋工作、锐意进取、勇于创造的时代新人。

任务一 劳动精神

学习目标

知识目标

（1）能复述劳动精神的内涵。
（2）能厘清新时代劳动精神要素的逻辑关系。
（3）能概括马克思主义劳动观的基本内容。
（4）能概括并简述劳动观与劳动精神的关系。
（5）能陈述具备劳动精神的典型人物事迹。
（6）能举例说明劳动精神对职业发展的作用及影响。

能力目标

通过对劳动精神的理解和认同，规划自己的职业发展路径。

素质目标

具备基本的职业素养和劳动素养。

行为养成目标

在学习、工作中知晓如何做到"崇尚劳动、热爱劳动、辛勤劳动、诚实劳动"。

第一节 认识劳动精神

在长期实践中，我们培育形成了爱岗敬业、争创一流、艰苦奋斗、勇于创新、淡泊名利、甘于奉献的劳模精神，崇尚劳动、热爱劳动、辛勤劳动、诚实劳动的劳动精神，执着专注、精益求精、一丝不苟、追求卓越的工匠精神。劳模精神、劳动精神、工匠精神是以爱国主义为核心的民族精神和以改革创新为核心的时代精神的生动体现，是鼓舞全党全国各族人民风雨无阻、勇敢前进的强大精神动力。

——2020年11月24日，习近平总书记在全国劳动模范和先进工作者表彰大会上的讲话

劳动最光荣、劳动最崇高、劳动最伟大、劳动最美丽。

——2018年4月30日，习近平总书记给中国劳动关系学院劳模本科班学员的回信

我们要在全社会大力弘扬劳动精神，提倡通过诚实劳动来实现人生的梦想、改变自己的命运，反对一切不劳而获、投机取巧、贪图享乐的思想。

——2016年4月26日，习近平总书记在知识分子、劳动模范、青年代表座谈会上的讲话

编者的话

在长期社会生活实践中，我们形成了崇尚劳动、热爱劳动、辛勤劳动、诚实劳动的劳动精神，丰富了民族精神和时代精神的内涵，成为中国共产党人精神谱系的重要组成部分。

故事导入

美丽心灵——李萌

党的十九大代表，2012年被评为"北京榜样"十大人物，2018年荣获"全国五一劳动奖章"……李萌身上所承载的荣誉，不仅于此。这位30岁出头的北京姑娘，2007年12月参加工作，2009年11月入党。作为北京市东城区环境卫生服务中心环卫十所"三八女子抽粪班"的班长，李萌义无反顾地选择冲在脏、苦、累的劳动第一线，为的是让这座城市的环境更加美好。李萌说，作为一名环卫工人，她要用劳动托起"中国梦"。

2011年当兵退伍后，李萌放弃了很多"更好的"选择，来到了新中国第一届全国劳动模范时传祥生前工作的单位——东城区环卫中心十所，负责160余座公厕及胡同居民厕所的粪便抽运工作。

开始时，家人反对她做这份工作。父母、亲戚和朋友听说李萌要去抽粪班都来劝阻。面对这个问题，李萌认真地回答道："其实他们说来说去，就是觉得这个工作不体面。"什么是体面呢？李萌坚持自己的选择，而且暗下决心，不仅要干，还要干好，靠自己的努力告诉家人和朋友，工作真的只是分工不同，只要认真坚持，就可以实现人生价值。

"抽粪工作总要有人做，劳动不分三六九等。"为了克服气味难关，她在每天工作结束之前坚决不吃饭来抑制生理反应，总是饿着肚子从事抽粪这项重体力劳动；为了掌握抽粪技术，她每天下班之后都会总结一天的工作经验，然后画图分析技术要领。就这样，不到

半年时间，她就适应了工作环境，掌握了工作技能，将本职工作做得井井有条。

她每天穿梭在纵横交错的狭窄胡同中，要抱着抽满粪便有六七十斤重的粪管来回晃动，把粪井的粪便抽运干净，赶上粪管堵塞，还得用手把杂物抠出来（图1-1）。日复一日，年复一年，为了老百姓舒适整洁的生活，李萌默默奉献，不怕脏、不怕苦、不怕累。多少次，因杂物阻碍粪车通行或压占井盖，不能及时抽运，李萌遭到了居民、商贩的不理解与谩骂，有一次甚至被咬伤了。面对这些，李萌从未退缩，而是努力想办法改进自己的工作，主动与居民协调抽粪的时间，最大限度地满足老百姓的需求，做到服务好、不扰民。她的行动感动了辖区的老百姓。李萌常说："干上这行，就要像我们的老前辈时传祥那样，干一行、爱一行，就得用心干好。如果让我重新选择，我还是会选择参军，来环卫十所工作。部队改变了我的散漫与娇气，而十所教会了我朴实和奉献。一生受用不尽。"

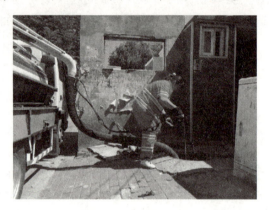

图1-1　李萌在工作

（图片来源：北京长城网）

（资料来源：苏枫.用劳动托起中国梦 [J]. 小康，2022（3）：84-85. http://www.sport.gov.cn/n4/n264/n274/c947900/content.html.）

故事分析： 吃苦耐劳、踏实能干，干一行、爱一行，干一行、精一行，这些都是李萌的优秀品质。参加工作以来，李萌崇尚劳动、热爱劳动、辛勤劳动、诚实劳动，不仅赢得了百姓的尊重，更是在一点一滴实现着自己用劳动托起"中国梦"的愿景。

问题导入： 李萌的美丽心灵美在哪里？她身上有哪些优秀品质值得我们学习？通过李萌的故事，你如何看待劳动精神？

李萌——我觉得环卫工人是个伟大的工作

一、劳动精神的内涵

"崇尚劳动、热爱劳动、辛勤劳动、诚实劳动"，这是对新时代劳动精神的总体概括。全社会要崇尚劳动、见贤思齐，弘扬劳动最光荣、劳动最崇高、劳动最伟大、劳动最美丽的社会风尚。习近平总书记指出："人类是劳动创造的，社会是劳动创造的。劳动没有高低贵贱之分，任何一份职业都很光荣。"人世间的美好梦想，只有通过诚实劳动才能实现；发展中的各种难题，只有通过诚实劳动才能破解；生命里的一切辉煌，只有通过诚实劳动才能铸就。必须牢固树立劳动最光荣、劳动最崇高、劳动最伟大、劳动最美丽的观念，让全体人民进一步焕发劳动热情、释放创造潜能，通过劳动创造更加美好的生活。社会主义是干出来的，新时代是奋斗出来的。"崇尚劳动、热爱劳动、辛勤劳动、诚实劳动"（图1-2）这16个字是对劳动精神的高度概括和生动诠释，为新时代坚持和弘扬劳动精神指明了方向，提供了遵循。

劳动精神是关于劳动的理念认知、价值追求和劳动状态、行为实践的集中体现，在理念认知上表现为全社会尊重劳动、崇尚劳动、热爱劳动、敬畏劳动，因劳获义，追求劳动幸福；在行为实践上表现为劳动者辛勤劳动、诚实劳动、创造性劳动，以及在这些劳动过程中展现的精神状态、精神面貌、精神品质。人类在劳动活动中生成劳动精神，无数具体的勤恳、诚实和创造性的劳动凝结了抽象而普遍的劳动精神。劳动精神是对广大劳动者劳动实践的高度肯定和科学总结。

图 1-2　劳动精神

（图片来源：冀工之家——职工服务平台）

（一）崇尚劳动、热爱劳动

动员广大劳动者立足岗位、成长成才，在劳动中体现价值、展现风采、感受快乐，强调全社会要以辛勤劳动为荣，以好逸恶劳为耻。习近平总书记指出："劳动创造了中华民族，造就了中华民族的辉煌历史，也必将创造出中华民族的光明未来。"劳动创造了人类社会的一切文明，也创造了中华民族的过去、现在、未来。所有的社会进步都是劳动的结果，不是空想和巧合的结果，崇尚劳动既是对社会历史的科学认识，也是人文精神的强烈体现。崇尚劳动、热爱劳动强调干一行、爱一行。劳动对一个自由发展的人来说，是幸福的。劳动能让人的自由潜能被挖掘、激发、培养、展现出来。热爱劳动符合人性，同时也需要人的主观能动性。任何时候任何人都不能看不起普通劳动者，都不能贪图不劳而获的生活。

（二）辛勤劳动、诚实劳动

辛勤劳动表现为勤奋工作、只争朝夕、不辞劳苦、长期坚持。勤劳是中华民族的传统美德，我们自古就有精卫填海、愚公移山的劳动精神。改革开放40多年来，中国取得了伟大的成绩，这是全体中国人民共同奋斗、勤奋劳动的结果。社会创新需要诚实劳动作为坚实的基础，没有创新就很难取得更大的成就。没有对诚信、诚实底线的基本坚守，就不能带动各行各业的进步。辛勤劳动、诚实劳动强调干一行、钻一行，无论时代如何发展，辛勤、诚实永远是劳动的本色。广大劳动者只要踏实劳动、勤勉劳动，在平凡岗位上也能干出不平凡的业绩。

典型案例

傅卫丰：守望田野，追逐"农业梦"

1959 年出生的傅卫丰是个地地道道的农民，也是定海远近闻名的种粮大户。多年来，他始终坚守梦想，一步一个脚印地为他的"农业梦"而奋斗。

"小时候我经常吃不饱，所以对土地和粮食有特别的情感。我当时就一个念头，在这些抛荒的土地上种植庄稼，让大家吃上我种的粮食。"1998 年 5 月，傅卫丰承包土地开始种植水稻。然而创业之路并非一帆风顺。水田育秧、人工插秧、镰刀收割……当时种水稻以传统的耕作方式为主，除劳动强度大外，还要应对自然灾害。2003 年，一场台风几乎让傅卫丰一年的劳动成果付之东流。"水稻刚种下就被大水淹没，亏了不少钱。家里人都让我不要种了，但当时我就想坚持到底。"

2004 年，傅卫丰顺应绿色农业发展趋势，对自家的传统农业进行转型升级，并多次前往我国粮食主产区考察，还积极参加省、市、区和街道举办的粮食种植培训班。他每年拿出经费邀请相关检测机构对承包地的土壤及灌溉水源等进行检测，保证种植的粮食绿色环保。同时，积极推广应用先进实用技术，实现了水稻全程机械化作业。他还选用"秀水 134""嘉 58""嘉禾 218"等优质水稻品种，通过合理施肥、规范管理，使粮食产量达到每亩 600 余公斤（图 1-3）。

图 1-3 傅卫丰在工作
（图片来源：奋斗在希望的田野上——记全国农业劳动模范傅卫丰. 浙江新闻，2020 年 5 月 30 日）

经专家学者及大米加工企业的技术人员鉴定和品尝，傅卫丰种植的大米各项指标均达到或超过部分一级优质米标准。从一个土生土长的传统农民到技术水平较高、善于接受新事物的新型农民，傅卫丰用自己的行动践行着他的"农业梦"。

在事业步入正轨后，傅卫丰也不忘带动周边农户共同致富。2011 年 7 月，傅卫丰联合周边种粮农户组建定海区小沙卫丰农产品专业合作社。通过几年的努力，合作社规模得到了较大发展，社员由 5 名增加到 30 名，不仅实现了合作社社员水稻种植全机械化，还为社员提供插秧、收割、烘干等便民服务。"以前晾晒稻谷最担心下雨，现在再也不用看天的'脸色'。粮食收割上来后，我们直接运到老傅的烘干中心烘干，方便极了。"该合作社社员笑着说。在傅卫丰的带领下，该合作社每年可出售粮食近 400 吨，在当地起到了良好的生产示范作用，创造了可观的经济效益，也提高了当地农户的经济收入。

不断探索和推广新技术，引进新品种，耐心为农户解答种植技术，毫不吝啬提供资金、技术、苗种以及销售等方面的服务，让傅卫丰收获了许多赞美和荣誉，被评为浙江省第二届"河姆渡杯"优秀种粮大户、区第四届农渔村优秀实用人才、区优秀科技示范户、全国农业劳动模范。

（资料来源：奋斗在希望的田野上——记全国农业劳动模范傅卫丰. 浙江新闻，2020-05-30.）

> **案例分析**：傅卫丰几十年如一日地在自己承包的农田里辛勤忙碌：播种、插秧、耕田……作为种粮大户，他还带领乡亲们一起申报水稻产业提升项目，探索种植机械化，享受丰收的喜悦。手中有粮，心中不慌。傅卫丰身上展示出来的是"干一行、爱一行""干一行、钻一行"的劳动精神，他为"农业梦"所做的持续奋斗是"崇尚劳动、热爱劳动、辛勤劳动、诚实劳动"的综合体现。
>
> 正因为有了亿万农民的辛勤付出，才能用汗水换来连年丰收，用双手换来米袋子充实、菜篮子充盈。中国农民用不到世界 9% 的耕地养活了世界近 20% 的人口，为全面建成小康社会、开启全面建设社会主义现代化国家新征程奠定了坚实的基础。

二、劳动精神四要素的逻辑关系

（1）崇尚劳动是基本价值，体现对劳动的价值认同。劳动创造了人类生存所必需的全部物质条件和精神条件，是人类存在和社会发展的前提。人们从劳动过程中获得快乐，从劳动果实中赢得尊重。人类之所以发展、社会之所以进步的原动力，就是对劳动的科学认知和矢志传承。2015 年 4 月 28 日，习近平在庆祝"五一"国际劳动节暨表彰全国劳动模范和先进工作者大会上指出："无论时代条件如何变化，我们始终都要崇尚劳动、尊重劳动者，始终重视发挥工人阶级和广大劳动群众的主力军作用。""劳动是人类的本质活动，劳动光荣、创造伟大是对人类文明进步规律的重要诠释。""要在全社会大力弘扬劳模精神、劳动精神，引导广大人民群众树立辛勤劳动、诚实劳动、创造性劳动的理念，让劳动光荣、创造伟大成为铿锵的时代强音，让劳动最光荣、劳动最崇高、劳动最伟大、劳动最美丽蔚然成风。"

（2）热爱劳动是基本态度，体现对劳动的情感认同。情感是态度的核心成分。热爱劳动是在对劳动崇尚和追求的基础上，对劳动行为的一种内在选择和情感表达，比崇尚劳动上升了一个层次，即对劳动的态度由自在阶段达到自为阶段，表现为对劳动内心的热爱和行为的习惯。

（3）辛勤劳动是基本要求，体现对劳动的实践认同。劳动在本质上是实践的，包括人改造自然的生产实践、变革社会关系的社会实践和探索世界规律的科学实验活动，这些实践的过程必须通过辛勤劳动去实现，需要劳动者勤奋敬业、埋头苦干、辛辛苦苦、勤勤恳恳地为他人和社会提供产品和服务。"民生在勤，勤则不匮。"幸福不会从天降，美好生活靠劳动创造。辛勤劳动是广大人民群众发家致富的基本保障。辛勤劳动也是实现自身发展的基础条件。新时代劳动精神倡导每个人通过自己的劳动，收获满足感、快乐感、尊严感，在创造丰富物质财富的同时，拥有丰盈的精神世界。

（4）诚实劳动是基本保障，体现对劳动的道德认同。这是劳动者在客观世界劳动过程中的一种境界，既是对待劳动的道德准则，也是劳动者的行为规范。诚实劳动是基本的劳动伦理，要求在劳动过程中恪尽职守、遵规守纪，内诚于心、外信于人，言行一致、诚实守信，达到内在道德修养与外在行为准则的统一。中华文化强调"言必信，行必果""人而无信，不知其可也"，习近平在2013年同全国劳动模范代表座谈时也指出："劳动是财富的源泉，也是幸福的源泉。人世间的美好梦想，只有通过诚实劳动才能实现；发展中的各种难题，只有通过诚实劳动才能破解；生命里的一切辉煌，只有通过诚实劳动才能铸就。"

辛勤劳动是基本的劳动状态，诚实劳动是基本的劳动伦理，创造性劳动则是基本的劳动目标。劳动创造了中华民族，也铸就了中国成就。中华民族是勤于劳动、善于创造的民族。正是因为劳动创造，我们才能拥有五千年中华文明的历史辉煌；正是因为劳动创造，我们才能拥有21世纪中国特色社会主义的发展成就。劳动创造了中国革命、建设、改革各个历史时期的成就，并将继续创造新的辉煌。克服关键技术瓶颈限制，建成富强、民主、文明、和谐、美丽的社会主义现代化强国，从根本上也要靠劳动者创造。

三、新时代劳动精神的发展

（1）中华优秀传统文化是劳动精神的文化基础。劳动精神与中华民族崇尚劳动的文化传统分不开，勤劳是中华民族最基本最突出的传统美德。中华民族之所以能在人类的历史长河中屹立不倒，创造出璀璨的民族文化和辉煌的民族历史，都要归功于劳动。早在春秋时期，便有"民生在勤，勤则不匮"的箴言；东晋陶渊明曾发出"人生归有道，衣食固其端。孰是都不营，而以求自安？"的诘问；民间亦有"富贵本无根，尽从勤里得"的谚语。这些箴言、诗歌、谚语凸显了劳动在人的生存和发展中的重要性，表达了尊重劳动、崇尚劳动的文化传统。传统文化作品注重对劳动精神的人格化塑造，比如《诗经》等文学作品就生动反映了我国劳动人民对劳动实践的赞美、尊重和认同，让劳动精神从根基上就拥有了勤劳勇敢、吃苦耐劳、崇尚劳动的人格化品质。

思考题

女娲耗费心血炼石补天，大禹治水三过家门而不入，后羿射日救民于炙烤之中，神农尝百草以身试毒，这些神话故事体现了哪些劳动品质？

（2）中国共产党领导下的人民群众的劳动活动是劳动精神的实践基础。土地革命时期，党在革命根据地开展打土豪、分田地的革命斗争，极大地激发了农民的耕作热情，解除了制约生产力发展的桎梏。抗日战争时期，党领导抗日根据地人民掀起热火朝天的大生产运动，为化解根据地供需矛盾、赢得抗日战争的胜利奠定了坚实的物质基础，同时也孕育了自力更生、艰苦奋斗的拼搏精神，成为劳动精神的重要组成部分。解放战争时期，党在解放区实行土地改革，"耕者有其田"、按人口平均分配土地等政策的实施，使农民翻身获得解放，极大地提高了劳动农民的生产积极性和革命热情，在劳动人民中树立了"劳动光荣、劳动致富"的劳动观念。随着科学技术对生产力推动作用的日益凸显，历届党和国家领导人都将发展科学技术放在重要位置，激励着成千上万的知识分子以锐意进取、敢于创新的精神勇攀科学技术高峰，献身国家科技事业。"尊重劳动、尊重知识、尊重人才、尊重创造"成为改革开放以来的时代强音。

（3）社会主义核心价值观是劳动精神生成的价值导向。劳动精神是社会主义核心价值观的应有之义，既包括对劳动价值的判断，也包括对劳动的态度，生动诠释了社会主义核心价值观中蕴含的劳动内容。首先，劳动价值的回归与社会主义核心价值观的价值理念相吻合。中国梦的实现"根本上靠劳动，靠劳动者创造"。"富强、民主、文明、和谐"是社会主义核心价值观在国家层面的准则，与劳动精神的价值倡导高度一致。只有广大学生树立正确的劳动观念，积极参加劳动实践，才能确保"富强、民主、文明、和谐"的价值观念在中国大地落地生根。其次，劳动态度的培养与社会主义核心价值观的价值准则相契合。弘扬劳动精神有利于培养学生"爱岗敬业、争创一流、艰苦奋斗、勇于创新"的劳动态度，这与社会主义核心价值观在个人层面提倡的"爱国、敬业、诚信、友善"的价值准则高度契合。最后，劳动实践的锻炼与社会主义核心价值观的价值取向相融合。劳动实践中锻炼的岗位意识、职业精神、进取精神、拼搏精神、创新精神、家国情怀和奉献精神等，正是对社会主义核心价值观的生动呈现。

四、劳动精神的时代意义

劳动精神是中国共产党人精神谱系的重要组成部分。中国共产党人精神谱系的每一种精神都具有独特的内涵和鲜明的特征，有一脉相承、交融互通的共同特质，都是在马克思主义、共产主义信仰这个同根同源的基础上生长起来的，是党的一系列优良传统和作风的集中概括。劳动是人类维持自我生存和发展的重要手段，是创造价值的唯一源泉，是推动经济社会发展的根本力量，更是中国共产党人保持政治本色的重要途径、保持政治肌体健康的重要手段。在党的领导下，我国工人阶级和广大劳动群众与祖国同成长、与时代齐奋进，不仅铸就了辉煌的业绩，也形成了劳动精神，成为中国共产党人精神谱系中不可或缺的重要内容，并在劳动创造中不断丰富和发展了这一精神谱系。

劳动精神集中体现了党的性质和宗旨。劳动精神彰显了中国共产党人的理想信念、根本宗旨、道德品质、工作作风和精神风貌。为中国人民谋幸福、为中华民族谋复兴是党的初心和使命，全心全意为人民服务是党的根本宗旨。人民幸福、民族复兴不是等来、喊来的，而是拼出来、干出来的。当前，我们已经全面建成小康社会，正在为实现第二个百年奋斗目标团结奋斗。立足新发展阶段，贯彻新发展理念，构建新发展格局，推动高质量发展，实现共同富裕，必须大力弘扬劳动精神，高度重视劳动、尊重劳动，贯彻尊重劳动、尊重知识、尊重人才、尊重创造的方针，营造脚踏实地、勤劳创业、实业致富的社会氛围，引导广大劳动者通过劳动创造美好幸福生活。

延伸阅读

"社会主义是干出来的"——劳动，通向伟大梦想

早在20世纪30年代，为发展生产、武装自己，党在苏区开展了热火朝天的生产运动。40年代，党在陕甘宁边区开展了"大生产运动""新劳动者运动"，涌现出"边区工人一面旗帜"赵占魁、"兵工事业开拓者"吴运铎等先进人物。

新时代劳动教育
——"劳动精神 工匠精神 劳模精神"教程

陕北南泥湾,延安大生产运动纪念碑静静矗立。碑身上,"自己动手,丰衣足食"八个大字遒劲有力。

抗日战争进入相持阶段后,由于日军的疯狂进攻和大规模"扫荡",国民党顽固派的军事包围和经济封锁,陕甘宁边区及各抗日根据地财政经济发生极大困难,一度陷入没粮、没油、没纸、没衣、没经费的境地。危难之际,党中央号召边区军民自力更生,克服困难。"力"在何处?在广大劳动者中!

一场轰轰烈烈的大生产运动在黄土高原开展起来——1941年春,迎着料峭寒风,三五九旅的战士们肩挎钢枪、手握镢头,挺进南泥湾垦荒。广大军民以高昂的劳动热情,将荒无人烟的"烂泥湾"变成庄稼遍地、牛羊成群的"陕北好江南"。

纺一根线、垦一亩荒,边区军民在逆境中自己动手、丰衣足食,顽强生存、英勇斗争。毛泽东指出"这是中国历史上从来未有的奇迹"。

劳动是推动人类社会进步的根本力量,是通向伟大梦想的进步阶梯。

社会主义是干出来的。从烽火连天的革命年代,到如火如荼的建设岁月,再到波澜壮阔的改革大潮,长期以来,在党的领导下,我国工人阶级和广大劳动群众始终站在时代前列,用汗水和智慧奏响"咱们工人有力量"的主旋律。

中华人民共和国成立后,在轰轰烈烈的爱国主义劳动竞赛中,涌现出"高炉卫士"孟泰、"铁人"王进喜等劳动模范。改革开放后,"蓝领专家"孔祥瑞、"金牌工人"窦铁成等一大批劳动模范和先进工作者,积极投身改革开放和社会主义现代化建设,为国家和人民建立了杰出功勋。老工人孟泰带领工友献交器材、刨开冰雪收集废旧零件,硬是没有花国家一分钱,建成鞍钢当时著名的"孟泰仓库";产业工人许振超带领班组练就"一钩准""一钩净""无声响操作"等绝活,多次刷新集装箱装卸世界纪录;航天科技"嫦娥"团队勇于探索,成功研制我国第一颗月球探测卫星——嫦娥一号……一座座丰碑上,镌刻着不同时代劳动者只争朝夕、奋力拼搏、开拓创新的身影。

劳动精神专题视频

习近平总书记强调:"正是因为劳动创造,我们拥有了历史的辉煌;也正是因为劳动创造,我们拥有了今天的成就。"

(资料来源:中国共产党人的精神谱系 | 勤奋工作 踏实劳动——劳动精神述评.共产党员网,2021-09-22.)

话题讨论: 观看、学习《劳动精神》专题视频,谈谈你对劳动精神的理解。

第二节 劳动观与劳动精神

> 任何一个民族,如果停止劳动,不用说一年,就是几个星期,也要灭亡。
> ——马克思

> 劳动创造世界。
>
> ——马克思
>
> 体力劳动是防止一切社会病毒的伟大的消毒剂。
>
> ——马克思
>
> 历史破天荒第一次被置于在它的真正基础上；一个很明显的而以前完全被人忽略的事实，即人们首先必须吃、喝、住、穿，就是说首先必须劳动，然后才能争取统治，从事政治、宗教和哲学等——这一很明显的事实在历史上的应有之义此时终于获得了承认。
>
> ——恩格斯

编者的话

劳动是马克思主义理论体系的一个起始范畴和核心范畴。马克思和恩格斯以劳动为出发点和主线，发现了劳动在人和人类社会产生与发展中的重要作用，系统阐释了以劳动历史观、劳动幸福观、劳动解放思想为主要内容的马克思主义劳动观，揭示了其中蕴含的劳动精神的深刻内涵。

故事导入

一切幸福都源于劳动和创造

一切幸福都源于劳动和创造。回首奋斗路，是中国共产党带领工人阶级和广大劳动群众，以劳动托起中国梦。

重庆市巫山县竹贤乡下庄村老支书毛相林率乡亲们历时7年，在绝壁上凿出一条8千米长的"绝壁天路"，带领群众摘掉贫困帽，走上致富路；"人民楷模"、太行山上"新愚公"李保国扎根太行山35年，用辛勤的劳动和科研成果把富裕和希望带给农民……

0.00068毫米的加工公差，意味着什么？这相当于头发丝直径的1/125，连数控机床都难以实现。这不可思议的加工公差出自方文墨之手。这位航空工业沈阳飞机工业（集团）有限公司首席技能专家说："开始很多人说我不适合干这行，但我既然选择了，就一定要做到最好。"凭着追求"最好"的劲头，他不断挑战打磨精度的边界，让"文墨精度"名震业内。

一片钢板能够薄到什么程度？太钢集团不锈钢"手撕钢"创新研发团队不断给出新答案。2018年，在经历700多次失败、攻克175个设备难题、452个工艺难题后，这支团队自主研发的0.02毫米"手撕钢"成功面世，有效破解了制约我国高精尖领域长远发展的材料难题；2017年，团队再次突破极限，轧出了光如镜、质地硬、厚仅0.015毫米的"手撕钢"……（图1-4）

团队技术员廖席说："创新是什么？是干别人干不了的，挑战不可能！"

新时代劳动教育
——"劳动精神 工匠精神 劳模精神"教程

图1-4 方文墨在打磨零件

（图片来源：新华社记者杨青，2021年4月12日摄）

劳动者的字典里没有"不可能"。无数像方文墨、太钢集团创新研发团队这样的劳动者及团队，以争创一流、勇攀高峰之志，赋予劳动精神丰富的时代内涵。

在2020年全国劳动模范和先进工作者表彰大会上，习近平总书记发出"努力建设高素质劳动大军"的号召，强调"要增强创新意识、培养创新思维，展示锐意创新的勇气、敢为人先的锐气、蓬勃向上的朝气"，为新时代劳动者指明了奋斗方向。

（资料来源：中国共产党人的精神谱系：勤奋工作 踏实劳动——劳动精神述评.新华社，2021-09-22.）

故事分析： 劳动开创未来，奋斗成就梦想。2013年，习近平在全国劳动模范代表座谈会上指出："必须牢固树立劳动最光荣、劳动最崇高、劳动最伟大、劳动最美丽的观念。"如今，在古老的神州大地上，梦想与希望扬帆启航，正向着第二个百年奋斗目标迈进。无数岗位上的各类劳动者，坚守正确劳动观，发扬劳动精神，以奋斗为笔、用汗水作墨，正在挥毫绘就美好生活新画卷。

问题导入： 这些劳动者身上体现了哪些劳动价值观？它们与马克思主义劳动观有什么样的关联？

一、马克思主义劳动观的基本观点

马克思主义劳动观是创立唯物史观和剩余价值学说的基础。从人类自身的起源和发展来看，劳动具有决定性作用。构成人类赖以存在的现实世界的关键要素之一正是人的劳动，而且这种劳动并不是抽象层面的劳动，而是作为人类实践活动最基本形式的生产劳动，这是区分人与动物的关键。

（1）劳动创造了人。劳动创造了人类生存所必需的全部物质条件和精神条件。劳动在人类社会发展中具有基础性的作用，是人的生命存在和全部社会活动的前提。作为生命存在的人要解决吃、穿、住的生活问题，必须从事生产劳动，通过劳动改造自然，从大自然中获取生活资料，改造自然界，以满足自身需求。人类在劳动过程中开始越来越多地体现自己的主观能动性，将人类从动物界分离出来的就是这种有意识的劳动过程。通过劳动，人类就可以证明自身的诞生和形成。

（2）劳动是人类全部社会关系形成和发展的基础。劳动是社会中的劳动，在物质生产劳动中，人们一方面同自然界发生关系，另一方面在人们之间又结成了生产关系，形成一定的社会关系，即产生了社会。社会就是个人彼此间关系的总和。

（3）劳动是促进社会历史发展的根本推动力量。社会发展的最终决定力量不是精神、意志、神灵，而是人的劳动实践。在马克思、恩格斯看来，人不仅凭借劳动满足最基本的生存需要，实现社会财富的创造和积累，而且最终要通过劳动来实现人之为人的自由本质。劳动不但创造了人的物质生活，也充盈着人的精神世界，使人得以成长。

马克思主义劳动观是唯物史观的核心内容，是中国共产党人劳动思想的理论源泉。马克思主义认为，劳动是人类最基本和最重要的社会实践，是人类社会生存和发展的根本前提，劳动至上是马克思主义的重要原则，劳动价值论是马克思主义政治经济学的理论基石。党的十八大以来，在继承和发展马克思主义劳动观的基础上，中国共产党逐步形成了新时代的马克思主义劳动观，即中国特色社会主义劳动思想体系。让大学生学习马克思主义劳动观，有利于树立劳动创造世界的马克思主义劳动观点，批驳轻视劳动、轻视劳动人民的剥削阶级观点，使大学生牢固树立马克思主义劳动观，认识到劳动人民既是历史的创造者，又是中国特色社会主义事业的建设者和主人，从而投身到社会主义建设的伟大事业中。

二、当代劳动价值观的内容

马克思认为，劳动不仅是谋生的手段，更是通向客观世界与主观世界的媒介，也是实现人性至美至善、彻底自由的必由之路。马克思主义劳动观认为，劳动价值具有四重基本内涵，即劳动的人学价值、社会价值、历史价值与生态价值。它把人从自然中高贵地立了起来，丰富了高贵的人性，创造了伟大的文明。

早在2013年，习近平总书记在同全国劳动模范代表座谈会时指出："劳动最光荣，劳动最崇高，劳动最伟大，劳动最美丽。"习近平总书记系统阐述了劳动价值观的四个维度，将劳动和治国理政紧紧联系起来，引导广大民众树立新时代的劳动价值观，树立劳动"四最"观念。"四最"理念是每个劳动者都应该自觉树立和遵守的，鼓励所有人勤勉工作。习近平总书记要求在全社会树立正确的劳动价值观，即"四最"理念，要让所有人认识到劳动的光荣、崇高、伟大和美丽。劳动是无比光荣的，没有贵贱之分，所有参与劳动的人都是伟大和美丽的。在辛勤的汗水中创造的价值，是推动社会发展最重要的力量。

典型案例

习近平给中国劳动关系学院劳模本科班学员的回信

中国劳动关系学院劳模本科班的同志们：

你们好！"五一"国际劳动节前夕，收到你们的来信，我感到十分高兴。你们为党和国家事业发展做了突出贡献，被评为劳动模范，如今又在读书深造，这是对大家辛勤劳动、无私奉献的褒奖，也是党和国家对劳动者的关怀。

> 社会主义是干出来的，新时代也是干出来的。希望你们珍惜荣誉、努力学习，在各自岗位上继续拼搏、再创佳绩，用你们的干劲、闯劲、钻劲鼓舞更多的人，激励广大劳动群众争做新时代的奋斗者。
>
> 我一直强调，劳动最光荣、劳动最崇高、劳动最伟大、劳动最美丽。全社会都应该尊敬劳动模范、弘扬劳模精神，让诚实劳动、勤勉工作蔚然成风。
>
> 值此"五一"国际劳动节之际，我向你们、向全国所有劳动模范、向全国广大劳动者，致以节日的问候。
>
> 习近平
2018 年 4 月 30 日
>
> （资料来源：习近平给中国劳动关系学院劳模本科班学员的回信.新华社，2018-04-30.）
>
> **案例分析**：习近平总书记的回信，褒扬劳动模范为党和国家事业发展做的突出贡献，勉励广大劳动模范珍惜荣誉、努力学习，继续拼搏、再创佳绩，激励广大劳动群众争做新时代的奋斗者，着重强调社会主义是干出来的，新时代也是干出来的。回信中再次强调"劳动最光荣、劳动最崇高、劳动最伟大、劳动最美丽"，充分体现了对劳动精神、实干作风的有力倡导。

三、马克思主义劳动观与劳动精神的关系

劳动是马克思主义理论体系的一个起始范畴和核心范畴。马克思和恩格斯以劳动为出发点和主线，发现了劳动在人和人类社会产生与发展中的重要作用，系统阐释了以劳动历史观、劳动幸福观、劳动解放思想为主要内容的马克思主义劳动观，揭示了其中蕴含的劳动精神的深刻内涵。

劳动精神建立在马克思主义劳动观的理论基石上，汲取中华优秀传统文化中的劳动理念，形成于中国人民伟大社会历史实践之中，丰富和发展于中国特色社会主义新时代。劳动精神以爱岗敬业、勤奋务实为其固有本色，以诚实守信、艰苦奋斗为其鲜明特色，以敢于挑战、勇于创新为时代亮色。劳模精神和工匠精神是劳动精神在新时代的具体化、典型化和升华。

马克思主义劳动观是劳动精神的理论基础。劳动是人类的本质，没有劳动就没有人类的生存，没有劳动就没有人类的发展，劳动是确证人的本质的关键因素。马克思说："自由的有意识的活动恰恰就是人的类特性。""自由的有意识的活动"即劳动，是一切人所共有的一般本质。马克思主义认为，"整个所谓世界历史不外是人通过人的劳动而诞生的过程"，这说明劳动是人类社会生存和发展最基本、最重要的实践。劳动创造人类。在《劳动在从猿到人的转变中的作用》一文中，恩格斯详尽描述了人猿相揖别的过程。劳动是这个过程中最重要的推动力量。劳动发展人类。人类不同于动物的根本区别在于人具有社会性。通过劳动，人由生物学意义上的人转变为拥有社会属性的人，进而发展为完全意义上的人，也即真正的人是通过从事物质资料生产劳动进入一定社会生产关系之中的人。劳动

既是财富的源泉,也是实现人的解放的路径。马克思在经过漫长的思想苦旅之后,找到了实现人的解放的根本路径——劳动。劳动生产力水平的提高,将劳动者从繁重、机械的劳动中解放出来,人们有更多的可支配时间发展自己的兴趣爱好,提升自我的素质能力,为人的自由全面发展创造了条件。

劳动精神丰富和发展了马克思主义劳动价值论和劳动观。劳动至上是马克思主义的重要原则,劳动价值论是马克思主义政治经济学的理论基石。马克思主义认为,劳动是人类最基本和最重要的社会实践,"是整个人类生活的第一个基本条件,而且达到这样的程度,以至于我们在某种意义上不得不说:劳动创造了人本身","在劳动发展史中找到了理解全部社会史的钥匙"。弘扬劳动精神,对劳动在人类活动中的地位及劳动者的尊严给予应有的肯定和褒扬,是对马克思主义劳动观的实践和拓展。

总之,以劳动历史观、劳动幸福观和劳动解放思想为主要内容的马克思主义劳动观,是劳动精神深层次的理论根基,蕴含着"劳动最光荣、劳动最崇高、劳动最伟大、劳动最美丽"的劳动价值观。只有从马克思主义劳动观出发,才能深刻理解劳动精神的内在逻辑,在全社会形成崇尚劳动、尊重劳动的社会风尚,激发人们诚实劳动、勤勉劳动的内在热情和劳动品质。

用实干践行马克思主义劳动观

习近平总书记在"五一"国际劳动节前夕,给中国劳动关系学院劳模本科班的同志们回信,站在坚持和发展新时代中国特色社会主义的战略高度,勉励全国劳动模范"珍惜荣誉、努力学习""用你们的干劲、闯劲、钻劲鼓舞更多的人,激励广大劳动群众争做新时代的奋斗者",强调"社会主义是干出来的,新时代也是干出来的",重申"劳动最光荣、劳动最崇高、劳动最伟大、劳动最美丽",号召"全社会都应该尊敬劳动模范、弘扬劳模精神,让诚实劳动、勤勉工作蔚然成风"。这些重要思想开辟了马克思主义劳动思想新境界。

丰富马克思主义劳动历史观,彰显尊重劳动的人民立场

习近平总书记的回信丰富了马克思主义劳动历史观,彰显了习近平新时代中国特色社会主义思想尊重劳动的人民立场。马克思通过深入研究和精湛阐发劳动及其规律,运用劳动这把"理解全部社会史的钥匙"认识历史、认识人类、认识世界,从而在"繁芜丛杂"的社会关系中揭示了人类社会发展的一般规律,指明了人类前进的基本方向。劳动在马克思主义哲学、马克思主义政治经济学和科学社会主义中是一个理论枢纽,是联系三个组成部分的中介,是马克思主义实践观、群众观、阶级观、发展观、矛盾观的基础,甚至在一定意义上可以说,劳动是马克思"两个伟大发现"的基石,劳动是社会必须围绕其旋转着的"太阳"。人通过劳动成为人,人通过劳动解放自己。只有深入理解、正确把握劳动,才能真正理解和把握马克思主义理论是"人民实现自身解放的思想体系"。

习近平总书记在回信中,进一步丰富了劳动范畴,把劳动与开创中国特色社会主义新时代联系起来,明确提出"社会主义是干出来的,新时代也是干出来的",并且重申"劳动最光荣、劳动最崇高、劳动最伟大、劳动最美丽",实现了劳动"事实"与劳动"价值"的高度统一,马克思主义的劳动历史观与劳动认识论的高度统一,赋予了劳动以解释、改变、伦理、审美的时代内涵，拓宽了劳动视界，升华了劳动的本质。习近平总书记关于崇尚劳动、尊重劳动的思想，丰富了马克思主义劳动历史观。

丰富马克思主义劳动价值观，彰显劳动情怀

习近平总书记的回信丰富了马克思主义劳动价值观，彰显了习近平新时代中国特色社会主义思想的劳动情怀。"人民"是马克思主义的核心概念，整个马克思主义原理，归根结底就是为人类求解放，建立"自由人联合体"。

马克思主义第一次站在人民的立场探求人类自由解放的道路，以科学的理论为最终建立一个没有压迫、没有剥削、人人平等、人人自由的理想社会指明了方向。马克思主义之所以具有跨越国度、跨越时代的影响力，就是因为它植根人民之中，指明了依靠人民推动历史前进的人间正道。

习近平总书记在回信中，丰富了马克思主义劳动范畴，把劳动与成功和幸福联系起来，认为劳动是一切成功的必经之路。今天，我们要实现"两个一百年"的奋斗目标，实现中华民族伟大复兴的中国梦，归根结底要靠辛勤劳动、诚实劳动、科学劳动。因此，必须在全社会大力弘扬劳动光荣、知识崇高、人才宝贵、创造伟大的时代新风，促使全体社会成员弘扬劳动精神，推动全社会热爱劳动、投身劳动、爱岗敬业，为改革开放和社会主义现代化建设贡献智慧和力量。

我们要通过各种措施和方式，教育和引导广大青少年牢固树立热爱劳动的思想、牢固养成热爱劳动的习惯，为祖国发展培养一代又一代勤于劳动、善于劳动的高素质劳动者。

丰富马克思主义劳动政治观，彰显共产党人的政治信念

习近平总书记的回信丰富了马克思主义劳动政治观，彰显了习近平新时代中国特色社会主义思想中共产党人的政治信念。在人类发展历史上，只有马克思主义政党的成立，劳动人民才在政治上由被动转为了主动，才成为自己命运的主人，才成为解放自身和解放全人类的根本政治力量。这种政治力量既是劳动的主体，又是创造历史的主体，更是改变世界的主体。正如毛泽东同志所说："人民，只有人民，才是创造世界历史的动力。"因此，如何对待劳动、劳动者、劳动模范、劳模精神，就合乎逻辑地是一个严肃的政治问题。

习近平总书记在回信中强调"劳动最光荣、劳动最崇高、劳动最伟大、劳动最美丽"，这既是基于对人类社会发展一般规律的深刻把握，又是基于中国特色社会主义新时代做出的价值判断。习近平总书记高度赞赏新时代劳模精神。劳模精神是社会主义核心价值观的生动展现，新时代劳模精神因其从个别发现一般，从现象发现本质，从偶然发现规律，因而超越时空、超越地域、超越民族，在蓬勃发展的中国特色社会主义新时代，自然成为弘扬社会主义核心价值观的精神向导。

丰富马克思主义劳动人生观，彰显共产党人的人生境界

习近平总书记的回信丰富了马克思主义劳动人生观，彰显了习近平新时代中国特色社会主义思想中共产党人的人生境界。马克思说过："如果我们选择了最能为人类而工作的职业，那么，重担就不能把我们压倒，因为这是为大家做的牺牲；那时我们所享受的就不是可怜的、有限的、自私的乐趣，我们的幸福将属于千百万人，我们的事业将悄然无声地存在下去，但是它会永远发挥作用，而面对我们的骨灰，高尚的人们将洒下热泪。"作为伟大的革命家、思想家，马克思立志为人类的幸福而斗争，强调劳动改变人生，劳动改变世界，赋予了马克思主义以通过劳动观察时代、解释时代、引领时代的哲学智慧。

习近平总书记在回信中,把劳动与人生、荣誉联系起来,提出"希望你们珍惜荣誉、努力学习,在各自岗位上继续拼搏、再创佳绩,用你们的干劲、闯劲、钻劲鼓舞更多的人,激励广大劳动群众争做新时代的奋斗者",这就给劳动赋予了高尚的人生追求和特殊时代意蕴,实现了普通劳动者的人生价值与开辟中国特色社会主义新时代的高度统一。

如果说"解释世界"是为了"改变世界",那么在中国特色社会主义新时代,唯有通过劳动,实践马克思主义劳动观,在统筹推进"五位一体"总体布局、协调推进"四个全面"战略布局中,突出劳动的历史地位,我们才能更有定力、更有自信、更有智慧地坚持和发展新时代中国特色社会主义,确保中华民族伟大复兴的巨轮始终沿着正确航向破浪前行,才能在劳动中展现中国共产党人的人生境界,从而始终同广大劳动人民在一起,用干劲、闯劲、钻劲共同谱写新时代中国特色社会主义新篇章。

(资料来源:田鹏颖.用实干践行马克思主义劳动观[N].光明日报,2018-05-23.)

话题讨论: 通过学习,你认为大学生应该如何树立正确的劳动观?

第三节 劳动精神与职业发展

> 人类是劳动创造的,社会是劳动创造的。劳动没有高低贵贱之分,任何一份职业都很光荣。
>
> ——习近平
>
> 我当国家主席,你(时传祥)当淘粪工人,只有分工不同,没有高低贵贱之分,都是人民的公仆。
>
> ——刘少奇

编者的话

劳动精神是职业精神的一部分,是职业态度的体现,同时是职业意识的升华。劳动精神是推动职业发展、取得职业成就的内在动力。

故事导入

最美劳动者是如何炼成的

一台笔记本电脑:释放劳动创造的潜力

"我是幸运的,能够在我国航天事业上释放劳动热情和创造潜力。"记者在中国航天科工二院二八三厂的数控机床旁看到23岁的胡兴盛时,他刚刚获得2022年全国五一劳动奖章。

维护数控机床维修工,除了活用传统老钳子、螺栓、扳手工具外,更多依靠一台笔记

新时代劳动教育
——"劳动精神 工匠精神 劳模精神"教程

图1-5 胡兴盛在工作中检查故障问题
（图片来源：新华网）

本电脑，排查端口、信号故障。

数控机床操作对精度要求高。在几何精度检验、几何精度补偿等环节，他和同事进行过成千上万次的演练，使机床操作更加精确，以满足工件生产的要求。不仅如此，一年多的时间里，他还研制了多项设备。（图1-5）

其中一项石墨套管自动打磨装置，突破了现有生产瓶颈，使无人自动打磨生产效率提升80%；改变现有人工涂脂方式，实现轴承自动涂脂，将生产效率提升了200%……

2021年，他参加了第七届全国职工职业技能大赛北京市"数控机床装调工"项目的选拔赛，并获得第一名。随后的全国同项目赛事中，他斩获该项目全国一等奖、赛项全国冠军，并获得"全国技术能手"称号。比赛中，他完成的零件加工，将精度误差控制在0.02毫米，相当于一根头发丝的十分之一。

"心有多大，舞台就有多大。"胡兴盛说，用技能报国，力争成为更高水平的技能领军人才。

一把漏勺：执着锤炼专注

做一名好厨师，刘洋坚持了18年。

记者来到重庆渝中闹市区的一家餐厅，总厨刘洋正忙着张罗一锅汤。"我从小就爱烹饪，努力熬好一锅汤，顾客认为鲜美可口，我也甘之如饴。时光也仿佛氤氲在汤味里。"

"一碗好汤，能暖世人胃"，一把漏勺，是他最心爱的工具。每天天刚亮，刘洋到后厨，几百斤水、20余斤牛肉，历经几个小时熬制，随着漏勺的搅动，汤底清澈透亮，鲜香扑鼻。（图1-6）

没有执着，难锤炼出专注。他做吊汤一度失败，唯有总结规律、不断尝试，甚至彻夜工作。

深耕于熬汤，又不止于熬汤。刘洋博采众家之长，捕捉体验式消费趋势，开发出多款新菜品，真空烹饪煮制开创业内先河。他参与186道重庆川菜的创新与改良，推动了重庆饮食文化发展。

图1-6 刘洋正在吊汤
（图片来源：新华网）

2022年，刘洋收获了全国五一劳动奖章。他说，饮食承载了中国文化，坚持做好每道菜品，要让顾客感受到美食背后人文力量和中华民族的精神气质。

一台显微镜：微观世界里的精度

一台显微镜，一块4平方米的工作台。林玉登缔造的精密零件世界，小到手表机芯研发，大到我国的载人航天工程。

49岁的林玉登是福建上润精密仪器有限公司工模中心副主任、高级技师,2020年全国劳动模范。从一名普通模具钳工到技能大师,他每一天都在与精度"死磕"。

从技校毕业,车间里的老师傅现场给他车了一枚戒指,精巧、光滑,仿佛有生命一般,给林玉登打开了一个前所未有的世界,开启了他的"工匠人生"。

在精密制造的世界里,差之毫厘,谬以千里。完成CH31计时跑秒机芯模具的研发制造时,108个不同的尺寸,精度要求达到正负5微米,前后试验了18次。历时3个月,林玉登和团队终于啃下难题,打破国外在该领域的垄断。

"中国天眼"巨型望远镜上的1.9万多根桁架结构轴,出自林玉登带领的劳模创新工作室团队之手。"每个都不重样,没有捷径可走,一边摸索一边不断微调。""天眼"落成,那一刻他自豪不已。(图1-7)

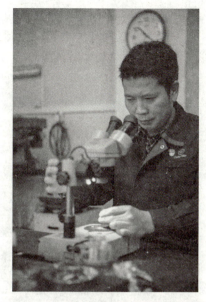

图1-7 林玉登在工作台上制作调试模具
(图片来源:新华网)

20多年来,林玉登带领团队设计与制造了200多副模具、100多个品种、1万多张模具设计图纸……"一辈子做好一件事,就非常了不起。"——这句来自师傅的教导,常被林玉登引用,"只要把简单的事情做到极致,再小的工作,也能闯出一番广阔天地。"

一把手电筒:照亮"工匠魂"

手拿手电筒,满手矿浆,在三四十摄氏度的高温环境中常常一身汗。

这是2022年全国五一劳动奖章获得者、辽宁鞍钢矿业公司齐大山选矿厂一选作业区生产乙班班长谷安成,作为一名浮选工的工作常态。

平均每个班,谷安成都要跑到取样点十几次。捞起矿浆,用手电筒仔细查看矿浆颜色,再用手捻一捻,感受矿浆的粒度,分析物料品位,最后做好记录。23年里,这套动作他做了4万多次。(图1-8)

图1-8 谷安成通过手电筒照射判断矿浆颜色
(图片来源:新华网)

在时间的淬炼下日渐坚定,"匠魂"在反复的捞起、观察与捻搓中慢慢沉淀。

2015年,鞍钢矿业公司立项的浮选柱工业试验在齐大山选矿厂一选作业区处于试验初期,指标迟迟达不到预期效果。谷安成细心观察与潜心研究,提出改进设备运转速度与优化给矿粒度等措施,技术指标得到明显提升。

小小手电筒也能完成大理想。十余年来,谷安成荣誉等身。对于未来,谷安成已做好打算,不忘初心,守正创新,让"匠心"薪火相传。

> **新时代劳动教育**
> ——"劳动精神 工匠精神 劳模精神"教程

一支画笔:画出奋斗者的幸福人生

一支画笔,简单勾勒,泥塑仿佛被赋予了生命,活灵活现。这是山西黎城县雕塑技师张学义做了20年的工作。

图1-9 张学义在制作泥彩塑
(图片来源:新华网)

小时候,他就喜欢黎城当地传统戏曲服饰、脸谱。当戏曲遭遇冷落,张学义有了将戏曲脸谱做成泥彩塑的想法,"让戏曲脸谱以工艺品的形式流传。"(图1-9)

当时市面上彩绘颜料六七种颜色,而画脸谱需十几种色彩,张学义就摸索制造颜料,花费两年多时间;刚开始彩绘时,他每天在画桌前坐十几个小时,一支毛笔常常用不到一个星期就得更换;画人物像最关键的部位是眼睛,他养成了"见面就盯着别人看"的习惯,有人打趣他是不是给人看面相。

坚持终有回报。他创作的《百幅上党戏曲脸谱》《黎侯虎》等极富地方民俗特色的泥彩塑作品多次获奖。

黎侯彩雕制作技艺,2017年被列入山西省非物质文化遗产名录。作为非遗传承人,他创建非遗技艺创新工作室,手把手地培养、传授徒弟及员工,带着乡亲们一起创业。泥彩塑远销,让更多的人认识了黎城当地传统文化。

2022年,张学义荣获全国五一劳动奖章。"幸福是奋斗出来的!"他说,"人生像一支画笔,精彩就掌握在我们自己手上。"

(资料来源:邹思聪,等.这个五"一"看最美劳动者如何炼成[EB/OL].新华网,2022-04-30.)

故事分析:人类最伟大并且具有创意的活动就是劳动,人类无数的奇迹都是靠劳动创造的。千百年来中华文明的发展史就是中国人民的劳动赞歌,在不同时代、不同行业和领域,中国劳动人民的智慧都是无穷的,人们在劳动中摸索、总结着自然的规律,积累着劳动的智慧,并且不断地传承。

问题导入:

1.来自不同行业的五位劳动者身上体现了哪些劳动精神?
2.他们的故事对你有哪些启示?

一、职业精神

职业精神是与人们的职业活动紧密联系,具有职业特征的精神与操守。社会主义职业精神由多种要素构成,它们相互配合,形成严谨的职业精神模式。职业精神的实践内涵体现在敬业、勤业、创业、立业四方面,包含以下八大要素。

(1)职业理想。社会主义职业精神所提倡的职业理想,主张各行各业的从业者放眼社会利益,努力做好本职工作,全心全意为人民服务、为社会主义服务。从业者对职业的要求可以概括为三方面：维持生活、完善自我和服务社会。

（2）职业态度。树立正确的职业态度是从业者做好本职工作的前提。职业态度具有经济学和伦理学的双重意义，它不仅揭示从业者在职业生活中的客观状况，参与社会生产的方式，同时也揭示他们的主观态度。其中，与职业有关的价值观念对职业态度有着特殊的影响。一个从业者积极性的高低和完成职业的好坏，在很大程度上取决于他的职业价值观念。

（3）职业责任。职业责任包括职业团体责任和从业者个体责任两方面。现代企业制度不仅正确划分了国家与企业的责、权、利，将三者有机地结合起来，而且规定了企业与从业者的责、权、利，并使三者有机地结合起来。这里的关键在于，要促进从业者把客观的职业责任变成自觉履行的道德义务，这是职业精神的一个重要内容。

（4）职业技能。在社会主义现代化建设中，职业对技能的要求越来越高，不但需要科学技术专家，而且迫切需要千百万受过良好职业技术教育的中、初级技术人员，管理人员，技术工人和其他具有一定科学文化知识和技能的熟练从业者。没有这样一支劳动者大军，先进的科学技术和先进的设备就不能成为现实的社会生产力。良好的职业技能具有深刻的职业精神价值。

（5）职业纪律。社会主义职业纪律是从业者在利益、信念、目标基本一致的基础上形成的高度自觉的新型纪律。从根本上说，社会主义职业纪律可以保障从业者的自由和人权，保障从业者发挥主动性和创造性。职业纪律是社会主义法规性和道德性的统一。

（6）职业良心。这是从业者对职业责任的自觉意识，在人们的职业生活中有着巨大的作用，贯穿于职业行为过程的各个阶段，成为从业者重要的精神支柱。职业良心能依据履行责任的要求，对行为的动机进行自我检查，对行为活动进行自我监督。在职业行为之后，它能够对行为的结果和影响作出评价，对于履行了职业责任的良好后果和影响会得到内心的满足和欣慰；反之，则会进行内心的谴责，表现出内疚和悔恨。

（7）职业信誉。这是职业责任和职业良心的价值尺度，包括对职业行为的社会价值所作出的客观评价和正确认识。从主观方面看，职业信誉是职业良心中知耻心、自尊心、自爱心的表现。职业精神强调职业信誉，更重视把社会的客观评价转化为从业者的自我评价，促使从业者自觉发扬社会主义职业精神。

（8）职业作风。它是从业者在其职业实践中表现的一贯态度。从总体上看，职业作风是职业精神在从业者职业生活中的习惯性表现。职业集体有了优良的职业作风，就可以互相教育，互为榜样，形成良好的职业风尚。

二、劳动精神与职业发展的关系

现代人才不仅需要具备过硬的专业知识和技能，还需要具备创新能力、团队合作能力、人际交往能力以及实事求是的工作态度。习近平同志指出："每个时代都有每个时代的精神，每个时代都有每个时代的价值观念。"学校要把社会主义核心价值观作为校园文化建设的灵魂，融入理论教学和实践环节中。通过开展丰富多彩的校园文化活动和系统的思想政治教育，把高职生全面发展的总体要求提升到人才培养质量的高度，把社会主义核心价值观有效融入培养方案、课程标准与授课计划之中，引导高职生自觉培育和践行社会主义核心价值观，培养学生树立坚定正确的政治方向和敬业、奉献、诚信的职业精神[1]。

1. 劳动精神是一种职业精神

劳动的意义不仅在于追求业绩，更在于完善人的内心。工作最重要的目的在于通过工作来磨炼自己的心志，提升自己的人格。全身心投入当前的事情中，聚精会神，精益求精。这样做就是在耕耘自己的心田，造就踏实的职业精神。通过劳动精神可以激励学生立足实践，认识世界，探索真理，不断完善自我。通过劳动精神教育，养成踏实、勤奋、严谨的劳动品质，在职业实践中成长、成才。

2. 劳动精神是职业意识的升华

职业意识是人们关于职业的各种观念的综合，职业意识对个体职业素质的养成、品德的发展、职业生涯的发展都起着至关重要的作用。从心理层面看，职业意识是个体对某类职业活动本身机器价值的认知、情感和态度的综合反映，包括行为规范意识、竞争合作意识、创新创业意识、惬意文化意识以及质量效益意识，它强调的是个体层面的主人翁意识。社会共性的职业意识则指在全社会各个行业中形成的普遍认可和遵守的意识，它不仅包括个体的主人翁意识和职业规划意识，还包括以爱岗敬业、诚实守信、办事公道、服务群众、奉献社会为主要内容的职业道德的意识。劳动精神可以引导学生正确的幸福观和择业观。只有正确理解了劳动精神，才能真正明白生活中一切美好的事物，只有通过劳动才能实现，劳动是人生出彩的钥匙，也是创造美好生活的必经之路。弘扬劳动精神，引导学生艰苦奋斗，坚持劳动，让学生深刻理解"空谈误国、实干兴邦"的道理，只有真正做到知行合一才能体现人生的价值，找到人生的幸福。学生要肯学肯干肯钻研，要立足岗位成长成才，在劳动中发现广阔的天地，在劳动中体现价值，树立正确的择业观。因而，劳动精神实质上就是职业意识的升华。

3. 劳动精神是职业态度的体现

劳动精神能够提升学生服务社会、服务他人的奉献情怀和服务意识。青年学生是未来国际建设的中坚力量，需要起到带头作用、骨干作用和桥梁作用。培养大学生勤俭、奋斗、创新、奉献的劳动精神，提升大学生为社会奉献、服务他人的情怀和意识。青年学生是实现中华民族伟大复兴中国梦的主力军，需要从劳动精神中感知生活的本质，了解社会，明确未来奋斗的目标。有了劳动精神的指引，大学生才能积极学习和提升技能，才能勇于创新，才能更好地为社会服务。

技能是强国之基、立业之本，"技术工人队伍是支撑中国制造、中国创造的重要力量"。当前，我国已经有约2亿名技术工人。2022年4月，习近平总书记致信祝贺首届大国工匠创新交流大会举办，强调"我国工人阶级和广大劳动群众要大力弘扬劳模精神、劳动精神、工匠精神，适应当今世界科技革命和产业变革的需要，勤学苦练、深入钻研、勇于创新、敢为人先，不断提高技术技能水平，为推动高质量发展、实施制造强国战略、全面建设社会主义现代化国家贡献智慧和力量"。这为技术工人践行劳动精神指明了方向。

---

[1] 周育国，周杨. 全球化视域下民族自信心的构建[J]. 辽宁师范大学学报，2016（4）：6-10.

模块一 理论认知与三种精神

典型案例

从普通车工到"技能大师"

宝鸡机床集团高级技工杨忠州被授予"全国劳动模范"称号。1989年刚进厂时,杨忠州还是一名20岁出头的普通车工,初出茅庐的他参加了单位的"小改小革"活动。虽然年纪轻轻,但认真好学的杨忠州第一次参赛就获得了三等奖,这也成为他立足岗位钻研创新的起点和动力。"有难题,找杨忠州师傅啊。"这是宝鸡机床集团同事们的一句口头禅,却也是对杨忠州的莫大肯定。对他来说,每一个技术难题都是对自己的一次挑战和提升。

2011年,来自江苏镇江的客户需要采购一批机床,但所给的全部参考资料只有两个成品零件。眼看交付的时间越来越近,大家都有点慌神。这时,杨忠州却不见了。原来,他一头扎进了车间,在不同机型上用废料反复试加工。几个通宵熬下来,杨忠州瘦了一圈,终于攻克了技术难题。最终,杨忠州从设备到刀具、工艺、编程等方面全方位解决了"不锈钢内三曲"零件的加工,而"不锈钢内三曲"零件加工在陕西省第四届职工科技节也被评为"陕西省职工先进操作法"。

2015年,一位外地客户拿着样件图纸找到宝鸡机床集团,他们想要加工一种零件,但由于技术工艺复杂,走访全国多家公司也未能成型。公司将这个难题交给了杨忠州。"当时这一零件最大的难度在于钻头。因为这个零件工艺对钻头的要求很高,钻头尖端的摆动幅度不能超过千分之五,这个幅度相当于头发丝的十分之一。"杨忠州告诉记者,他首先从钻头的选材上下手,反复尝试不同材质的钻头。由于材质和孔径限制,钻头频繁折断,但在技术难题面前,杨忠州怎会轻易言输。一种材质不行,他就试十种;白天测试不过关,他就晚上接着做。正是凭着一股不服输的拼劲,杨忠州终于啃下了这个"硬骨头",成功做出了零件。

参加工作三十载,杨忠州始终没有忘记年少时创新和钻研的"初心"。他脚踏实地、一丝不苟地工作,在平凡的岗位上努力钻研,扎根在机床装配一线,累计完成了上千台数控机床调试维修任务,实现了机床故障处理率和用户调试维修满意率100%,先后解决各类技术难题60多项,完成技术革新创新成果20多项。从普通车工到"技能大师",杨忠州已成为宝鸡机床集团精密数控机床的"亮眼名片"。

案例分析: 进入新发展阶段,技术工人要以崇尚劳动的职业精神筑基中国制造的大厦,以热爱劳动、辛勤劳动夯实制造强国的基石,以诚实劳动逐梦出彩,投身中国制造和中国创业的历史大潮,以技能成才、技能强国为目标,奋勇拼搏,不负韶华。

典型案例

梁兵:精工利器,匠心铸魂

"静得下心,耐得住寂寞,甘于吃苦,是技术工人快速成长的必备素质,精益求精的工匠精神永远不会过时。"

精工出利器

因为加工的产品会直接影响到坦克的射击精度,梁兵加工的零件精度往往都是微米级,"光电瞄准产品0.01毫米的误差,坦克、装甲车到了战场就难以准确击中目标"。从业30年,梁兵从一名普通技校生成长为中国兵器工业集团河南平原光电有限公司首席技师。一路走来,他载誉无数,先后荣获全国首届数控大赛第一名、中华技能大奖,被评为集团公司首席技师、兵器大工匠。其中,中华技能大奖是我国技能人才领域最高的政府奖项,获奖者素有"工人院士"的说法。成功的背后,是他始终秉持工匠精神,数十年如一日地精心加工每一个零部件。"是否具有工匠精神,从产品中就能看出。"接受《民生周刊》记者采访时,他说,对待工作的态度,对产品质量的极致追求,最终都会体现在产品中。除了在技能方面不断进击外,他还获得全国五一劳动奖章、全国劳动模范称号,当选河南省第十次党代会代表,还是十三届全国人大代表。问及让他感到最骄傲的时刻,他谈到了2015年。那一年,他受邀参加抗战胜利70周年阅兵观礼,"感受到国家对技术工人的重视和尊重"。当看到有自己和工友们亲手打造部件的重型装备排着整齐的队伍从天安门前缓缓经过时,梁兵内心油然而生一股强烈的职业自豪感,"里面有很多零件就是我亲手打造的"。

从技校生到"工人院士"

"很长一段时间以来,年轻人更愿意成为白领,而不是蓝领。考不上大学,退而求其次才去读职业学校。"梁兵说。据他回忆,自己参加工作时,做技术工人是比较有荣誉感的一种选择。"有了一技之长,最起码有一份稳定的工作。"采访中,梁兵向记者谈及自己的成长历程。退休前,母亲也是平原光电的铣工。出身军工世家,梁兵从小就喜欢各类军事兵器,对机械的质感、设备的声音、机油的味道感到亲切。"小时候,母亲会带些厂里不用的装铣刀的小纸盒给我当玩具。"他说。成为像母亲一样的"兵工人",是他儿时的梦想。1993年技校毕业后,他如愿成为一名数控车间工人。入职中国兵器河南平原光电有限公司后,他选择了自己喜欢的数控加工专业,主攻坦克、装甲车的光电配件制造。据梁兵介绍,用于读取作战环境信息,光电装置相当于武器装备的"眼睛"。"刚进厂里,整个人都是蒙的。"回忆起当年刚工作时的场景,梁兵坦言,面对操作面板全是英文的数控加工设备,别说编程,连最简单的操作按钮都看不懂。但让所有人都没想到的是,大专都没上过的梁兵,硬是利用业余时间学会了数控英语、机械设计等专业知识。为了摸透数控设备性能,喜欢较劲儿的梁兵对于上级交付的零件加工任务从不推诿。"没有计算机,老师傅们的技术比较传统,当时全靠纯手工编程。"在梁兵的印象中,加工产品时遇到问题,需要靠自己去查阅学习大量资料,然后通过大量的试验才能解决。功夫不负有心人,2004年,梁兵在全国数控大赛中脱颖而出,一举夺得冠军,被授予"全国技术能手"荣誉称号,当时的他只有29岁。两年后,他再次实现自己设定的目标,斩获中华技能大奖,成为"工人院士"。

精度能控制在0.006mm

"精工利器,匠心铸魂",这是梁兵的座右铭。从一名普通的技校生成长为"工人院士",背后是多年如一日的持续努力。经梁兵加工的零件达到数千种,精度能准确控制在0.006mm,合格率均达到100%,被同事们称为"免检产品"。从图纸变成实物,需要一线工人一丝不苟,精雕细琢。与兵器打交道近30年,梁兵深知工艺的重要,"生产过程中出一点儿差错,产品到了战场都可能产生致命的后果。""对于一线生产工人而言,对待产品质量的态度尤其重要。"在梁兵看来，如果仅仅满足于"差不多就行"或者"能用就行"，个人势必难以成长进步。众所周知，光电产品是一项精密性极高的兵器配件。不过，在生产过程中，高误差率一直是行业的痛点。为了破解这一难题，梁兵几乎尝试了能想到的各种方法。每次遇到加工复杂系数高、难度大的零件，梁兵都当作钻研学习、破解难题的机会。有一次，他接到薄壁零件数控加工任务，下定决心啃下这个"硬骨头"。薄壁零件加工工艺的关键是填充材料，为找到合适的填充材料，他先后做了上百种试验，甚至连孩子玩的橡皮泥都试过。经过4个月的探索，他终于成功找到了解决问题的方法，而且薄壁零件的加工周期仅为3D打印的十分之一，成本仅为五十分之一。如今，该薄壁零件加工特色操作法已运用到了国内整个兵器行业。"梅花香自苦寒来"，经过多年实践，梁兵能通过按压来感知零件的平面度，还可通过听力判断切削参数是否合适，根据机床振动确认程序编制是否合适。"静得下心，耐得住寂寞，甘于吃苦，是技术工人快速成长的必备素质。精益求精的工匠精神永远不会过时。"谈及对年轻技工快速成长的建议，梁兵感慨地说。

技能报国之路

"我们国家由制造大国向制造强国迈进，需要千千万万掌握绝招绝技、有技能本领的青年工匠。"梁兵说。一枝独秀不是春，百花齐放春满园。2011年12月，以梁兵名字命名的梁兵技能大师工作室在平光公司挂牌。到2022年时，该工作室共有成员23名，包括高级工程师10名、工程师2名、高级技师6名、技师5名。其中，中华技能大奖获得者1名、全国技术能手2名、全国劳动模范1名、全国五一劳动奖章获得者2名、省技术能手9名、省劳动模范1名。工作室成立以来，梁兵不断在人才培养、带技能人才队伍上下功夫。在他的带动下，工作室陆续组织开展了以数控设备高速加工、软件编程、异型零件难关突破等内容的大师讲堂活动。如今，这里已成为公司技能人才"切磋技艺"的大本营。在他的团队里，没有职位高低的等级划分，没有年龄性别的区别对待，谁能寻找"好点子""新办法"，谁就是技术骨干和带头人。为了提高团队发现问题、解决问题的效率，梁兵以工作室为平台，在车间创新提出了"现场微课堂"模式。团队里谁遇到问题，大家就直接聚在生产一线，结合实践就地分析、讨论解决。在这种传帮带和教学相长的机制下，一大批年轻技术工人脱颖而出：他们当中有巾帼英杰，有代表河南省参加全国数控技能大赛的"90后"技术能手，也有一直保持零部件良品率100%的优秀数控程序编制员。除了培养人才，梁兵技能大师工作室还承担着企业的技术攻关任务。采访中，梁兵向记者分享了之前团队遇到过的一次挑战："上百个零配件，需要在短短5天之内制作完成，并且误差率要控制在零。"拿到图纸后，梁兵第一感觉是"这是根本完不成的任务"。冷静之后，他决定直面挑战，研究应对策略。以组为单位，团队成员根据各自擅长技能认领分配任务。连续奋战5个日夜之后，终于破解难题。自梁兵技能大师工作室成立以来，他带领团队成员攻坚克难，解决了19项国家重点型号产品配套零件的加工难题，解决了120余项技术瓶颈，累计为企业创造经济效益7300余万元。在梁兵看来，制造强国需要人才支撑，除了做好当下工作外，更要做好人才培养和传承。"作为一名基层的技能人员，我有责任带动身边的年轻技能人员，走技能成才、技能报国之路，在制造强国和兵器事业发展上努力贡献我们技能人员的力量。"他说。

（资料来源：梁兵.精工出利器[J].民生周刊，2022-08.）

案例分析：从技校生到"工人院士"，以梁兵为代表的广大技术工人在平凡工作岗位中，践行着劳动精神，实现了技能报国之路。技术工人队伍是支撑中国制造、中国创造的重要力量。当前，我国正从制造大国向制造强国迈进，正需要一批批技能人才脱颖而出，激励更多劳动者走"技能成才、技能报国"之路。

思考题

你认为劳动精神是如何促进职业发展的？

任务二 工匠精神

学习目标

知识目标

（1）能复述工匠精神的内涵。
（2）能概括工匠精神的时代意义。
（3）能举例说明几位大国工匠典型人物，以及他们是如何践行工匠精神的。
（4）能概述工匠精神的历史发展脉络。
（5）能说明践行工匠精神与提升职业技能的关系。
（6）能陈述如何提升职业技能。

能力目标

通过对工匠精神的学习，规划提升职业技能的路径。

素质目标

践行工匠精神，具备基本的职业技能素养。

行为养成目标

在学习、工作中践行工匠精神。

第一节 认识工匠精神

> 工匠精神主要包括三方面：第一，思想层面要爱岗敬业，无私奉献；第二，行为方面要持续专注，开拓进取；第三，要精益求精，追求极致，以最大的能力、能量投入到产品制造过程中。
>
> ——高凤林（全国十大能工巧匠，中华全国总工会大国工匠）
>
> 工匠精神就是要专注于自己的岗位，踏踏实实地完成好每道工序，做出精品。
>
> ——宁允展（中华全国总工会大国工匠，全国交通技术能手）
>
> 工匠精神不仅要有传承，还要有新的思路和思维，达到一个新的境界。工匠精神是一个精益求精的过程，总是要持有一种怀疑、探索的态度，不断地在工作中磨炼和思考。
>
> ——潘玉华（中华全国总工会大国工匠）

编者的话

大国工匠是产业发展的重要力量，工匠精神是创新创业的重要精神源泉，是构成中国共产党人精神谱系的重要组成部分。时代发展，需要大国工匠；迈向新征程、建功新时代，需要大力弘扬"执着专注、精益求精、一丝不苟、追求卓越"的工匠精神。

故事导入

"90后"大国工匠陈行行

陈行行是中国工程物理研究院机械制造工艺研究所的一名高级技师，从事高精尖产品的机械加工工作。（图1-10）2018年，29岁的陈行行当选"大国工匠年度人物"，成为行业领军人才。成长于山东农村的陈行行，毕业于技工院校。在校期间，热爱技术的他先后学习了电工、焊工、钳工、制图、数控车等8个工种，考取了这8个工种的12本职业资格证书。从2009年参加工作以来，陈行行掌握了多种铣削加工参数化编程方法、精密类零件铣削及尺寸控制方法等多项技术和工艺。

2015年，陈行行接到一个任务，制作国家某重大专项分子泵项目核心零部件动叶轮。动叶轮的材料刚性差，表面要求高，涉及多达144个薄壁叶片，最高转速达每分钟9万转。陈行行介绍，薄壁叶片数量众多，对加工的一致性要求极高，其制作难度可想而知。有没有既能提高效率又能质量达标的办法呢？深思熟虑之后，陈行行对动叶轮进行了新的设计，

新时代劳动教育
——"劳动精神 工匠精神 劳模精神"教程

图1-10 陈行行工作中

（图片来源：山东技师学院优秀毕业生陈行行当选2018年"大国工匠年度人物".山东省人社厅官网，2019年3月5日）

通过合理选用刀具，挖掘并应用多个设备的高级功能，最终做出了整体加工的动叶轮。陈行行说："加工效果非常好，由原来加工（时间）需要9小时到现在需要2小时，可以把整个叶轮加工完，效率提高了4倍多，主要是加工质量得到大幅度提高。"

小时候，陈行行就喜欢把自行车、电视机的零部件拆散重装，看个"究竟"。长大后，陈行行的理想是成为一名优秀的产业工人、技术工人。他主动选择到技校读书，上课时坐在第一排中间的位置听课，因为这个位置听课比较清楚。从2008年以来，他先后参加了十余次各级别、各层次的职业技能大赛，获奖无数，渐渐出名。乐在其中的陈行行说，正是有一次次的比赛和高强度训练的压力，才使他迅速提升了技术水平。

作为从事制造业的一名高级技术工人，陈行行一次次向技艺极限冲击。比如，用在某尖端武器装备上的薄薄壳体，通过陈行行的手，产品合格率从以前难以逾越的50%提升到100%；用比头发丝还细的0.02毫米刀头，在直径不到2厘米的圆盘上打出36个小孔，难度超过用绣花针给老鼠种睫毛。对工艺的执着追求，让年轻的陈行行做到了很多别人做不到的事。

陈行行坦言，想成为一名优秀的技术工人，仅仅依靠学校里学的知识是远远不够的，还需要在工作以后静下心来，耐得住寂寞地去钻研："要不断学习新的知识和技术，不断积累经验，总结提高自己。有时候我在钻研问题的时候会不眠不休，这时候会收获很多快乐。现在我身边有很多非常优秀的技能人员，他们不仅可以干得一手好活，而且他们的技术技能都非常精湛，这种硬核实力带给我们的自豪感、荣誉感是其他东西无法比拟的。"

如今，成为高级技师的陈行行还带领着两个高技能人才团队进行技术创新，团队中的大部分人员都毕业于职业技术类学校，他们共同的理想就是做新时代复合型高技能人才，为国家的发展贡献自己的力量。陈行行说，敢想敢干、苦干实干、能干巧干的优秀品质，以及干一行、爱一行、精一行的敬业精神永远都不会过时。他想告诉现在的年轻人，你要想好以什么样的态度来度过你的一生，态度将会决定你人生的质量："现在我们国家的高技能人才，尤其是顶尖的高技能人才是非常短缺和珍贵的，成为优秀技能人才，一样可以拿到很好的收入，一样可以有很好的职业发展前景，一样可以实现自己的人生理想与价值。能够通过技能报效祖国，是我们这一代年轻人无比光荣的事情。"

陈行行表示，他的职业生涯刚经历了第一个十年，后面的路还很长。在今后的工作生涯中，他会不断学习新知识、新技术，提升自己的技能水平，为实现个人梦想，也为工作单位及国家发展贡献自己的力量，不辜负这个美好的时代。

（资料来源：王洹星.高级技师陈行行用刻苦钻研精神铸就青春信仰[EB/OL].国际在线，2019-07-01.）

故事分析：敬业、精益、专注、创新，陈行行扎根岗位，用技能成就人生，用学习创造未来。他践行工匠精神，不仅实现了个人理想与自我成长，也通过技能报国，为制造强国建设作出积极的贡献。

问题导入：陈行行的工作和求学经历对你有哪些启示？透过陈行行的故事，你如何看待工匠精神？

陈行行获"大国工匠2018年度人物"

一、工匠精神的提出

2016年政府工作报告指出："鼓励企业开展个性化定制、柔性化生产，培育精益求精的工匠精神，增品种、提品质、创品牌。"此后，工匠精神一词开始迅速流行起来，成为制造行业的热词。后来，不仅制造行业，各行各业都在提倡工匠精神。2016年12月，《咬文嚼字》杂志公布了2016年十大流行语，"工匠精神"入选。

2017年，工匠精神再次出现在政府工作报告中，具体表述为："全面提升质量水平。广泛开展质量提升行动，加强全面质量管理，夯实质量技术基础，强化质量监督，健全优胜劣汰质量竞争机制。质量之魂，存于匠心。要大力弘扬工匠精神，厚植工匠文化，恪尽职业操守，崇尚精益求精，完善激励机制，培育众多'中国工匠'，打造更多享誉世界的'中国品牌'，推动中国经济发展进入质量时代。"

党的十九大报告指出，要在建设现代化经济体系的过程中"建设知识型、技能型、创新型劳动者大军，弘扬劳模精神和工匠精神，营造劳动光荣的社会风尚和精益求精的敬业风气"。"工匠精神"一词出现在十九大报告中，引发全社会的强烈关注。

党的二十大报告再次强调要培养造就大国工匠，报告指出："加快建设国家战略人才力量，努力培养造就更多大师、战略科学家、一流科技领军人才和创新团队、青年科技人才、卓越工程师、大国工匠、高技能人才。加强人才国际交流，用好用活各类人才。"

这些论述从不同角度彰显了工匠精神的价值、意义，以及在实现"两个一百年"奋斗目标和中华民族伟大复兴事业中发挥的重要作用。

> **思考题**
>
> 工匠精神为何能入选2016年十大流行语，受到全社会的关注？

二、工匠精神的内涵

2020 年，习近平总书记在全国劳动模范和先进工作者表彰大会上的讲话中进一步明确工匠精神的内涵，即"执着专注、精益求精、一丝不苟、追求卓越"。

1. 执着专注

"执着专注"是指工匠能高度聚焦工作，长期坚守工作岗位，择一事终一生。

执着专注强调爱岗敬业、踏踏实实的职业精神，在工作过程中要做到踏实勤奋、认真负责，热爱工作。在从事具体工作时，要严格遵守职业标准与规范，按照标准规则与流程开展工作。在工作时，要保持高度集中的注意力，真正做到心无旁骛。在遇到困难时，要敢于直面困难、迎难而上，深入思考、主动研究，攻克技术难关，力争实现技术领域的重大突破。

2. 精益求精

"精益求精"是指工匠对品质的追求，在产品质量上反复锤炼，不断追求完美、尽可能做到极致。精益求精集中体现了工匠对质量的严格要求，对实现高质量发展无疑具有重要意义。

当前，我国经济已由高速增长阶段转向高质量发展阶段，这在客观上对精益求精的工匠精神提出了更高要求。对于一名工匠来说，不论做什么，都要具有专业精神，坚持高标准、严要求，把工作做到极致，严守质量关；要坚守匠心，做到力求完美，严格要求自己，将精益求精、认真细致的工作作风贯穿于工作始终，保证高质量地完成任务。

3. 一丝不苟

"一丝不苟"是指工匠对自我的严格要求，要始终做到细心、耐心，特别是在细节上要坚守、工作上要严谨，全身心投入。

工匠在工作上要细致认真，将细节做到极致。正如古语所说，"差之毫厘，谬以千里"，工匠通常要面临一些细致的精密作业，一举一动都可能会对结果产生重要影响。从"复兴号"高铁检修过程中"一颗螺丝栓都不能松"，到航空母舰建造时"0.1 毫米接缝也不能忽略"，工匠如果不能一丝不苟地投入工作，稍有差池，就可能会造成极其严重的后果。因此，工匠要严格要求自己，要一丝不苟、细心细致，舍得花费大量时间和功夫去精心打磨、雕琢每一个细节。[1]

4. 追求卓越

"追求卓越"是指工匠要坚定理想信念，志存高远，树立远大理想和目标，为社会主义现代化建设，为实现中华民族伟大复兴的中国梦多做贡献。

工匠要做到坚定理想信念，热爱岗位和工作，忠诚祖国和人民，以高度的责任感做好本职工作，志存高远，追求卓越，努力为企业发展、为国家强盛做贡献。追求卓越，意味着要不断超越自我、勇攀高峰。作为工匠，要勇于创新，不断增强创新意识、培养创新思维，心系祖国、心系人民，使个人理想与祖国发展同频共振，推动行业改革创新，充分满足社会发展和人们日益增长的对美好生活的需要。

---

[1] 葛世林，吕丽萍. 超越异化劳动：新时代工匠精神的思想内涵与培育路径 [J]. 高等职业教育探索，2022（3）：6-12.

> 模块一　理论认知与三种精神

典型案例

孙红梅：飞机心脏的"主刀医师"

　　22年前的一个夏夜，由陕西西安开来的火车停靠在湖北襄阳站。出站的人流中，有一位身材高挑的姑娘。她面容清秀、短发利落，金丝眼镜下，一双眼睛纯净明亮，写满了对新生活的向往。

　　姑娘叫孙红梅，刚刚从西安理工大学毕业。她要去报到的地方，是鄂西北大山深处的中国人民解放军第五七一三工厂。（图1-11）

图 1-11　收获荣誉的孙红梅

（图片来源：邢哲，罗娟. 开讲啦！听"金牌蓝天工匠"云直播讲述中国航修人的绝活和匠心 [EB/OL]. 中国军网，2020-05-07）

　　来不及拂去旅途的疲惫，孙红梅拽着行李跳上一辆军车。颠簸了3个小时来到厂区，四周漆黑一片、寂寥无声。

　　第二天清晨，孙红梅才发现，这里的山，比老家大得多、高得多！

　　1975年，孙红梅出生在山东省淄博市沂源县一个小山村。

　　从小，她常听家人讲起一段悲痛的往事——1939年，侵华日军飞机轰炸沂源，村里的大火烧了三天三夜，母亲的奶奶不幸被炸死。

　　"落后就要挨打！"保家卫国的信念从小根植在了心里。高中快毕业时，她毫不犹豫参加了入伍体检。遗憾的是，因为近视，未能过关。

　　"当不成军人，就去部队工厂做贡献！"1999年大学毕业季，不少同学争着去大城市，孙红梅却只投出一份简历。

　　五七一三工厂，有着新中国最早建设的军用飞机发动机修理线。崇山峻岭、茂林修竹之间，一条坑坑洼洼的小路通向远方。山石上，几个大字苍劲有力——"支援三线建设"。

　　航空发动机是"工业皇冠上的明珠"，孙红梅琢磨着要撸起袖子大干一场。没想到，兜头而来一盆冷水。

　　进了车间，首先要当学徒，每天对着黑乎乎、油腻腻的零件修修补补。"技术员不能眼高手低，首先要有过硬的技术！"师傅给她下了硬任务，"半年内，必须拿到焊工资格证！"

斯文的女大学生拿起焊枪，一时间手忙脚乱，烧红的焊丝还戳到了衣服上，烧出一个大洞。孙红梅硬着头皮把焊枪往前杵，火花四下飞溅。她放下面罩一看，一条焊缝歪歪扭扭，像条丑陋的"毛毛虫"。

孙红梅垂头丧气。俏皮的小工友编起歌谣："技术员，继续玩！"

"我是学材料专业的，结果当了焊工。这样下去，人生能有啥价值？"夜深人静时，孙红梅盯着自己养的小仓鼠，一脸苦闷——那个可怜的小家伙被关在笼子里，在跑轮上不停地跑。可不管怎么跑，它总是一次次掉到原地。这很像自己现在的状态，走不出内心的困境。

迷惘间，一件事让她感受到了技术创新的力量——

厂里引进了先进的外国焊机，但上面全是英文字母，操作复杂，连技术大拿都"手心出汗"、不得要领。此时，孙红梅的师傅姜巍，一位老资历技校生，带着大家迎难而上，试验出脉冲氩弧焊工艺，救活了大批停修的火焰筒，为工厂节约资金几百万元。

"只要全身心投入，焊工照样大有作为！"孙红梅豁然开朗。

她调整状态，苦练本领。一握焊枪就是几十分钟，臂膀酸痛使不上力，手上一次次烫出水泡；眼睛常被电弧光打伤，一闭眼就火辣辣刺痛、泪流不止……

天道酬勤。半年后，一条鱼鳞般的焊缝从她的焊枪下流淌而出。

盯着漂亮的焊缝看了又看，孙红梅知道，自己的人生已经"焊"在这群山之中。

夏末，记者走进五七一三工厂特种修理制造车间。

机器轰鸣，孙红梅正指导一位年轻人操作激光熔覆设备——在手掌大小的显示屏上轻点几下，参数设置完毕；伴随着机器手臂的移动，金属零件上的一道裂痕迅速"缝合"，光滑平整。

航空发动机是飞机的"心脏"，是机械维修中难度最高的技术之一。"干我们这行，容不得半点差错。航空发动机出了毛病，就可能机毁人亡。"孙红梅声音不大，但字字坚毅，"干，就干到极致。"

2013年，一批某型军用飞机发动机机匣损坏，国内没有成功修复先例。眼瞅着30架飞机就要"趴窝"，孙红梅主动请缨。

打开机匣一检查，内部构造就像俄罗斯套娃，一层又一层，故障点多发生在腔内视线盲区。

如何从外部准确找到故障位置，如何精准定位"解剖"，如何焊接漏点，又如何保证焊接变形不超过技术要求？

难题个个刁钻，环环相扣。

"原本必须开膛。但受零件结构限制，只能微创。"孙红梅解释，"口子不能开大，开大了，变形就会大，很可能零件报废；开小了，焊枪又伸不进去。两头为难啊！"

那段时间，孙红梅走路、睡觉，满脑子都是机匣构造，体重不知不觉掉了10斤。

一天早上，几乎一夜无眠的她简单梳洗。看着镜子，她突然灵光一现——做一把长柄小镜子找故障，再做一把小焊枪，把钨极弯一下，不就可以焊到腔内故障吗？

突破口终于打开！

孙红梅设计出一个精巧的"手术方案"：先在机匣外壳上切割出一个小"窗口"，利用镜面反射查找故障点，用自制的焊接定位夹具定位，再采用仰焊将漏气部位修复，最后将

"窗口"补片焊牢。

最终的操作平面只有 180 平方毫米,相当于半个手掌;整个过程中,她严格控制参数,修复后的变形量仅有 0.003 毫米——一根头发丝的 1/25!

这仅仅是孙红梅修理保障的 600 余台军用航空发动机之一。

"她从不做 90 分,争的都是 100 分、更高分。"这是同事们对孙红梅的评价。参加工作以来,她先后破解近百项修理难题,形成 12 项核心修理技术,创造经济效益近 2 亿元。自己也从一名普通技术员,成长为工厂一级技术专家、空军装备修理系统焊接专业首席专家。

(资料来源:光明日报评论员. 孙红梅:大国工匠 [N]. 光明日报,2021-09-26.)

案例分析: 孙红梅扎根鄂西北"老三线"工厂 20 多年,专攻航空发动机焊修技术,创造了令人瞩目的成绩。航空发动机维修是世界机械维修中难度较大的技术领域之一。凭着一颗耐得住寂寞的匠心,孙红梅用一把焊枪焊接出人生的厚度,诠释了工匠精神。

国防军工行业事关国家安全、荣誉与利益,孙红梅心怀报国志,践行工匠精神,将执着专注、精益求精、一丝不苟、追求卓越做到了极致。

三、工匠精神的时代意义

在新时代,工匠精神之所以能引起全社会的广泛关注和热烈反响,是因为它契合了新时代的发展需要。在个人层面,培育和践行工匠精神有助于个人成长成才和道德塑造,有助于更好地实现自我价值和人生理想;在社会层面,工匠精神已经成为推动社会发展与进步的重要力量,对于助推中国制造、铸就民族品牌,实现中华民族伟大复兴的中国梦,都具有重要的价值与意义。

1. 培育和践行工匠精神有助于实现人生价值,建设高素质人才队伍

(1)工匠精神是个人成长的指引

践行工匠精神不仅有助于提升工匠技能水平,更重要的是培养对自我的高标准、严要求,塑造匠心。培育和践行工匠精神有助于工匠获得企业和行业的青睐,在工作中实现自我成长,发挥自我价值。

(2)工匠精神对于推动建设高素质劳动者队伍具有重要意义

当前,为实现"两个一百年"奋斗目标,实现从中国制造到中国创造的跨越,急需造就一支有理想信念、能技术创新、敢担当作为的高素质人才队伍。然而,我国仍面临高技能人才紧缺的问题,高技能人才开发方面还存在短板。大力弘扬工匠精神,为建设高素质人才队伍提供了精神动力,为推动产业人才队伍改革发展指明了方向。

2. 培育和践行工匠精神有助于推动制造强国建设,实现中华民族伟大复兴

(1)工匠精神是制造业发展的强大动力

正是因为一代代劳动者对工匠精神的继承与践行,我国才从一个基础薄弱、工业落后的国家迅速成长为制造大国。而在迈向制造强国的进程中,更需要弘扬工匠精神。工匠精神是现代工业的灵魂所在,能激发技术创新的无限活力,适应了当前发展的新形势需要,是改造提升传统产业的必备法宝。制造业要实现高质量发展,急需以工匠精神为指引。培育和践行工匠精神,对于我国抢抓发展机遇,加快制造业转型升级,铸就民族品牌,无疑具有重要意义。

(2)工匠精神激发广大劳动者实现中华民族伟大复兴的正能量

众所周知,制造业是国民经济的主体,是立国之本、兴国之器、强国之基,对实现中华民族伟大复兴起着重要的支撑作用。追求精益求精、质量至上的工匠精神是制造业的灵魂所在。在实现中华民族伟大复兴的中国梦伟大征程上,必须大力弘扬工匠精神,进一步激发人民群众干事创业的积极性、主动性和创造性,不断增强综合国力与国际影响力,使中华民族以更加昂扬的姿态屹立于世界民族之林。

3. 弘扬工匠精神有助于涵养热爱劳动的社会心态,推动社会文明进步

(1)工匠精神有助于纠正轻视劳动的不良风气

工匠精神不仅局限于技术工人,对普通大众也具有普遍的感召作用。不可否认的是,当前社会中充斥着一些轻视劳动、急功近利、浮躁气盛等不良心态,而工匠精神为纠正这些心态提供了一剂良方。工匠精神强调劳动的意义与价值,有助于劳动者树立劳动的自豪感、荣誉感,激发劳动热情,焕发劳动光彩,主动通过劳动来创造美好生活,有助于纠正当前一定范围内存在的轻视劳动特别是轻视普通劳动者的不良风气,引导全社会形成对劳动的正确认识,涵养热爱劳动的社会心态。[1]

(2)工匠精神是衡量社会文明进步的重要尺度

工匠精神丰富了中国共产党人的精神谱系,对于更好地践行社会主义核心价值观,推动社会文明进步提供了强大精神动力,也成为衡量社会文明进步的重要尺度之一。

延伸阅读

影视作品中的工匠精神

《我在故宫修文物》是2016年央视纪录片的开门巨献。虽然这部纪录片在播出时未能引发话题。然而经过几个月的"发酵",这部每集投资只有50万元的小成本纪录片开始反转,迅速走红网络,更吸引了大批"80后""90后"的追捧者。"修文物"这个平时距离观众十万八千里的学术词语也变成文化热词,其中所展现的手艺魅力以及文化自信更是让这部纪录片在社交网站的评分高达9.5分。

《我在故宫修文物》篇幅并不庞大,只有短短的三集。按修复门类,分别讲青铜器、宫廷钟表、陶瓷、木器、漆器、百宝镶嵌、织绣,还有书画的修复、临摹和摹印。听起来类别枯燥的修文物题材却意外收到一片叫好声。原来在故宫里神秘的"文物医生"也成为货真价实的"网红"。身怀绝技的他们被还原成普通人,他们日日看文物、修文物,既会调侃古画上的人物,也会一丝不苟地让钟表上细小的齿轮严丝合缝,专业精神之外,还有一股"萌"气质。

片中让观众产生敬佩与感动之处俯拾即是。贯穿片中的一条文物修复的传承脉络,更像是一条红绳,连接着过去、现在与未来,呈现故宫这些神秘的手艺如何一代一代按部就

---

[1] 赵宇飞.工匠精神的内涵、价值与培育探析[J].中共杭州市委党校学报,2020(3):76-82.

班地传下去。一位女师傅在讲述自己入行时，她的师傅教徒弟时说的第一句话是：只有耐下性子，才能做好文物修复工作。这句话也成为片中的点睛之笔。

最受观众青睐的是宫廷钟表组王津。他面对的是一对乾隆皇帝钟爱的铜镀金乡村音乐水法钟。花了八个月时间修复，拧上发条，终于眼前的钟"活"了：小鸡小鸭挥动翅膀，天鹅扭动身姿，船只航行，掩在树下的大门打开，里面的织女正在劳作，让观众看得目瞪口呆。

片子的旁白里说："现代中国需要'工匠精神'。"这引起了很多网友的共鸣，"原来我们身边还有这样的人，真的一辈子只干一件事儿。"

该片导演之一的萧寒称"工匠精神"有好多层含义，"首先是敬畏、热爱，中间可能会出现厌倦，但到最后就变成真正的融合了。一辈子只干一件事儿，这太'牛'了，现在很多年轻人可能做不到，这就是为什么年轻观众会一下儿被击中，都说'献出我的膝盖'什么的。那种耐下心来不急不躁不赶地去做一件事，这样的气质现在太稀缺了。"

"从前周遭总是出现日本工艺、德国制造，没想到在我们的国家也有大写的工匠精神，他们是我们的骄傲"，一位"90后"学生说，这部纪录片给即将走上工作岗位的他以职业态度上的触动。

在《我在故宫修文物》里，行走在故宫的是一群做着不普通工作的普通人，他们让故宫从深沉的历史和文化的见证者与保有者，变为一个供当下人施展拳脚和情怀的工作平台。没有高谈阔论，只有扎扎实实，以"匠人"之赤诚，做好本分。

《我在故宫修文物》"一事一生"匠心宣传片

（资料来源：尹春芳.以工匠精神触摸故宫温度.深圳特区报，2016-05-04.）

话题讨论： 观看《我在故宫修文物》纪录片后，你如何认识工匠精神？

第二节　工匠与工匠精神

　　劳模精神、劳动精神、工匠精神是以爱国主义为核心的民族精神和以改革创新为核心的时代精神的生动体现，是鼓舞全党全国各族人民风雨无阻、勇敢前进的强大精神动力。

——彭维锋（中国劳动关系学院教授）

　　工匠精神贵在传承，要想真正落地生根，需要全社会形成共识，共同塑造尊技重道的文化氛围……涵养工匠精神，需要共识也需要行动，更需要一整套行之有效的制度保障。

——彭新武（中国人民大学教授）

新时代劳动教育
——"劳动精神 工匠精神 劳模精神"教程

> 工匠精神的时代内涵早已超越了工匠群体，延伸到更广泛的行业和群体，各行各业都要学习工匠精神、弘扬工匠精神。
>
> ——姜涛（中南大学教授）

编者的话

近年来，大力弘扬工匠精神逐渐形成热潮。新时代的工匠精神，既是对中国传统工匠精神的继承和发扬，也是对国外工匠精神的学习借鉴。在新时代大力弘扬工匠精神，对于推动经济高质量发展、实现"两个一百年"奋斗目标具有重要意义，成为激励广大干部职工实现中华民族伟大复兴的强大精神力量。

故事导入

中国古代工匠与工匠精神

中国酿酒业的最高奖项为什么是"仪狄奖"？我国历史上因发明而封侯的人是谁？中国的汽车行业之祖是谁？这些问题，都可以在《典籍里的中国工匠》一书里找到答案。

"工匠"：古老而专注

从书中可获悉诸多古老工匠的故事——炎黄二帝，并称中华民族人文初祖，他们也可称为中华技术发明之祖；在德国奔驰集团的汽车展览馆里，供有4000多年前的夏"车正"奚仲的塑像，他当年发明了马车，因此被视为世界车祖；庄子给后人留下"运斤成风""鬼斧神工""庖丁解牛"等成语，这些成语其实是中国工匠的生动再现；墨子是从工匠阶层诞生的机械专家、军事防御专家、社会活动家、思想家、科学家；鲁班是著名的发明家，除了锯子，木匠所用的全套家伙什如墨斗、刨子、钻子、凿子、曲尺等相传都是他发明的，而且鲁班成了木匠业的保护神，如今中国建筑行业的最高奖项"鲁班奖"，就是对他最好的纪念。

书中还有一些别有意趣的故事——从三国时姜维的《蒲元别传》中可知，蒲元不但会造神刀，还是一位传奇的木匠。他是木牛流马的制作者之一，而诸葛亮所起的作用是肯定以蒲元为主的工匠们的大胆创意，并给予大力支持；在我国古代知名科学家中，黄道婆是唯一一位女性，已被联合国教科文组织认定为"世界文化名人"，她在纺织机具上做了革新性的贡献，还在整经和织布方面有着重大贡献；李冰当官当成了科学家，真是一个传奇。除此之外，作者在此书中还描述了酿酒大师仪狄、杜康，铸剑大师干将、镆铘等，还有陶瓷、冶炼工人的群体形象。

时代的发展都离不开工匠，建设富强、民主、文明的现代化国家，也离不开工匠。向古老的历史追溯工匠之魂，弘扬工匠精神，是《典籍里的中国工匠》一书撰写的初衷。

技艺：精深且绵长

中国是四大文明古国中唯一的文明没有被中断的国家。《典籍里的中国工匠》的书写，既是为工匠立传，也是为中国古代科技发明溯源。

书中，有如下论述：《考工记》，问世于春秋战国时期，是我国最早的手工艺专著，书中有关弓矢的记载,开了人类认知空气动力学的先河。《墨经》,一共有8条几何光学知识的记载,这比古希腊大数学家欧几里得的光学记载要早百余年。李诫的《营造法式》出版于1103年,是北宋颁布的一部关于建筑设计、施工的规范书,是我国古代最完整的建筑技术书籍,也是当时世界一流的建筑学著作。宋应星的《天工开物》初刊于1637年,是世界上第一部关于农业和手工业生产的综合性著作。我国最早的药学经典是成书于东汉的《神农本草经》,后来又有南朝梁代陶弘景所著的《神农本草经集注》、唐朝苏敬的《新修本草》。明代李时珍的《本草纲目》,堪称中国第一部集大成药典性著作。

除了溯源典籍之外,书中对诸多技术的梳理也颇为扎实。

我国古代工匠的工艺制作水平,可以从远古时代制陶开始说起。"仰韶文化"的彩陶、"龙山文化"的黑陶、"小屯文化"的白陶,都是其中灿烂杰出的代表,也成为相关文化的代名词。至于瓷器,最迟出现在商代中期。宋代是制瓷业的全面发展时期,有了"钧、汝、官、哥、定"五大名窑。瓷器代表中国日用制造的最高技术和工艺水平,是中国制造出口最多的产品,也是中国工匠智慧面向世界的最高级、最普遍的呈现。康雍乾三朝,中国制瓷工艺水平和产量达历史最高峰。

至于营造工艺,我国工匠在秦汉时就已经掌握了"拱形技术",他们将坟墓的墓顶砌成拱圈形式。"拱形技术"还广泛应用于桥。赵州桥(图1-12)建成于隋朝大业年间,距今已经1400多年。它为什么要"拱"起来?因为符合力的耗散原理。赵州桥的设计创新首先体现在它的拱是圆弧形而不是半圆形,尽最大可能使桥变得低平,使车马能够轻松通过。它的第二个设计创新,就是单拱。这种桥不假桥墩,像彩虹一样凌空而起,凌驾南北,是桥梁史上大胆空前的创造。赵州桥在大拱的左右两肩,又各开两道小拱,即敞肩式拱桥,这是赵州桥的第三个设计创新,是力学和美学相得益彰的完美结合。

从这一点可得,《典籍里的中国工匠》是一部简明的中国科技史。

图1-12 赵州桥

(资料来源:陈南光.他们,已存在了万千年——读典籍里的中国工匠[N].光明日报,2022-05-02.)

故事分析: 我国自古就有尊崇和弘扬工匠精神的优良传统,一些工艺水平在世界上长期处于领先地位。瓷器、丝绸、家具等精美制品和许多庞大壮观的工程建造,都蕴含着工匠精神。

我国要实现制造强国的战略目标,更应该充分挖掘传统工匠精神的价值内涵,重塑新时代工匠精神。在全面建设社会主义现代化国家的伟大征程上,当代工匠仍然以脚踏实地的努力、毫不懈怠的拼搏，将工匠精神做到极致，推动各行各业提质增效、创新发展。

问题导入： 我国古代工艺水平为何能在全世界长期处于领先地位？古代工匠是如何践行工匠精神的？

一、工匠与工匠精神的发展脉络

"工匠精神"一词虽然是在 2016 年的政府工作报告中才被正式提出，但从古至今，在生产劳动中，工匠们对设计独具匠心、对质量精益求精、对技艺不断改进的精神追求一以贯之。早在中国古代手工业时期，就有一批工匠用匠心、匠技创造了灿烂的中华文明，工匠们在劳动的过程中就蕴含着早期朴素的工匠精神。

1. 手工业时期的工匠与工匠精神

在《诗经》的《卫风·淇奥》中，有对玉石骨器等加工技术"如切如磋，如琢如磨"的描述；在《庄子》中，记载了庖丁解牛游刃有余的故事，"道也，进乎技矣。"可以说，早在中国古代就有了工匠精神的萌芽，形成了"尚巧工"的社会氛围。[1]

在古代，工匠主要是指手工业从业者，如木匠、铁匠、铜匠等。相传舜早年在河滨制陶时，追求精工细作，并以此带动周围的人们制作陶器杜绝粗制滥造的事迹[2]；先秦两汉时期，木匠鼻祖鲁班、机械发明家马钧等人是工匠队伍的优秀代表，他们对自己的作品精益求精，反复打磨，以达到完美的程度。

我国流传至今的诸多手工作品更是工匠精神的具体体现，如青铜器、瓷器、古建筑等，都凝结了古代匠人的工匠精神，成为中华文明的象征。在产品品质、加工工艺等方面，我国古代手工艺品在世界上占据一席之地，如后母戊大方鼎、栩栩如生的秦始皇陵兵马俑（图 1-13）等，至今都为世人赞叹。这些文物蕴含着中国古代精雕细琢、精益求精的工匠精神。

图 1-13　秦始皇陵兵马俑

---

[1] 郑德霞，王鑫. 工匠精神的历史源流、现代意蕴及养成路径 [J]. 南通职业大学学报，2021（9）：21-24.
[2] 石琳. "工匠精神"的时代特征、内涵、意义与启示 [J]. 营销界，2022（10）：103-105.

2. 工业化时期的工匠与工匠精神

18世纪60年代，纺纱用的"珍妮机"开启了工业革命的历程，引起了一连串连锁反应，机械化生产由此拉开帷幕。与手工业时代相比，工业化时代具备一些不同特征。这一时期的工匠与工匠精神也与手工业时期大不相同。机器大生产的一个典型特征就是标准化，在工业生产过程中，社会进一步分工，工人流水线作业，只需要负责一道工序就可以。因此，这一时期更多地强调工人对标准和规范的遵守。这也在一定程度上意味着工人更多地追求产品数量，而对产品品质在一定程度上放松了要求。工人只需要遵守规范，不需要具备高标准的技能，工匠精神因此受到很大程度的冲击。[1]

随着工业革命的不断深入和人们消费观念的不断升级，产品质量又重新得到重视。学校在培育技术工人时，不仅要求学生遵守技能标准，也开始重视具备相应的职业态度和素养，不断提升技能，传承传统工匠所具有的工匠精神。工匠精神得以回归和重塑，有效带动了产品质量提升。

3. 信息化时期的工匠与工匠精神

从20世纪50年代开始，人类社会进入信息时代，以互联网为代表的信息技术被广泛应用，赋予了经济社会新的特征。商品经济转向服务型经济，第三产业迅速发展，服务业劳动力需求不断增加，呈现出工业化与服务化相结合，工业化嵌入服务理念，使得工业化的产品蕴含着精致服务化的理念，特别强调工匠精细化作业能力。

"制造"向"智造"转变，德国率先提出了"工业4.0"的概念，经济发展进入智能化时代。近年来，我国无论是"两弹一星"、载人航天工程取得的辉煌成就，还是高铁、大飞机等的设计与制造，都展现出对工匠精神的继承与发扬。

信息化时代，质低价廉、千篇一律的产品越来越不受欢迎。随着互联网技术的发展，满足消费者个性化需求的定制服务成为趋势，这就要求工匠特别重视为满足个性化需求而进行创新。企业对工匠的学习能力、创新能力、综合素养提出了更高要求。

创新是引领发展的第一动力，是建设现代化经济体系的战略支撑。从"中国制造"到"中国智造"，从千篇一律到个性化定制，工匠的创新创造能力正受到前所未有的重视，创新已成为工匠精神的关键词之一。

典型案例

工匠精神引领航天逐梦

当神舟十二号载人飞船的"太空出差"再次吸引世界目光之时，"时代楷模"、全国五一劳动奖章获得者徐立平，早已带领中国航天科技集团公司四院固体火箭发动机药面整形班组投入另外的工作中了。神舟十二号火箭逃逸系统固体燃料药面的微整形，就是由他们班组此前完成的。（图1-14）

在火药上动刀，每一次落刀都能听到心跳。一旦操作不当，就会引起燃烧甚至爆炸。30多年间，徐立平一直保持着100%合格率以及零失误。从青春岁月到年逾半百，徐立平守恒如常，日渐佝偻的脊背，扛得起大国工匠的担当。

---

[1] 李国兰. 试析工匠精神的演变与发展 [J]. 职业教育研究，2018（4）：14-17.

图 1-14　神舟十二号载人飞船与长征二号 F 遥十二运载火箭组合体转运至发射区

（图片来源：神舟十二号船箭组合体转运至发射区. 新华社，2021-06-09）

我国自古就有尊崇和弘扬工匠精神的传统。《诗经》中的"如切如磋，如琢如磨"，反映的就是古代工匠在雕琢器物时执着专注的工作态度。"庖丁解牛""巧夺天工""匠心独运""技近乎道"……经过千年岁月洗礼，这种精益求精的精神品质早已融入中华民族的文化血液。

当今时代，传统意义上的工匠虽然日益减少，但工匠精神在各行各业传承不息。小到一颗螺丝钉、一块智能芯片，大到卫星、火箭、高铁、航母，它们背后都离不开新时代劳动者身体力行的工匠精神。

2020 年 11 月 24 日，习近平总书记在全国劳动模范和先进工作者表彰大会上指出，在长期实践中，我们培育形成了"执着专注、精益求精、一丝不苟、追求卓越的工匠精神"。同年 12 月 10 日，习近平总书记致信祝贺首届全国职业技能大赛举办，强调培养更多高技能人才和大国工匠。

奋斗创造历史，实干成就未来。在通往中华民族伟大复兴的征程上，我们更需锻造灼灼匠心，在平凡岗位上创造不凡，用干劲、闯劲、钻劲谱写美好生活新篇章，让新时代工匠精神激励鼓舞更多的人。

（资料来源：罗旭，刘华东，李睿宸. 如切如磋，如琢如磨——工匠精神述评 [N]. 光明日报，2021-09-30.）

案例分析： 几十年来，中国航天事业从无到有、从小到大、从弱到强。在圆满完成一项项国家重大航天工程任务中，中国航天人怀揣"发展航天事业，建设航天强国"的航天梦，秉承执着专注、精益求精、一丝不苟、追求卓越的工匠精神，勇攀航天科技高峰，开启了建设航天强国和世界科技强国的新征程。

二、新时代工匠与工匠精神

工匠，即有工艺专长的匠人。在中国特色社会主义新时代，凡是专注于某一领域、针对这一领域的产品研发或加工过程全身心投入，完成好每一个工作环节的人，都可称为工匠。

与中国古代工匠精神及国外工匠精神相比，新时代工匠精神具备自身的鲜明特点：强调爱岗敬业、积极奉献社会，倡导将工匠个人成长与国家发展同频共振，坚定矢志报国的理想信念，在为党和人民建功立业中实现人生价值。习近平总书记始终关心关注大国工匠成长，礼赞工匠精神，多次将工匠精神与推动全面建设社会主义现代化国家，实现中华民族伟大复兴相结合。工匠精神与劳模精神、劳动精神构成一个完整的体系，成为激励广大干部职工实现中华民族伟大复兴的强大精神力量。

> **思考题**
>
> 在中国特色社会主义新时代，工匠精神有哪些特征？

三、工匠与工匠精神发展的历史规律

工匠与工匠精神延续至今，并不是一成不变的。在经济环境、文化氛围、社会现实等客观因素的不断变化中，工匠与工匠精神的呈现方式、受重视程度、承载的价值不尽相同，主要呈现出以下发展趋势。

1. 工匠的外延不断扩大

在古代社会，工匠一般指手工业从业者，如木匠，青铜器、瓷器制造者等；到工业化时代，在手工业从业者的基础上，各行各业产业工人都被纳入工匠范围；再到信息化、互联网时代，随着新业态、新岗位的不断涌现，工匠的外延也在不断扩大，各行各业的劳动者、奋斗者都可以称为工匠，都需要践行工匠精神。

2. 工匠精神的内涵不断丰富

从工匠精神的呈现方式来看，早期工匠精神更多强调的是职业技能。在中国古代，强调手工业从业者精于制造，不断提升工艺水平。随着时代发展，在工业化时代，工匠精神逐渐成为一种内在精神品质的彰显。工匠精神从一种工作能力升华为工作态度、价值观念，代表着坚定、踏实、严谨、专注、坚持、敬业等精神。再到信息化时代，特别是在中国特色社会主义新时代，工匠精神成为凝聚广大劳动者团结一心，加快社会主义现代化建设的强大精神力量。新时代工匠精神不仅要培育追求卓越技能的高素质劳动者，更重要的是培育具有坚定信仰，服务祖国与人民的高素质劳动者，在实现工匠个人价值最大化的同时，助推经济社会和国家的全面发展。

从对工匠精神的重视程度来看，除了在工业化初期工匠精神短暂没落外，在整个历史发展的长河中，整体上对工匠精神的重视程度是越来越高的。特别是党的十八大以来，更加强调工匠精神的重要性。随着时代发展，工匠精神仍不断被赋予新的内涵。

延伸阅读

致敬！2021年"大国工匠年度人物"

2022年3月2日，由中华全国总工会和中央广播电视总台联合举办的2021年"大国工匠年度人物"发布活动揭晓评选结果，来自不同行业的10位顶尖技术技能人才榜上有名。他们用高度的责任和精湛的技艺，以匠人之心，铸大国重器，充分彰显了各行各业国企人的使命担当和崇高精神。

艾爱国是第一位从湘钢走出来的焊接大师。从世界最长跨海大桥——港珠澳大桥，到亚洲最大深水油气平台——南海荔湾综合处理平台，这些国际国内超级工程中都活跃着他的身影；从助力中国船舶制造业提升国际竞争力，比肩世界一流水平，到突破国外企业"卡脉子"技术，填补国内技术空白，都离不开他的焊接绝活。凭借一身绝技、执着追求，艾爱国2021年被中共中央授予"七一勋章"。

刘更生是中国非物质文化遗产京作硬木家具制作技艺代表性传承人，从事"京作"硬木家具制作与古旧家具修复已近40年。他多次参与重要文物的大修与复制。在2013年故宫博物院"平安故宫"工程中，他成功修复故宫养心殿的无量寿宝塔、满雕麟龙大镜屏等数十件木器文物，复刻了故宫博物院金丝楠鸾凤顶箱柜、金丝楠雕龙朝服大柜，使经典再现，传承于世，为"京作"技艺、民族文化的继承和发扬做出了贡献。

刘丽是2021年"大国工匠年度人物"中唯一一位女性。她始终把"我为祖国献石油，保障国家能源安全"作为己任，坚守在生产一线，苦练本领。她专注于解决生产难题，研发各类成果200余项，其中获国家及省部级奖项33项、国家专利及知识产权软著41项。她研制的"上下可调式盘根盒"使更换盘根盒的操作时间缩短四分之三，填料使用寿命延长6倍，在60000多口油井推广应用，年节约维修工时10万小时、节电2.4亿多度。她研发的"螺杆泵井新型封井器装置"等一批成果填补了国际国内技术空白，累计多产油60000多吨。

获得2021年"大国工匠年度人物"的，还有中国航天科技集团九院7107厂数控铣工刘湘宾、中交一航局第三工程有限公司工程测量工陈兆海、中国兵器淮海工业集团有限公司十四分厂工具钳工周建民、中国航发黎明工装制造厂数控车工洪家光、内蒙古第一机械集团有限公司焊工卢仁峰、中国航天科技集团有限公司四院7416厂班组长徐立平、广州海格通信集团股份有限公司无线电通信设计师张路明。他们创造"中国精度"，领跑"中国速度"，用执着坚守铸就民族腾飞的臂膀，将忠诚热爱化为实业报国的力量。

"2021年大国工匠年度人物"发布仪式之焊工艾爱国

向他们致敬！

（资料来源：2021年"大国工匠年度人物"揭晓，向10位国企一线员工致敬.国资小新，2022-03-03.）

话题讨论：从2021年"大国工匠年度人物"身上你能学到什么？你认为大学生应该如何践行工匠精神？

第三节　工匠精神与职业技能

要完善和落实技术工人培养、使用、评价、考核机制，提高技能人才待遇水平，畅通技能人才职业发展通道，完善技能人才激励政策，激励更多劳动者特别是青年人走技能成才、技能报国之路，培养更多高技能人才和大国工匠。

——2020年11月24日，习近平总书记在全国劳动模范和先进工作者表彰大会上的讲话

要坚持党的领导，坚持正确办学方向，坚持立德树人，优化职业教育类型定位，深化产教融合、校企合作，深入推进育人方式、办学模式、管理体制、保障机制改革，稳步发展职业本科教育，建设一批高水平职业院校和专业，推动职普融通，增强职业教育适应性，加快构建现代职业教育体系，培养更多高素质技术技能人才、能工巧匠、大国工匠。

——2021年4月13日，习近平总书记对职业教育工作作出重要指示

技术工人队伍是支撑中国制造、中国创造的重要基础，对推动经济高质量发展具有重要作用。要健全技能人才培养、使用、评价、激励制度，大力发展技工教育，大规模开展职业技能培训，加快培养大批高素质劳动者和技术技能人才。要在全社会弘扬精益求精的工匠精神，激励广大青年走技能成才、技能报国之路。

——2019年9月23日，习近平总书记对我国选手在第45届世界技能大赛取得佳绩作出重要指示

编者的话

技能人才是我国迈向制造强国的重要基础。制造业和实业的水平是衡量国家发达程度的重要指标，决定着国家发展的内生动力。

故事导入

袁强：为了技能中国的明天不遗余力

一个普通人如何超越自己的环境实现"人生破壁"？第44届世界技能大赛工业控制项目金牌选手袁强为我们讲述了一个通过技能改变人生的励志故事。

从一名普通的农村青年到世界技能大赛冠军，再到山东工业技师学院最年轻的高级讲师，与工业控制专业相伴已近10年的袁强的人生是"逆袭剧本"。作为上海第46届世界

技能大赛梦想大使,袁强愿与更多技能者、劳动者一道,迈向技能成才的世界舞台。

因中考失利,袁强听从父亲的建议,前往山东工业技师学院就读机电一体化专业。2015年,根据山东工业技师学院"3+2"的相关规定,袁强转入工业机器人专业学习。也是在那里,他初识了世赛。

虽然这个"95后"小伙的开局不是大多数人眼中的"人生赢家",但出乎意料的是,学技术为他搭建了一条走向世界的通道。

战胜各路技能高手,实现工业控制项目零突破

2017年,在阿联酋举行的第44届世界技能大赛上,袁强战胜了来自21个国家和地区的选手,实现了"金牌梦想"。这是山东选手参加世界技能大赛获得的首枚金牌,也是中国工业控制项目史上零的突破。(图1-15)

图 1-15　袁强在比赛中

(图片来源:袁强:"汗渍"淬炼世界技能金牌. 新华社,2021-02-24)

比赛的第一天,袁强势如破竹,但第二天,因为高强度的比赛与时差问题,袁强出现了1小时的"记忆断片",完全不记得自己在赛场上做了什么。等他缓过神来后,发现所有的线路都已经接好,经检查也毫无问题。

调整好状态后,袁强没有再一次出现"失误"。尽管比赛第四天编程试题有所差池,但袁强还是凭借着自己的实力,牢牢将冠军握在手中。

冠军归来,21岁成高校高级讲师

获奖后的袁强拒绝了很多企业递过来的高薪橄榄枝,选择留校做一名教师。回到母校工作的袁强被破格提拔,享受和副教授同等待遇,21岁就成为山东工业技师学院最年轻的高级讲师,开启了人生新篇章。

这个选择,对于世界冠军袁强来说,意味着放弃了很多诱惑。很多曾经一起集训但没有取得金牌的同窗,已经凭借着高超的技术成为一些大公司的技术骨干,一个月挣两三万元的高工资;还有一些同学选择技术创业,收入也是自己做教师的几倍。

但对于袁强来说,更重要的是努力做"大国工匠",把所学所得传递给更多年轻人。

谈及当选上海第46届世界技能大赛梦想大使,袁强笑了。开心,是他的第一反应。但冷静过后,他也有自己的计划:"借此机会,我想让更多人参与世赛,推动中国技能更好地发展。"

（资料来源：袁强：为了技能中国的明天不遗余力．大众网，2023-05-30.）

故事分析：袁强的奋斗经历告诉我们，技能成就梦想，技能改变人生！技能大赛是参赛者比拼技艺的舞台，也是选手学习和交流的平台。以赛促学、以赛促练，中国青年已经能在多个行业和领域掌握比较先进的职业技能。未来的中国，在各行各业、各个领域还将源源不断地培养出优秀技能人才，为社会主义现代化建设不断做贡献。

问题导入：如何成长为像袁强一样的技能人才？提升职业技能有哪些途径？

袁强分享参赛经历

一、职业技能概述

职业技能是指从业人员从事职业劳动和完成岗位工作应具有的业务素质，包括职业知识、职业技术和职业能力。广大劳动者需要具备一定的职业技能相关理论知识，掌握职业核心技术，具备一定的职业能力。

党中央、国务院高度重视职业技能提升工作，近年来先后出台了新时期产业工人队伍建设改革、推行终身职业技能培训制度等一系列政策文件。党的十九大报告明确要求"大规模开展职业技能培训，注重解决就业结构性矛盾"。党的二十大报告指出，"健全终身职业技能培训制度，推动解决结构性就业矛盾。完善促进创业带动就业的保障制度，支持和规范发展新就业形态"。

二、践行工匠精神与提升职业技能的关系

近年来，各行各业越来越重视工匠精神的培养，企业、高校都对人才培养方案进行了相应的革新。可以说，职业技能和工匠精神的融合是现代产业社会的必然选择。

1. 大力弘扬工匠精神，有助于提升职业技能

工匠精神作为职业核心素养之一，对职业技能人才成长起到积极的引导作用。弘扬工匠精神有助于塑造匠艺，以匠艺引领职业技能提升与超越，引导广大劳动者不断探索创新路径，寻求新的突破；弘扬工匠精神有助于培育匠心，把精益求精的品质追求贯穿工作始终，专心细致、心无旁骛、专注持续地钻研工作，成为助推职业技能提升的强大精神动力；弘扬工匠精神有助于引导广大工匠胸怀理想，坚定信念，把国家需要与个人发展统一起来，在工作岗位上追求卓越，在为祖国、为人民服务的过程中不断提升技能。总之，工匠精神是现代职业人必备的基本素质，也是广大劳动者适应社会发展、不断提升职业技能的关键。

2. 提升职业技能，也能不断深化工匠精神的内涵

实践是认识的来源，工匠精神随着实践的发展也在不断丰富深化、与时俱进。正是在职业技能实践的过程中，工匠精神内涵才得以不断深化与更新，焕发出新的光彩与活力。

> **典型案例**

王晓菲：从纺织女工到人大代表

2022年3月8日，十三届全国人大五次会议第二场代表通道举行。全国人大代表、山东省德州恒丰集团高级技师王晓菲分享了自己坚守一线、大胆创新的故事。

"纺织人不怕苦、不怕累，用汗水满足人民追求绿色、健康、时尚的服装服饰需求。"这是一名基层纺织女工的信念。

2003年，王晓菲从纺织技校毕业后，便开始从事纺纱工作。纺织厂环境差、噪声大、三班倒，这些都没有让她退缩。如今她在细纱车间已经工作了19个年头。（图1-16）

图1-16 王晓菲在车间作业

（图片来源：李榕.祝贺！王晓菲获第十四届中华技能大奖！系全国最年轻获得者，2019-01-29.）

为了提高企业的生产效率，缓解工友的劳动强度，2007年，王晓菲和同事一起，经过两个多月的反复研究、试验，创造了"紧密纺绕皮辊斜接头操作法"。"当时我们突破了传统的正向抵管接头法，看似简单的操作，应用之后，我们一个车间的43台车每班用工减少了6人，但产量增加了一吨多。同时，纱线断头率也降低了近五成。"

这就是创新的力量。

由王晓菲领衔创造的五个操作法，在全国性的纺织产业论坛上进行了展示，并在多家企业推广和使用。"传统产业不是夕阳产业，只要坚持创新引领，传统产业也是朝阳产业。凭借不断增强的创新实力，现在越来越多的新型纺织产品走向全国、走向世界。"王晓菲坚定地说。

现在，公司成立了以王晓菲名字命名的技能大师工作室。作为师傅，王晓菲说："我把自己所掌握的技能，毫无保留地传授给新员工，他们有的获得了省劳模，有的被评为首席技师。"

多年来，王晓菲陆续获得了全国棉纺织行业细纱工技能竞赛冠军，全国劳动模范和中华技能大奖等荣誉称号，并受邀参加了新中国成立70周年国庆观礼。

"近20年的车间一线工作经历让我认识到，工匠精神既存在于'高、精、尖'的产业和领域，也在每一个普普通通的车间里发光出彩。"

新身份"解锁"了新使命。

2018年1月，王晓菲成为全国人大代表，她深感肩上的担子更重了，心中的责任更大了。"身在基层工作，我有更多的机会了解人民群众的心声。"

这些年来，王晓菲走访了近百家企业和社区，深入了解他们的所思所想，她曾提出"加快完善企业技能人才自主评价"的建议，得到相关部门的积极支持，解决了政策上的难题，通过自主评价，为1000多人解决了技能等级认定问题，帮助他们拿到了技能补贴。

"作为新时代的纺织女工，我们是'手舞银丝织彩梦'的'经纬构造者'，我会继续坚守岗位，传承工匠精神，用创新和努力，擦亮中国纺织制造品牌。"

（资料来源：王晓菲：新时代纺织女工是"手舞银丝织彩梦"的"经纬构造者".中工网，2022-03-08.）

案例分析：只要爱岗敬业，敢于创新，在哪都能发光。王晓菲从一名纺织女工成长为职业技能人才，成功当选全国人大代表的经历告诉我们，职业技能人才是我国人才队伍的重要组成部分，是促进国家经济社会发展的重要力量。广大学生要践行工匠精神，尽快成长为一名适应社会需要的高素质职业技能人才。

三、弘扬工匠精神，提升职业技能

目前，部分学校仍然存在工匠精神文化渗透不足、教育体系不够完善等问题，部分学校采取传统教学方式，教学质量参差不齐，严重阻碍了职业技能人才的培养进程。[1]

加快构建现代职业教育体系，培养更多高素质技术技能人才、能工巧匠、大国工匠，必须弘扬工匠精神，以工匠精神助力职业技能提升与养成。

1. 在课堂教学中深挖工匠精神元素，强化职业技能

在教育教学过程中，要深入挖掘工匠精神元素，积极创新弘扬工匠精神的内容与形式，帮助学生正确认识、感悟工匠精神，培养良好的职业素养和品德，不断强化学生对职业技能的理解，使他们真正将职业技能素养内化于心、外化于行，成长为优秀的工匠人才。[2]

要通过弘扬工匠精神教育引导广大学生树立成长为职业技能人才的荣誉感、自豪感，引导学生立志成长为对国家、对人民有所贡献的职业技能人才。

2. 加强劳动教育，在实践中促进工匠精神与职业技能融合发展

党的十八大以来，劳动教育已经被纳入培养社会主义建设者和接班人的总体要求。要

---

[1] 仲岑然. 关于高职院校技术技能型拔尖人才培养问题的探讨 [J]. 纺织服装教育，2015（1）：31-34.
[2] 叶小建. 职业技能与工匠精神耦合培养人才模式的探讨 [J]. 就业与保障，2022（3）：145-147.

在劳动中、实践中促进学生职业技能的提升与工匠精神的养成。要拓宽校企合作、产教融合、顶岗实习等渠道，特别是加强与企业的合作与联系，经常开展丰富多彩的实习实训、志愿服务、社会实践活动，将实践作为培养学生职业技能与工匠精神的第二课堂，让学生在社会实践中深化对工匠精神的认识，在实践中提升职业技能，进而促进学生成长为全面发展的人。

3. 参加职业技能大赛，锤炼工匠精神与职业技能养成

职业技能大赛是渗透工匠精神、提升职业技能的有效路径。通过参加技能竞赛，可以有效锤炼学生的职业精神、职业技能，充分发挥技能大赛的示范、鼓舞作用，在大赛中全面渗透工匠精神，提升学生职业技能。

弘扬工匠精神，提升职业技能需要多方合力，多措并举。通过职业技能大赛、校企深度合作、产教融合、顶岗实习、1+X职业技能等级证书制度等多个平台，真正践行工匠精神，提高职业技能，锤炼职业品质，切实提高学生培养质量与培养水平。

延伸阅读

在大赛中锤炼职业技能

这是一场前所未有的"技能全运会"——竞赛规格最高、竞赛项目最多、参赛规模最大、技能水平最高。

经过3天激烈角逐，第一届全国职业技能大赛于2020年12月13日在广州落下帷幕。来自全国各地的291名选手获得86个项目的金、银、铜牌。

奖牌诚然可贵，但并非办赛最终目的。大赛对技能人才队伍建设和职业技能竞赛工作展示的"风向标"，让"有技能、好就业"逐步成为社会共识，更具重要引领意义。

技能无处不在

从数控车、工业机械、飞机维修等先进制造业，到工业4.0、移动机器人、云计算、新能源汽车智能化技术等战略性新兴产业，再到美容、美发、烘焙、餐厅服务等现代服务业项目……本次大赛共涉及制造业、信息技术、交通运输、建筑业、服务业等14个国民经济行业大类。哪里有市场，哪里就有需求。本次大赛参赛人数最多的项目前10名中，多个项目均与制造业密切相关。机器人系统集成项目就是其中之一。在本次大赛中，共有27个代表团的80名选手参加机器人系统集成项目。

"参赛人数多，是因为我国正从'制造大国'向'制造强国'迈进，这其中以工业机器人为代表的先进制造业技术发挥着重要作用。"大赛机器人系统集成项目裁判长、哈尔滨工业大学机器人研究所副所长李瑞峰在接受《经济日报》记者采访时表示，近年来各省份对掌握工业机器人技术相关人才培养非常重视，参与比赛积极性很高。另外，从市场端看，我国机器人进入高速增长期，已成为工业机器人全球第一大应用市场，这极大拉动了地方对人才的需求。

记者注意到，移动机器人、工业机械、焊接等这样的"硬技能"项目参与度高，诸如健康和社会照护、酒店接待、餐厅服务、花艺等"软技能"项目也备受社会关注。

12月11日下午，酒店接待项目比赛现场围满了前来观摩的群众。来自陕西代表团的选手王羽杰刚一亮相，一个身着黑色礼服、头戴黑色礼帽的客人就来到前台，对分配的房间提出疑惑。而在另一侧，一位身着长袍、头戴纱巾的客人拖着行李箱，表现出一副不太耐烦的神情。不过王羽杰在比赛中淡定自若，始终保持微笑来处理客人提出的各种问题。

"这个场景实际考察的是选手对多元文化背景客人的接待处理。"大赛酒店接待项目裁判长、叶脉文旅教育（深圳）有限公司董事长叶丹茗对记者表示，从本次大赛选手表现看，其知识结构、社会阅历、应变能力明显比前几年提升了一个档次。最直接的一个表现是，良好的英语交流和计算机应用技能，已经从过去的"高配"变成了"标配"。

"选手水平与当地经济发展和产业层次、技工教育质量等因素有很大关系。随着近年来国家高度重视技能人才工作，包括西部地区在内的全国各地技工教育和职业技能培训水平不断提高。从比赛情况看，各地选手技能水平普遍提高，这表明蓬勃开展的职业技能竞赛整体促进和提高了各地技能人才培养水平，也为我国打造高素质技能人才队伍奠定了坚实基础。"人力资源和社会保障部职业能力建设司司长张立新说。

企业求贤若渴

作为我国技能人才规格最高的技能盛会，本次大赛吸引了众多企业的关注和支持。据统计，共有120余家大型企业集团和中小型企业积极为大赛提供比赛设备设施、技术人员、赛事保障等各项支持和服务。

"这些选手，我们都想要！"由于比赛期间不能与选手和教练联系，立邦投资公司装饰涂料事业部高级副总裁孙荣隆只能在场外"暗中观察"。孙荣隆的话并非恭维之词。如今，技能型人才正成为企业追捧的"香饽饽"。而技能大赛则是对技能人才最好的检验场。

有意在赛场招工的企业不止立邦一家。在本次大会举办期间，广州汽车集团股份有限公司（简称广汽）品牌公关部部长尹捷也向选手们抛出了"橄榄枝"。

"做好制造业，优秀技术工人不可或缺。所以技术工人一直都是我们宝贵的人才资源。"尹捷告诉记者，广汽把技能人才的培养延伸到整个产业链，通过以赛代练、以赛促学等方式和手段，培养了一批典型工匠人才。

"为什么像我们这种高科技的军工央企还要'热衷于'参加技能大赛？因为培训和参赛相结合，更加注重评价技能人才的综合操作能力、行为规范能力、质量控制能力和学习创新能力，对航空技能人才的评价更加科学和精准。"中国航空工业集团有限公司人力资源中心主任司若鹏表示。

大赛虽然结束，但技能人才培养工作仍任重道远。业内人士普遍呼吁，要进一步健全技能人才培养、使用、评价、激励制度，切实增强技能劳动者获得感与职业荣誉感、自豪感，培养更多的人对于技能成才、技能报国观念的认同。

（资料来源：韩秉志.首届全国职业技能大赛综述：让技能报国成为新时代风尚[N].经济日报，2020-12-15.）

话题讨论： 你认为参加职业技能大赛会有哪些收获？假如有机会，你是否愿意参加职业技能大赛？

任务三 劳模精神

学习目标

知识目标

（1）能复述劳模精神的内涵。
（2）能掌握劳模精神的历史发展脉络。
（3）能列举出我国不同时期的劳模代表并讲述其事迹。
（4）能理解新时代弘扬劳模精神的价值。
（5）能说明弘扬劳模精神对职业发展的作用、影响。

能力目标

通过对劳模精神内涵的理解，规划自己的职业素质提升路径。

素质目标

具备基本职业道德，在平凡岗位上诠释劳模精神。

行为养成目标

弘扬新时代劳模精神，脚踏实地、勇于创新、主动作为。

第一节 认识劳模精神

> 劳动模范是民族的精英、人民的楷模，是共和国的功臣。
> ——2020年11月24日，习近平总书记在全国劳动模范和先进工作者表彰大会上的讲话

> 全社会都应该尊敬劳动模范、弘扬劳模精神，让诚实劳动、勤勉工作蔚然成风。
> ——2018年4月30日，习近平总书记给中国劳动关系学院劳模本科班学员的回信
>
> "爱岗敬业、争创一流，艰苦奋斗、勇于创新，淡泊名利、甘于奉献"的劳模精神，生动诠释了社会主义核心价值观，是我们的宝贵精神财富和强大精神力量。
> ——2015年4月28日，习近平总书记在庆祝"五一"国际劳动节暨表彰全国劳动模范和先进工作者大会上的讲话

编者的话

榜样蕴藏无穷力量，精神激发奋斗意志。不论时代如何变化，劳模精神始终是时代的标杆和旗帜，是鼓舞广大人民勇敢前进、奋发有为的强大精神力量。我们是新时代的建设者和参与者，我们学习劳模精神不是喊喊口号，而是要真正地学习劳模所表现出来的所有精神品质和精神状态，以学习劳模、尊重劳模、崇尚劳模、争当劳模的精神不懈奋斗。

故事导入

刁统武：要做就要做到最好，做行业的领头羊

刁统武，中国重汽集团济南卡车股份有限公司的维修钳工，高级技师，曾获全国劳动模范、全国五一劳动奖章、全国技术能手等荣誉称号（图1-17）。

从业20余载，刁统武扎根一线，刻苦自学、努力钻研，从一名普通的维修工人成长为企业技术攻关带头人，攻克多项制造瓶颈难题，由他主持和参与的技术创新成果达120多项，其中十余项荣获国家专利，多个项目获得省、市技术创新成果奖，为企业创造经济效益上亿元。

"凡事只要敢想敢做，再加上科学的态度，就没有攻不下的难关。"刁统武从技校毕业，学历不算高，为了能提高技能，就

图1-17　刁统武专注工作
（图片来源：齐鲁晚报网，2021-04-27）

要比别人多下功夫。刚参加工作时，正赶上公司在建设一条世界先进的卡车驾驶室焊装线，刁统武为了能尽快掌握技术，白天跟着外国专家刻苦学习技术，晚上废寝忘食地学英语、查资料，直到能看懂英文说明书。靠着这股肯钻研的劲头，他成了车间里第一个掌握驾驶室焊接工艺流程的技术多面手。之后，他又掌握了三坐标测量原理分析、CAD绘图、CATIA三维设计，还练就了一整套通过"听、摸、看"快速发现设备故障的本领。只需一眼，他就能在成千个零件中快速发现问题，并迅速反应；看到图纸，就能很快洞察工装设计中

新时代劳动教育
——"劳动精神 工匠精神 劳模精神"教程

可能存在的风险隐患点。

"不管做什么工作，一定要尽自己最大努力做到最好。"这是刁统武职业生涯中一直践行的一句话。哪里有攻克不了的技术难题，哪里就有刁统武的身影。他凭借多年积累的经验、独特的解题思路、过硬的维修技能，结合新技术的应用，解决了驾驶室焊接过程中一个又一个难题。刁统武从一名普通的一线员工成长为全国劳动模范、齐鲁大工匠，成为首位荣获山东省省长质量奖个人奖的一线职工。

全国劳动模范刁统武：
要做就要做到最好，
做行业的领头羊

《中国劳模工匠箴言》收录了刁统武的个人先进事迹及奋斗箴言。他讲到，要"尽心做好每一件事，常怀感恩之心做人""我不是完人，但我的产品一定是完美的"。

（资料来源：全国劳动模范刁统武：要做就要做到最好，做行业领头羊．齐鲁壹点，2021-04-27．）

问题导入：刁统武有哪些地方值得我们学习？通过刁统武的故事，你如何理解劳模精神？

一、劳模精神的提出

"幸福的生活从哪里来？要靠劳动来创造。"中华文明源于劳动，兴于劳动，并在劳动中形成了独特的劳动文化。劳模精神是中华优秀传统文化在新时期的新发展、新表达，有其深厚的文化根基。《尚书》中有"功崇惟志，业广惟勤"；《左传》中有"民生在勤，勤则不匮"；《论语》中有"敬事而信"；诗词中有"春蚕到死丝方尽，蜡炬成灰泪始干"等；全国劳动模范杨怀远作"天下万物何所求？只求为人民服务到白头"的承诺。从古到今，中国人一直传承着兢兢业业、恪尽职守的劳模精神。

劳模精神是指劳动模范和先进工作者身上所承载和体现出来的精神风貌、价值观念、行为准则等。2005年，全国劳动模范和先进工作者表彰大会首次用"爱岗敬业、争创一流，艰苦奋斗、勇于创新，淡泊名利、甘于奉献"24个字对劳模精神进行了高度概括，至此劳模精神的内涵被完整表述并固化下来。劳模精神是推动时代进步发展的动力源泉，是伟大民族精神的体现。2021年9月，党中央批准了中央宣传部梳理的第一批纳入中国共产党人精神谱系的伟大精神，劳模精神（劳动精神、工匠精神）位列其中。

二、劳模精神的内涵

一个奋进的时代，要有一种奋发向上的追求，而不断涌现出来的劳动模范及其所体现出来的价值追求，是激励全国各族人民应对各种机遇和挑战，建设中国特色社会主义的强大精神力量。

1. 爱岗敬业、争创一流

爱岗敬业就是热爱自己的本职工作，恪尽职守，以严肃认真的态度对待自己的工作。"爱岗"是"敬业"的基石，"敬业"是"爱岗"的升华。劳动者只有热爱自己的岗位，认真履行职责，才能使自己的劳动潜能得到充分挖掘和激发，做到干一行爱一行，爱一行才能干好一行。2016年4月26日，习近平总书记在和知识分子、劳动模范、青年代表座谈会上强调："广大劳动群众要立足本职岗位诚实劳动。无论从事什么劳动，都要干一行、爱一行、钻一行。"

争创一流是把争取创造最优工作业绩作为奋斗目标，是一种奋发进取的精神风貌，是劳动者的价值追求。对于劳动者来说，追求不同，落实到工作中的态度也就不一样。争创一流是一种追求最优的目标导向，可以内化为劳动者的动力之源。

无论时代发生多大变化，爱岗敬业、争创一流依然是劳模们不变的价值追求。在革命年代，"边区工人"赵占魁每天站在上千摄氏度的高温炉旁作业，一干就是12小时以上，从不叫苦叫累。新中国成立初期，"铁人"王进喜带伤跳进泥浆池，用身体搅泥浆，压制井喷，用冲天的干劲践行"宁肯少活二十年，拼命也要拿下大油田"的铿锵誓言。改革开放后，劳动模范勇立时代潮头，产业工人许振超创下了令世界惊叹的"振超效率"。

典型案例

许振超：干就干一流，争就争第一

许振超，生于1950年，山东荣成人。只有初中文化的他，靠着刻苦钻研技术，干一行、爱一行、精一行，从一名码头工人成长为当代产业工人的杰出代表。

1974年，许振超来到青岛港当上了码头工人。那时候的港口作业区只有几台吊车，卸货装车的工作全靠人抬肩扛，工作环境也比较恶劣。改革开放后，码头上的作业机械从吊车逐渐增加到叉车、牵引车、装卸机械门机等，作业效率大幅提高。

1987年，许振超被选为青岛港的桥吊司机。他的工作是在四五十米的高空控制操纵杆，指挥吊具完成升降、前进和后退的任务。刚开始接触这种高技术含量的设备，许振超倍感压力。为了能看懂弄通两三百页的外文手册，他买了一本英汉词典随身携带，一有空就反复背、反复学。

1990年，队里的一台桥吊控制系统出现故障，请外国厂家的工程师修，花费了4.3万元的维修费。当许振超试着向外国专家请教时，对方不屑一顾，这件事深深刺痛了许振超。他想，如果我们自己会修，这笔钱不就省下来了吗？许振超立志攻克技术难题，着魔一般苦心钻研。他画了两尺多厚的电路图纸，倒推了12块电路模板，一遍遍测试调整，用了4年时间，终于攻克了难关（图1-18）。

图1-18 许振超（左）给工人讲解桥吊控制柜运行情况

（图片来源：新华社，2019-01-10）

许振超凭着勤奋好学、刻苦钻研的精神，先后掌握了高压变配电、电力拖动、计算机、数字控制技术、网络通信等多学科的专业知识，创造了一系列大型机械维修、装卸工艺流程领域的成功经验,完成技术革新百余项,成为名副其实的"工人专家"。他不但练就了"一钩准""一钩净""无声响操作"等技术绝活,还带出了"显新穿针""王啸飞燕""刘洋神绳"等一大批工人品牌。

"干就干一流,争就争第一"是许振超常说的一句话。2003年4月27日,许振超和他的工友们在"地中海法米雅"轮上开始向世界装卸纪录的冲刺。6个多小时,3400个集装箱全部装卸完毕,许振超和工友们以每小时单机效率70.3自然箱、单船效率339自然箱的成绩创造了集装箱装卸的世界纪录。之后,青岛港又9次刷新这项纪录,"振超效率"享誉全球,成为中国港口领先世界的生动例证。

如今的许振超,仍经常在青岛港"许振超大师工作室"里,和新一代码头工人围绕自动化集装箱码头技术开展创新工作,"我们不要'差不多'!要做就尽力做到极致,争取世界领先!"

(资料来源:许振超:干就干一流,争就争第一[J].人民日报,2021-06-10(07).)

案例分析:许振超虽然只是一名普通工人,但干一行、爱一行、精一行,在平凡的岗位上做出了不平凡的业绩。以他名字命名的"振超效率"告诉我们,只要有与时俱进的精神,只要有敢争一流的勇气,就能掌握先进技术,创造出一流业绩。

"当不了科学家,也要争当一名优秀工人。"在许振超的身上,充分体现了劳动模范"爱岗敬业、争创一流"的精神品质。

全国劳动模范
许振超

2. 艰苦奋斗、勇于创新

艰苦奋斗是指为实现目标而勇于克服困难、坚韧不拔,始终保持奋发图强的精神和品质。艰苦奋斗是中华民族的优良传统,也是劳模的精神本色。物质层面的艰苦奋斗提倡劳动者勤俭节约,珍惜劳动创造的物质财富。精神层面的艰苦奋斗是指在劳动中不畏艰难困苦,奋发有为,锐意进取。

勇于创新就是要敢于超越常规,打破旧框框,结合新情况、新问题,总结新经验、新方法,有所发现,有所创造,争取新的成绩。当今世界正经历百年未有之大变局,新时代劳动者不仅要传承好老一辈劳模吃苦耐劳、忘我工作的优良传统,更要有勇气、有锐气、有朝气,与时俱进、开拓创新,把准时代脉搏,勇于创新创优,成为改革创新的主力军。

进入新时代,越来越多的知识型、创新型劳动者为实现中华民族伟大复兴而不懈奋斗。桥吊司机竺士杰从业20多年,立足岗位、勇于创新,以他名字命名的"竺士杰桥吊操作法"如今已升级到3.0版本;中国"焊将"高凤林先后为90多发火箭焊接过"心脏",北斗卫星、嫦娥月球探测器、载人航天火箭的发动机上都烙印着他的焊接轨迹。

3. 淡泊名利、甘于奉献

淡泊名利就是超脱世俗的困扰和诱惑,豁达地看待名声和利益,脚踏实地地专心干事。甘于奉献是指在工作岗位上心甘情愿默默付出,吃苦在前、享受在后,不计较个人得失。

人生在世,总要面对形形色色的诱惑、林林总总的纷扰,一个人看重什么、看轻什么,坚守什么、舍弃什么，就像是一把无形的尺子，标示出境界的高度。淡泊名利、甘于奉献是劳模精神的精髓，是中国工人阶级伟大品格的生动体现。在中国发展的各个时期，许多劳模忍辱负重，奋斗不息，不以物喜，不以己悲，成为淡泊名利、甘于奉献的典范。

"两弹元勋"邓稼先，隐姓埋名28年研制核武器，生活上从无要求，廉于取名，菲于奉身。被称为"万婴之母"的林巧稚，一生未曾婚育，却亲手迎接了5万多个新生命，将一生都献给了祖国的医学事业。"当代愚公"黄大发历时36年，带领百姓在绝壁开凿生命渠。著名地球物理学家黄大年，秉持科技报国的理想回国效力，把服务国家看作自己最好的归宿，直到生命的最后一刻。

> **典型案例**

黄大年：以身许国，甘于奉献

黄大年，1958年出生在广西南宁一个知识分子家庭。1977年考入长春地质学院应用地球物理系。1992年，立志要掌握国际尖端技术的黄大年，获得国家公派出国留学的机会，被选送至英国攻读博士学位。1996年，黄大年以排名第一的成绩获得英国利兹大学地球物理学博士学位。短暂回国后，他在英国剑桥ARKeX航空地球物理公司任高级研究员12年，长期负责海洋和航空快速移动平台高精度地球微重力和磁力场探测技术工作。

这项技术有多关键呢？它能确定海下是否有石油等矿藏，同时还能确定水下是否有潜艇等敌方武器装备的入侵。

"一定要出去，出去一定要回来；一定要出息，出息一定要报国"，这是黄大年不变的信念。2008年，国家制定了"海外高层次人才引进计划"，黄大年毅然放弃了国外优厚的待遇，选择回国（图1-19）。

图1-19 黄大年
（图片来源：新华网，2021-05-10）

俗话说，"地球离开谁都照样转"，但如果离开了黄大年，中国进入"深地时代"可能就要推迟好多年。作为东北地区首位引进的海外高层次人才，黄大年和400多名科学家一道创造了多项"中国第一"，填补了我国"巡天探地潜海"领域的多项技术空白。更难能可贵的是，他带领团队在对中国的"深部探测技术与实验研究"项目进行研究和技术攻关的过程中，仅仅5年中所取得的科研成果就远远超过了过去50年的。国际同行纷纷发出感叹：中国一夜进入了"深地时代"。

在这些辉煌成果的背后，是黄大年"拼命黄郎"式的工作方式。回国7年，他像陀螺一样不知疲倦地旋转，经常在办公室工作到凌晨两三点才下班。有时候出差回来不回家，直接赶到办公室就开始准备第二天的工作。

2016年11月28日晚，在北京飞往成都的飞机上，黄大年因腹部痉挛昏迷。11月29日，检查结果还没出，他又出现在第七届教育部科技委地学与资源学部年度工作会会场。12月

8日，黄大年住进了医院。第二天，他在病房给学生布置学习计划，安排工作。第三天，他给校领导发去"争取两周内重返岗位，治疗期间不会对工作有影响"的短信。12月13日，与合作者谈了两个半小时的工作。12月14日，手术，昏迷。

这就是黄大年生命的最后时光。

"他是最单纯的忠心赤胆的海归科学家，单纯到为了祖国和科学事业的发展从不计较个人得失，倾注全部精力。他是一代人的楷模，是中国知识分子的楷模，是460万留学生的楷模，他的精神感染激励的是一个领域、一批学子、一代人。"西湖大学校长、中科院院士施一公这样评价黄大年。

黄大年曾说："我是这片土地哺育出来的炎黄之子，能够越洋求学获取他山之石仅是个偶然，回归故里才是必然，这与我寻梦般的追求有着魔力般巧合对接。"

2017年5月，习近平总书记作出重要指示：学习黄大年心有大我、至诚报国的爱国情怀，学习他教书育人、敢为人先的敬业精神，学习他淡泊名利、甘于奉献的高尚情操。

（资料来源：黄大年：心有大我 至诚报国．人民日报，2021-06-17.）

案例分析：推动祖国的教育科研事业发展，是黄大年的志向和担当。他以身许国，写下俯仰无愧的人生篇章。学习和弘扬黄大年同志的崇高精神，就是要把爱国之情、报国之志融入祖国改革发展的伟大事业中、融入人民创造历史的伟大奋斗中，为实现中华民族伟大复兴的中国梦贡献智慧和力量。

黄大年：心有大我，至诚报国

思考题

不同时期的劳动模范身上有哪些共同的特质？

三、弘扬劳模精神的价值

如果以"一分钟"为尺度来描绘当今中国，那么"神威·太湖之光"超级计算机一分钟能运算750亿亿次，快递小哥一分钟收发7.6万件快递，移动互联网一分钟接入流量46804G……日新月异的中国，每一分每一秒都在发生巨大的变化。我国经济从高速增长进入高质量发展阶段，需要更多知识型、技能型、创新型劳动者。迈向新征程，劳模精神依然可以激发工人阶级和广大劳动群众的积极性、主动性与创造性，展示出勃勃生机。

（一）弘扬劳模精神，厚植劳动情怀

2020年3月，中共中央、国务院印发《关于全面加强新时代大中小学劳动教育的意见》，明确提出要"把准劳动教育价值取向，引导学生树立正确的劳动观"。劳动模范是千百万社会主义劳动者的典型代表，是每个时代劳动精神的典型化身。他们既是有血有肉的普通劳动者，又是爱岗敬业的榜样，更是闪耀着道德光辉的典范，值得全体人民学习。劳模是劳动教育最好的老师，让劳模现身说法，有利于增强劳动教育的亲和力、感染力和说服力。

广大青年应该聆听劳模故事、体悟劳模精神，在实践中磨炼意志、增长才干，培育辛勤劳动、诚实劳动、创造性劳动的精神品质。

（二）弘扬劳模精神，培养大国工匠

　　劳模精神是催生工匠精神的土壤，工匠精神则是劳模精神的延续和升华。"劳模"虽然在不同的历史时期具有不同特点，但其核心特征从未改变，就是忘我的劳动热情和无私的奉献精神，良好的职业道德和爱岗敬业精神。工匠精神的核心特征是敬业、精益、专注、创新，用"道""技"合一的匠心，诠释着对细节、完美、极致和精品的追求。在不同时期，有许多劳动模范堪称大国工匠，也有很多大国工匠无愧于劳动模范的荣誉称号。大力弘扬劳模精神，有助于引领和鼓舞广大劳动者向榜样看齐，展现勤勉上进的精神面貌，树立正确的劳动价值观，提升劳动技能水平，从而成为一名高素质劳动者。

（三）弘扬劳模精神，助力复兴伟业

　　实现中华民族伟大复兴的中国梦，是中华民族近代以来最伟大的梦想，这个梦想凝聚了几代中国人的夙愿。现在，我们比历史上任何时期都更接近这一目标。"民生在勤，勤则不匮。"圆梦路上，唯有奋斗。无论是决战脱贫攻坚，还是决胜全面小康，抑或是实现"两个一百年"奋斗目标，都需要全体中华儿女万众一心、众志成城，以劳动托起中国梦。每一位劳动者，特别是广大青年，要走技能成才、技能报国之路，身体力行做劳模精神的践行者，做新时代的奋斗者。如此，中国梦照进现实也不会遥远。

延伸阅读

以劳模为榜样，争做新时代奋斗者

　　习近平总书记指出："劳动模范是民族的精英、人民的楷模，是共和国的功臣。"在中国革命、建设、改革、发展的各个时期，劳动模范作为工人阶级的优秀代表，是时代的引领者，在工作生活中都发挥了先锋带头作用，他们用勤劳的双手，智慧的大脑，推动着国家富强、民族复兴。

　　自1950年党和国家首次表彰劳动模范以来，各条战线英雄辈出、群星灿烂。我国先后召开16次表彰大会，表彰全国劳动模范和先进工作者34008人次。特别是进入新时代以来，我国工人阶级和广大劳动群众在实现中国梦伟大进程中拼搏奋斗、争创一流、勇攀高峰，为决战脱贫攻坚、决胜全面建成小康社会发挥了主力军作用，用智慧和汗水营造了劳动光荣、知识崇高、人才宝贵、创造伟大的价值导向，谱写了"中国梦·劳动美"的新篇章。

　　实践充分证明，在当代中国，工人阶级和广大劳动群众始终是推动我国经济社会发展、维护社会安定团结的根本力量。在各个历史时期，广大劳模以高度的主人翁责任感、卓越的劳动创造、忘我的拼搏奉献，为全国各族人民树立了光辉的学习榜样。2022年获得全国五一劳动奖章的966人基本上也都来自平凡的岗位，他们当中有373名产业工人、149名农民工，还有货车司机、网约车司机、快递员、外卖配送员，等等。

新时代劳动教育
——"劳动精神 工匠精神 劳模精神"教程

无论是改变世界,还是改变我们自己的生活,不仅需要实现梦想的雄心壮志,更需要践行梦想的脚踏实地,需要干一行、爱一行、钻一行的韧劲,需要把一件件小事做好、做扎实、做到极致的坚持。每一分努力都是精彩,在平凡中创造不凡(图1-20)。

图1-20 劳动者
(图片来源:新华网,2023-05-03)

当今世界正经历百年未有之大变局,我国正处于实现中华民族伟大复兴的关键时期。立足新发展阶段、贯彻新发展理念、构建新发展格局、推动高质量发展,根本上还是要靠劳动,靠劳动者创造价值、创新发展。劳动创造幸福,实干成就伟业。

劳动模范是社会健康发展的标志,是推动社会进步的重要力量,有了这些模范人物,人们就会"见贤思齐"。国家的进步,社会的发展,需要靠方方面面模范人物的引领和带动,模范人物越多,说明社会向上的动力越足。不管时代如何变化,劳模精神都是一面跨越时空、永不褪色的鲜艳旗帜,这种精神永远是激励人们奋发向上、不断进取的精神动力。

作为新时代的建设者,弘扬劳模精神,汲取榜样力量,崇尚劳模,争当劳模,才能书写更加精彩的人生,才能在新征程上汇聚更强大的力量。

(资料来源:人民日报[N],2021-09-22.)

话题讨论:通过本节的学习,你如何理解劳模精神?

第二节 劳模与劳模精神

> 坚持尊重劳动、尊重知识、尊重人才、尊重创造,实施更加积极、更加开放、更加有效的人才政策,引导广大人才爱党报国、敬业奉献、服务人民。
> ——2022年10月16日,习近平总书记在中国共产党第二十次全国代表大会上的报告

模块一 理论认知与三种精神

> 在前进道路上，我们要始终弘扬劳模精神、劳动精神，为中国经济社会发展汇聚强大正能量。
>
> ——2015年4月28日，习近平总书记在庆祝"五一"国际劳动节暨全国劳动模范和先进工作者表彰大会上的讲话
>
> 劳动模范和先进工作者、先进人物不仅自己要做好工作，而且要身体力行向全社会传播劳动精神和劳动观念，让勤奋做事、勤勉为人、勤劳致富在全社会蔚然成风。特别是要通过各种措施和方式，教育引导广大青少年牢固树立热爱劳动的思想、牢固养成热爱劳动的习惯，为祖国发展培养一代又一代勤于劳动、善于劳动的高素质劳动者。
>
> ——2014年4月30日，习近平总书记在乌鲁木齐接见劳动模范和先进工作者、先进人物代表时的讲话

编者的话

劳模精神是中国共产党精神谱系的重要组成部分，要通过大力弘扬劳模精神来践行社会主义核心价值观，树立正确的劳动观。

故事导入

中国古代五位"劳模"

劳动改变世界，也进化了人类的发展。从古至今，不论"劳心者""劳力者"，都是以自己的劳动推动了历史的进步。许许多多的前人，因为崇尚劳动，在历史上留下了自己的光辉形象，受到后世的肯定和颂扬。

下面介绍我国古代五位"劳模"的事迹，让我们一起学习。

1. 水利专家：李冰

李冰是战国时期著名的水利工程专家，也是世界水利文化鼻祖。李冰到蜀郡后，亲眼看到当地严重的灾情，便开始着手进行大规模的治水工作。他和儿子沿岷江两岸逆流而上，步行数百里进行实地考察，了解水情与地势，最终克服重重困难，修建了举世瞩目的都江堰。都江堰修成后，不仅解决了岷江泛滥成灾的问题，而且从内江下来的水还可以灌溉十几个县。历经两千多年岁月，都江堰至今仍发挥着作用。都江堰被赞为中国水利工程史上的伟大奇迹、世界水利工程的璀璨明珠。

2. 千古武侯：诸葛亮

诸葛亮，字孔明，号卧龙，琅琊阳都（今山东省临沂市沂南县）人，三国时期蜀汉丞相，中国古代杰出的政治家、军事家、发明家、文学家。诸葛亮青年时期就参加农业劳动，曾发明木牛流马、孔明灯等；后来临危受命，勇挑重担，主动出谋划策，尽心竭力为国家分担困难，妥善解决民族争端。他事必躬亲，尽职尽责，日夜操劳，最终累死在北伐途中，

"鞠躬尽瘁，死而后已"就是他的人生写照。

3. 纺织专家：黄道婆

黄道婆又名黄婆、黄母，原松江府乌泥泾（今属上海市）人，宋末元初著名的棉纺织家、技术改革家。她深入民族地区，向黎族妇女学习棉纺织技艺并进行改进，总结出"错纱、配色、综线、挈花"的织造技术，极大地推动了我国纺织事业的发展。

4. 医药学家：李时珍

李时珍，字东璧，明代著名医药学家。自1565年起，李时珍先后到武当山、庐山、茅山、牛首山及湖广、安徽、河南、河北等地收集药物标本和处方，并拜渔人、樵夫、农民、车夫、药工、捕蛇者为师，参考历代医药等方面书籍925种，通过考古证今，穷究物理，科学地研究和探索各种草木的药性，记录了上千万字的札记，历经27个寒暑，三易其稿，完成了192万字的巨著《本草纲目》。《本草纲目》被联合国教科文组织列入《世界记忆名录》，享誉世界。

5. 皇帝中的劳模：雍正

雍正即清世宗，原名爱新觉罗·胤禛，雍正是他的年号。关于他的勤奋程度，历史上有明确的记载。雍正事必躬亲，一改康熙执政政策，开放官员上奏人数，从康熙在位时的一百多人开放到两千多人。他日批全国各地送来的奏折，少则二三十，多则五六十，日日到深夜，每天只睡四个小时。雍正在位12年8个月，批语集结成册，竟有100多万字。他终年不曾走出京城，殚精竭虑，勤于政务，是封建朝代最为勤政的皇帝之一。

故事分析：劳模精神不是无源之水、无根之木。在几千年历史长河中，中国人民始终辛勤劳作、发明创造，在各行各业取得伟大成就。今天，在新征程上，我们要大力弘扬劳动精神、劳模精神，爱岗敬业、勤奋工作，锐意进取、勇于创造，不断谱写新时代的劳动者之歌。

问题导入：在古代"劳模"身上，你体悟到他们什么样的劳模精神？

一、劳模精神的时代变迁

"劳模"是一个饱含时代情感的标签。在社会主义中国的发展历程中，各行各业、各条战线涌现出成千上万的先进模范人物。一个劳模就是一面旗帜，他们以自己的模范行为和精神力量，引领广大劳动者为实现国家的繁荣富强而不懈奋斗。每个时期的劳模都是时代的精神符号和力量化身，闪耀着时代光芒。让我们来认识不同时期的劳模及劳模精神。

1. 萌芽阶段

20世纪30年代的革命时期，由于日本帝国主义和国民党反动派的封锁，陕甘宁边区在经济上面临巨大困难。为了打破敌人的封锁，发展生产成为边区的主要任务，争当"增产立功"的新劳动者成为边区工人的奋斗目标。解放战争时期，又出现了一批"工业劳模"和"支前劳模"。在歌曲《南泥湾》中有"鲜花送模范"的歌词，这时候的大生产运动产生了很多劳模。这一时期的劳模精神呈现出"革命型"的劳模特征，表现为大无畏的革命英雄主义、爱党拥军、自力更生、埋头苦干、无私奉献等。

模块一　理论认知与三种精神

这一时期的劳模代表人物有全心全意为人民服务的张思德、"边区工人"赵占魁（图1-21）、"开荒英雄"张振财等一批"劳动英雄"。

2. 雏形阶段

中华人民共和国成立以后，广大农民和工人阶级获得了当家做主的地位，心中充满了感恩和报效国家的劳动热情。这一时期，中国百废待兴，各行各业积极开展劳动竞赛和生产运动，评选出一大批不同行业的劳动模范和先进工作者。"戴花要戴大红花……听话要听党的话……"这首歌激励了那个年代的许多人争戴大红花的热潮，劳模是当时人们心目中最耀眼的明星，劳模精神激励了一代人去学技术，鼓舞了一代人想去当个好工人，带动了整整一代

图1-21 "边区工人"赵占魁
（图片来源：新华网，2021-09-20）

人为共和国奠基做出突出贡献。这一时期劳模精神的内涵主要是"自力更生、艰苦奋斗、无私奉献、不怕牺牲、团结协作、忘我工作"。

这一时期的代表人物有"宁肯一人脏，换来万家净"的淘粪工人时传祥，有在三尺柜台上练就"一团火"服务精神的售货员张秉贵，还有"宁可少活二十年，也要拿下大油田"的石油工人王进喜等。

3. 成熟阶段

改革开放以来，中国进入发展的快车道，"科学技术是第一生产力"的口号被唱响，广大劳动者充满理想，努力钻研，一批科技文化教育行业的劳模涌现出来。"两弹元勋"邓稼先、数学家陈景润、优秀光学专家蒋筑英等科学家，通过自己的模范行动和骄人成绩，为我国的经济发展和社会进步做出了不可磨灭的贡献。

这一时期涌现了以孔繁森、徐虎、李素丽等为代表的一大批先进模范人物，他们在平凡的岗位上闪耀着时代的光芒，展现着当时社会崇尚的主流价值观念。这一时期的劳模精神内涵也升华为"爱岗敬业、争创一流、求真务实，拼搏进取、淡泊名利、甘于奉献"的精神。

4. 完善阶段

中国特色社会主义进入新时代，劳动者们刻苦钻研、精益求精、锐意进取、追求卓越，在载人航天、探月工程、5G技术、北斗导航、量子通信等领域取得了重大成就，在决胜脱贫攻坚中涌现出一大批知识型、技能型、创新型劳动模范。

这一时期的主要代表有打破国际技术封锁、被誉为"高端装备制造业领军人物"的王树军，被称为"火箭'心脏'焊接第一人"的高凤林，"中国第一代高铁工人"李万君等。

> **典型案例**
>
> **高凤林：站在巅峰之上的大国工匠**
>
> 2014年，在德国纽伦堡国际发明展上，一名来自中国的技术工人同时获得三项金奖，震惊了世界，这个人就是高凤林。

我国长三甲系列运载火箭、长征五号运载火箭的第一颗"心脏",也就是氢氧发动机喷管,是在高凤林手中诞生的。30多年来,他先后攻克了航天焊接200多项难关,为90多发火箭焊接过"心脏",占我国火箭发射总数近四成。

20世纪90年代,为长三甲系列运载火箭设计的新型大推力氢氧发动机,其大喷管的焊接一度成为研制瓶颈。火箭大喷管延伸段由248根壁厚只有0.33毫米的细方管组成,全部焊缝长达900米,焊枪多停留0.1秒就有可能把管子烧穿或者焊漏。在首台大喷管的焊接中,高凤林昼夜奋战一个多月,腰和手臂麻木了,每天晚上回家都要用毛巾热敷才能减轻痛苦。凭借高超的技艺,高凤林攻克了烧穿和焊漏两大难关,成功焊接出第一台大喷管(图1-22)。

图1-22 "金手天焊"高凤林在工作中
(图片来源:新华网,2021-09-20)

此后,在为长三甲系列火箭焊接第二台氢氧发动机的关键时刻,公司唯一的一台真空退火炉炉丝熔断,研制工作一时陷入停滞。要想恢复设备运转,必须有人从窄小的炉口缩着肩膀钻进去,将炉丝重新焊接在一起。高凤林主动要求钻炉抢险。在漆黑的炉腔里,他打着手电筒,忍着闷热和缺氧的窒息感焊接,三进三出,前后近两个小时才成功焊好炉丝,使真空炉恢复了运转。高凤林因此被业内誉为"金手天焊"。

2011年,国家人力资源和社会保障部以高凤林的名字命名了国家级技能大师工作室,这也是首批国家级技能大师工作室之一。2015年,高凤林劳模创新工作室挂牌。

高凤林没有进过名牌大学,没有拿过耀眼的文凭,而是默默坚守,孜孜以求,在平凡的岗位上,追求职业技能的完美和极致,最终脱颖而出,跻身"国宝级"技工行列,成为一个领域不可或缺的人才。

(资料来源:高凤林:航天火箭的"心外科医生"[N].中国日报网,2018-11-22.)

案例分析:高凤林的故事生动地表明,只有热爱本职、脚踏实地、勤勤恳恳、兢兢业业、尽职尽责、精益求精的人,才可能成就一番事业,才可望拓展人生价值。劳模精神与工匠精神相辅相成,不同行业对于技能的要求不一样,但每一份工作都需要精益求精,每一个岗位都需要有匠心的人。

火箭心脏焊接人高凤林

> **思考题**
>
> 有人说，随着新时代的到来，劳模精神的内涵也发生了变化，以前的劳动模范身上体现出来的精神不必提倡了，对此你是如何看待的呢？

二、新时代劳模的特征

提到劳模，人们往往会联想到中华人民共和国成立初期广大劳动者"出大力、流大汗"的形象，或是穿着一身油腻的工作服，忙碌地在嘈杂、机器轰鸣的车间、工地工作的工人。其实，随着社会的发展进步，科技的日新月异，劳模精神的时代内涵和表现特征也在变化，新时代劳模有着独有的时代特征。

1. 爱岗敬业、甘于奉献是新时代劳模的不变本色

《尚书》有"功崇惟志，业广惟勤"，《论语》有"敬事而信"。敬业是中华民族的传统美德，也是社会主义核心价值观的重要内容。"历史承认那些为共同目标劳动因而使自己变得更加高尚的人是伟大人物；经常赞美那些为最大多数人带来幸福的人是最幸福的人。"马克思的话语正是对劳模现实的生动写照。因为爱岗敬业，劳模们才以车间为家、以单位为家，把普通平凡的工作做得不平凡。爱岗敬业应该是每个劳动者都应具有的品质，劳模将其内化于心，外化于行。他们的精神对劳动创造美好生活，劳动成就幸福梦想，劳动开创光辉未来进行了完美阐释。

2. 勇于创新、敢于挑战是新时代劳模的鲜明特色

创新是引领发展的第一动力。社会发展日新月异，若因循守旧、故步自封则必然落后于时代的发展。只有不断创新，才能在平凡的工作岗位上做出不平凡的业绩。新时代劳模不仅有吃苦耐劳、硬打硬拼的精神，更有创新精神和家国情怀。他们用自己的先进事迹阐释了劳动创造未来的深刻含义，用自己的骄人业绩展现出当代中国劳动者的伟大力量。"人间正道是沧桑"，新时代的劳模不仅是兢兢业业、无私奉献的劳动者，也是勇于创新、敢于挑战的先锋。

3. 追求卓越、精益求精是新时代劳模的不懈追求

如果说传统意义上的劳模是对敬业奉献、吃苦耐劳的肯定与褒奖，用榜样的力量引领发展，那么新时期的劳模则在"匠心"的价值守望中赋予了新的内蕴。"择一事，执一念，终一生"是新时代劳模身上最鲜明的烙印。他们把"匠心"融入精细，注入创新，用"工匠精神"竖起时代的标杆。在新时代劳模这个闪光群体的引领下，一大批普通工人成长为具有精湛技艺、高超技能的人才，在生产实践和国际大赛上为祖国赢得了荣誉。

三、以劳模为榜样，做新时代的奋斗者

今天我们所处的时代，动动手指头，外卖送达；发出语音指令，机器人就开始擦地。随着社会环境的改变，一些人对劳动模范的价值引领作用产生怀疑，对劳模崇拜产生动摇。

在追求个人财富的道路上,劳模崇拜真的过时了吗?谈劳动、话劳模精神已经过时了吗?当然没有。

中华民族之所以能久经磨难而生生不息,历经沧桑而永葆青春,有赖于拥有强大的精神力量。而劳模精神是鼓舞全党全国各族人民风雨无阻、勇敢前进的强大精神动力,是党和人民宝贵的精神财富。虽然产业结构在更新、社会分工在细化,但生活仍是一蔬一饭。身体力行,不息慢汗水,才能品出温暖滋味。正如习近平总书记所指出的,"人世间的美好梦想,只有通过诚实劳动才能实现。"

劳模精神并不是高不可攀的,它是一种起于平凡的不平凡精神。不一定人人皆能成为劳模,但人人皆能践行劳模精神。奋进新征程,我们面临更多的挑战和机遇,要乘势而上,创造更美好的未来,尤其需要大力弘扬劳模精神、劳动精神、工匠精神,永葆奋斗初心。

延伸阅读

必须大力弘扬劳模精神、发挥劳模作用

习近平总书记指出"劳动模范是劳动群众的杰出代表,是最美的劳动者",强调"必须大力弘扬劳模精神、发挥劳模作用"。

在各个历史时期,广大劳模以高度的主人翁责任感、卓越的劳动创造、忘我的拼搏奉献,谱写出一曲曲可歌可泣的动人赞歌,为全国各族人民树立了光辉的学习榜样。

在革命战争年代,"边区工人一面旗帜"赵占魁、"兵工事业开拓者"吴运铎、"新劳动运动旗手"甄荣典等劳动模范,以"新的劳动态度对待新的劳动",积极参加义务劳动,全力支援前线斗争,带动群众投身中国共产党领导的人民解放事业。

新中国成立后,"高炉卫士"孟泰、"铁人"王进喜、"两弹元勋"邓稼先、"知识分子的杰出代表"蒋筑英等一大批先进模范,响应党的号召,带动广大群众自力更生、奋发图强。

在改革开放历史新时期,"蓝领专家"孔祥瑞、"金牌工人"窦铁成、"知识工人"邓建军等一大批劳动模范和先进工作者,干一行、爱一行、专一行、精一行,带动群众锐意进取、积极投身改革开放和社会主义现代化建设,为国家和人民建立了杰出功勋。

进入新时代以来,"桥吊状元"竺士杰、"金牌焊工"高凤林、"当代愚公"黄大发等一大批先进模范人物,爱岗敬业、锐意创新、勇于担当、无私奉献,在平凡的岗位上创造了不平凡的业绩,用干劲、闯劲、钻劲鼓舞更多的人,激励广大劳动群众争做新时代的奋斗者。广大劳模铸就的劳模精神,生动诠释了中国人民具有的伟大创造精神、伟大奋斗精神、伟大团结精神、伟大梦想精神,充分彰显了以爱国主义为核心的民族精神和以改革创新为核心的时代精神,是中国共产党人精神谱系的重要组成部分。

当今世界正经历百年未有之大变局,我国正处于实现中华民族伟大复兴的关键时期。立足新发展阶段、贯彻新发展理念、构建新发展格局、推动高质量发展,必须充分发挥工人阶级和广大劳动群众主力军作用。我国工人阶级和广大劳动群众要坚定不移听党话、矢志不渝跟党走,自觉把人生理想、家庭幸福融入国家富强、民族复兴的伟业之中,做新时代的追梦人。

要大力弘扬劳模精神，树立终身学习的理念，养成善于学习、勤于思考的习惯，学以养德、学以增智、学以致用，增强创新意识、培养创新思维，展示锐意创新的勇气、敢为人先的锐气、蓬勃向上的朝气，适应新一轮科技革命和产业变革的需要，密切关注行业、产业前沿知识和技术进展，勤学苦练、深入钻研，不断提高技术技能水平，当好主人翁，建功新时代。

劳模精神　薪火相传

"社会主义是干出来的，新时代是奋斗出来的。"面对这样一个千帆竞发、百舸争流、有机会干事业、能干成事业的时代，我国工人阶级和广大劳动群众要更加紧密地团结在以习近平同志为核心的党中央周围，勤于创造、勇于奋斗，努力在全面建设社会主义现代化国家新征程上创造新的时代辉煌、铸就新的历史伟业。

（资料来源：必须大力弘扬劳模精神、发挥劳模作用[N].人民日报，2021-09-22.）

话题讨论： 结合自己的学习和工作实际，谈谈怎样弘扬劳模精神？

第三节　劳模精神与职业道德

> 修德，既要立意高远，又要立足平实。要立志报效祖国、服务人民，这是大德，养大德者方可成大业。同时，还得从做好小事、管好小节起步，"见善则迁，有过则改"，踏踏实实修好公德、私德，学会劳动、学会勤俭、学会感恩、学会助人、学会谦让、学会宽容、学会自省、学会自律。
>
> ——2014年5月4日，习近平总书记在北京大学师生座谈会上的讲话
>
> 广大青年要自觉践行社会主义核心价值观，不断养成高尚品格。要以国家富强、人民幸福为己任，胸怀理想、志存高远，投身中国特色社会主义伟大实践，并为之终生奋斗。要加强思想道德修养，自觉弘扬爱国主义、集体主义精神，自觉遵守社会公德、职业道德、家庭美德。
>
> ——2016年4月26日，习近平总书记在知识分子、劳动模范、青年代表座谈会上的讲话

编者的话

青年要把正确的道德认知、自觉的道德养成、积极的道德实践紧密结合起来，不断修身立德，用勤劳的双手和诚实的劳动创造美好生活，不投机取巧、自作聪明，人生之路才能走得更正、走得更远。

新时代劳动教育
——"劳动精神 工匠精神 劳模精神"教程

故事导入

王进：超高压输电线路上的"舞者"

身边是上百万伏的特高压，脚下是70层楼高的线路杆塔。在这样的工作环境中，他已经工作了二十多年，他就是国网山东省电力公司检修公司带电作业班副班长王进。

他干一行爱一行，在危险艰辛中积累经验，在孜孜以求中涵养本领，从一名只有中专学历的普通工人成长为行业专家。

带电作业属于高危工种，对身体条件和经验技术、心理素质要求都很高。第一次"抓电"时的恐惧和无助，王进记忆犹新。

2001年4月，王进来到位于沈阳的中国带电作业中心考取特种作业操作证。当时，他看到有人在铁塔上爬到一半时吓哭了。当轮到他时，内心也十分忐忑。抓导线的一瞬间，一道10多公分的电弧打过来，冒着蓝光"嗞嗞"作响，就像毒蛇吐着信子。"我当时心一横，一把就抓了上去，实现了职业生涯的第一次突破。"（图1-23）

图1-23 王进在巡线工作中
（图片来源：大众日报，2019-04-28）

带电作业最怕冬天和夏天，夏天40℃的高温，王进在线上作业，嗓子干得直冒烟，汗水顺着内衣流到鞋子里。冬天，由于屏蔽服外不能再套其他衣服，在凛冽的寒风中冻得上牙打下牙。王进克服种种困难，专心学习理论知识，苦练技能，潜心练就了"一眼定、一心平、一招准"三大绝活。作为电网系统特高压检修工，他成功完成世界首次±660千伏直流输电线路带电作业，参与执行抗冰抢险、奥运保电等重大任务，带电检修300余次实现"零失误"，为企业和社会创造了巨大的经济价值。

2011年10月，±660千伏银东线2012号塔导线线夹螺栓处开口销脱落，情况紧急，需要立即开展带电作业。银东直流线路是世界首条±660千伏输电线路工程，输送电力占当时山东电网负荷的近十分之一，是一条"不能停电的线路"。王进用不到1小时成功完成了这次带电作业。这次带电作业为社会节省电量1000万千瓦时，避免经济损失500余万元。

2015年1月9日,王进和同事们凭借"±660千伏直流架空输电线路带电作业技术和器具创新及应用"获国家科技进步二等奖。《±660千伏直流输电线路带电作业技术导则》先后成为国家电网公司企业标准和电力行业标准。这些成果在宁夏、山西等5省区得到推广应用,实现直接经济效益1.58亿元。

在全部获奖项目中,王进是最年轻的"第一完成人"。除了年龄最小,学历最低也是他的"标签"。对此,王进毫不忌讳:"我是一名技校毕业的中专生,但我始终认为,创新与学历无关,再高大上的创新,不实用也一样没有价值,再小的发明,只要能解决问题,也是有意义的。"

王进先后获得全国劳动模范称号,被授予五四青年奖章、全国五一劳动奖章,入选中华全国总工会发布的"最美职工",被中华全国总工会授予"大国工匠"荣誉称号,获评"中国电力楷模"。

"荣誉再多,我还是我,一个普普通通的线路工人。安安全全完成每一次带电作业是我永远的目标。"王进说。

(资料来源:超高压输电线路上的"舞者"——专访国网山东省电力公司带电作业工王进.电工网,2022-05-02.)

故事分析: 王进虽然只有中专学历,但靠着刻苦钻研和坚持创新,取得了至高荣誉。态度决定成败,责任成就未来。在工作中,只有敬业才能精业,只有精业才能最终立业。模范人物离我们并不遥远,只要持之以恒地认真做好本职工作,人人都有机会成为王进。

问题导入: 通过王进的故事,你感受到他身上具有什么样的职业道德?

全国劳动模范王进

一、职业道德概述

恩格斯说:"实际上,每个阶段,甚至每一行业都各有各的道德。"所谓职业道德,是指从事一定职业的人们在职业生活中所应遵循的道德规范以及与之相适应的道德观念、道德情操和道德品质,是人们在职业活动中应遵循的特殊道德准则和行为规范。

每个从业人员,无论从事哪种职业活动,都要遵守道德。比如,医生要救死扶伤,教师要为人师表,商人要童叟无欺等。职业道德的主要内容包括爱岗敬业、诚实守信、办事公道、服务群众、奉献社会等。我们坚守职业道德,就是把社会主义道德规范落实和渗透到工作和各式各样的职业活动中。

二、劳模精神与职业道德的关系

榜样的力量是无穷的,劳模精神是建设中国特色社会主义的强大精神力量。从劳模身上体现出的高尚道德境界,展现出的精神风貌,正是职业道德中所追求的价值观念。因此,弘扬劳模精神有助于大学生涵养高尚的职业道德。大学生要以劳模精神为价值引领,脚踏实地,兢兢业业,争创一流,在职场中争做劳模般的人才。

1. 劳模精神与职业道德的主要内容高度契合

《新时代公民道德建设实施纲要》提出了职业道德的主要内容：爱岗敬业、诚实守信、办事公道、热情服务、奉献社会。而劳模精神的内涵是"爱岗敬业、争创一流，艰苦奋斗、勇于创新、淡泊名利、甘于奉献"，这与职业道德的主要内容高度契合。

2. 劳模精神为职业道德规范指明方向

随着现代社会分工的发展和专业化程度的提高，市场竞争的日趋激烈，整个社会对从业人员职业观念、职业态度、职业技能、职业纪律和职业作风的要求越来越高。劳动者在用职业道德进行约束的过程中，以劳模文化为参考，可以提升主观能动性，升华个人精神境界。

三、践行劳模精神，涵养职业道德

1. 爱岗敬业，养成精益求精的工作作风

爱岗和敬业互为前提，相互支撑，相辅相成。爱岗是敬业的基石，敬业是爱岗的升华。无论时代如何变化，只要有社会分工，就会有脏、累、苦的活，就需要有干一行、爱一行、不怕苦不怕累的爱岗敬业精神。在快节奏的当下，很多年轻人不能吃苦，滋生出频繁跳槽的不良风气。对于大学生来说，在职场中要明晰自己的定位，脚踏实地积累专业技能和其他与岗位相适应的能力，做好本职工作，在平凡的岗位上实现自身价值。

2. 争创一流，弘扬超越自我的不懈追求

争创一流是一种积极奋发的精神面貌，可以内化为一个人的工作动力。争创一流就要确立高标准，在事业发展上有目标。如果工作标准低，工作的质量就得不到提升，碰到的难题就没有办法解决，久而久之就会形成惰性思维，以至于因循守旧、思想僵化。争创一流，从表面上看是行动的飞跃，但从根本上讲是思维的飞跃，争创一流就是要追求最优。"取法其上，得乎其中；取法其中，得乎其下"，追求最优，需要从量变到质变的沉淀。

3. 艰苦奋斗，造就自强不息的革命本色

苦味，在国人心中的含义大多与励志相关。"良药苦口利于病"，勾践卧薪尝胆，每天用苦味提醒自己，鞭策自己。我们很早就明白吃苦是一件好事而非坏事。孟子云："天将降大任于斯人也，必先苦其心志，劳其筋骨，饿其体肤，空乏其身，行拂乱其所为，所以动心忍性，曾益其所不能。"有些苦是必须吃的，今天不吃苦，少了精神的滋养，明天注定会空虚；今天不苦练，少了技能的支撑，明天注定会贫穷。

有艰苦才有创造。从古至今，一个国家、一个民族在其强国富民的创业过程中，靠的就是艰苦奋斗。任正非曾多次强调，"华为不战则亡，没有退路，只有奋斗才能改变自己的命运"，以艰苦奋斗为本，也是华为企业文化的灵魂。正因如此，我们才能看到今天的华为勇于创新，保持锐意进取、求新求变的精神风貌。

4. 勇于创新，注入事业发展的不懈动力

习近平总书记在党的二十大报告中强调："必须坚持科技是第一生产力、人才是第一资源、创新是第一动力，深入实施科教兴国战略、人才强国战略、创新驱动发展战略，开辟发展新领域新赛道，不断塑造发展新动能新优势。"创新精神是劳模精神的重要内涵，伟大事业始于梦想，基于创新，成于实干。每个人只有做好自己，突破自己，勇于创新，才能让一个民族进步，为一个国家发展提供不懈的动力。如今科技和互联网日益发展，正在改变着我们的生活方式和思维方式，大学生也要不断在实践中发现不足，与时俱进，补齐短板，从而提升自身能力，走出舒适区，主宰自己的命运。

5. 淡泊名利，锤炼廉洁自律的高尚品格

淡泊名利是中华民族的传统美德，是做人的崇高境界。淡泊名利不是无能为力的无奈，更不是碌碌无为的叹息，而是一种超脱世俗、豁达乐观的态度。"守岛英雄"王继才默默守岛32年，从不抱怨收入少，还自掏腰包修码头。获得荣誉后，他一如既往守岛写日志。人生旅途中会面临许多功名利禄的诱惑，诱惑越大，越要保持冷静。袁隆平先生早餐照片曾在网络上走红，他和妻子的早餐是一个煎饼、两节玉米和两颗鸡蛋，还有一碟红枣，主食就是稀饭。作为杂交水稻之父，他让全世界1/5的人吃饱了饭，当他名满天下的时候，却仍然只专注于田间地头。

6. 甘于奉献，培育敢于担当的行为品质

甘于奉献，首先是要有思想动力的准备，立志为他人、为国家、为社会做贡献。无论从事什么行业、什么工作，无论能力大小、经验多少，只要树立了正确的世界观、人生观和价值观，全心全意为人民服务，就能甘于奉献、勇于奉献。劳模之所以能做出巨大的贡献，正是因为甘于奉献这种强烈的精神动力驱使他们做好本职工作，只要有需要，即使明知前方有危险和困难，他们也会挺身而出。

习近平总书记关于劳模精神的表述，为我们科学理解和大力弘扬劳模精神提供了正确的方向和指导。对于大学生来说，要将劳模精神运用到学习、工作和实践中。

时代发展浩荡前行，精神之火永不熄灭。伟大的时代号召伟大的精神，崇高的事业需要榜样的引领。我们要不忘初心，砥砺前行，把自己的梦想融入实现中华民族伟大复兴的中国梦这个波澜壮阔的奋斗之中，书写无愧时代的人生精彩画卷。

> **典型案例**
>
> **张桂梅：梦想扎根大山，奉献飞向四海**
>
> 2021年6月29日，"七一勋章"颁授仪式在人民大会堂隆重举行。张桂梅代表"七一勋章"获得者发言。"只要我还有一口气，我就要站在讲台上，倾尽全力，奉献所有，九死亦无悔。"讲到这句时，她提高了声音。
>
> 张桂梅是云南丽江华坪县女子高中校长，这所高中于2008年建立，是全国第一所免费女子高中。13年来，张桂梅用自己质朴的奉献托举起山村女孩的希望，千余名贫困山区的女孩走出深山，实现梦想（图1-24）。
>
> 1996年，与张桂梅在云南教书的丈夫因病去世，悲痛中的张桂梅主动申请调到偏远的丽江市华坪县教书。在华坪县任教期间，张桂梅注意到了一个奇怪的现象，很多成绩不错的女孩，读着读着，人就不见了。教室里陆续出现的空位，照见的是山区女孩未来选择的空洞。原来这些女孩家庭贫困，她们被迫早早打工或嫁人。

新时代劳动教育
——"劳动精神 工匠精神 劳模精神"教程

图 1-24　张桂梅在华坪县女子高级中学给同学们讲话
（图片来源：中国新闻周刊，2020-11-18）

一次家访路上，张桂梅看到一个十三四岁的女孩坐在路边发呆，上去一问，女孩失声痛哭，原来她的父母要她辍学回家。张桂梅找到女孩的家长，表示愿意支付学费，却被女孩的母亲以死相逼，只能放弃。

女孩"我要读书，我不想嫁人"的哭喊成了张桂梅心里永远的痛。

张桂梅心中燃起火苗，一定要在当地创办一所免费女子高中。凭一己之力创办一所女子高中，而且全免费，责任之大，困难之多，让人难以想象。为了筹钱，一到寒暑假，张桂梅就会抛开所有的脸面，拿着自己的劳模证等证书，在昆明街头募捐。2008年9月，在各级党委、政府和各界爱心人士的鼎力支持下，华坪县女子高级中学终于建成。

张桂梅为那些来自贫困山区的女孩扛起所有现实的沉重，她坚持不收学费和住宿费，只收少量的伙食费，不卡中考分数。为了让孩子们不再辍学，她连年家访。严重的类风湿、骨质疏松、肺病和过度劳累导致张桂梅几次晕倒在路上。她严格要求学生，陪学生自习到深夜，多年住在学生宿舍。她生活俭朴，获得了奖金却只顾转手赠予学生改善生活。

在十余年如一日的坚守下，华坪县女子高中常年保持100%的升学率，2020年更是做到了159个考生中有70人考上一本。女孩们终于有更多机会飞越大山，奔向自己的梦想，而张桂梅的梦想却像是牵在她们心间的引线，让她们永远记得奉献的意义。

"自然击你以风雪，你报之以歌唱。命运置你于危崖，你馈人间以芬芳。她的故事，值得你讲给孩子听。"这是感动中国2020年度人物颁奖晚会上，感动中国组委会对张桂梅的颁奖词，也是她最贴切的写照。

（资料来源：张桂梅：改写大山女孩命运的"擎灯人". 中国青年报，2021-07-02.）

案例分析："学高为师，身正为范。"张桂梅扎根大山二十余年，用无私奉献托举起山村孩子的梦想。她心系教育、潜心育人，淡泊名利、无私奉献，几十年如一日，坚守在教育教学一线，用实际行动诠释了爱岗敬业、关爱学生的职业道德情操。

张桂梅：学生比我幸福就足够了

> **延伸阅读**

传承劳模精神，不做"躺平"青年

最近，一个网络流行词走红——躺平。"躺平"是指年轻人在面对学业、就业、婚恋等方面的竞争压力时感到力不从心，干脆降低欲望，放弃奋斗与争取。另外，它在部分语境中还表示为：瘫倒在地，不再渴求成功。它反映出当下人们对于劳动的一些疑惑和迷茫。

不过，真正的躺平者毕竟是极少数，多数中国青年只是在筋疲力尽后渴望身心小憩，歇一歇过后仍将再出发。幸福是奋斗出来的，奋斗实现自我仍是新时代的主流价值观。

在致首届大国工匠创新交流大会的贺信中，习近平总书记强调"要大力弘扬劳模精神、劳动精神、工匠精神，适应当今世界科技革命和产业变革的需要，勤学苦练、深入钻研，勇于创新、敢为人先"。社会的发展、国家的进步，需要的是各行各业的优秀代表，需要的是在自己的工作岗位上尽好自己的本分、做好自己应该做的事情，需要的是以高度的主人翁责任感主动融入国家富强、民族振兴的伟业当中，而不是做"躺平"的一代。

每天凌晨4点多起床，工作10至12小时，没有节假日和周末……这样的工作节奏，来自86岁高龄的科学家赵焕庭。尽管已获得国家科技进步奖、中国科学院杰出科技成就奖等荣誉，但赵焕庭从不愿松懈。他说："最欣慰的是看到自己的成果有助于国家，感到自己没有白来这世界一趟。"（图1-25）

图1-25　赵焕庭在工作中
（图片来源：新华社，2021-05-30）

吾辈当自强，作为新时代青年，更应该胸中有真知，手中有动作，肩上有重担，不做"躺平"青年，传承劳模精神，争做新时代有为模范，为中华民族伟大复兴中国梦而奋勇向前。

（资料来源：超燃！凌晨4点多起床，每天工作10小时以上，86岁老科学家为啥这么拼？新华每日电讯，2021-05-30.）

拒绝"躺平"的86岁科学家赵焕庭

话题讨论： 结合你未来想从事的工作，谈谈如何向劳模看齐。

模块二

劳动安全与法律法规

　　随着社会不断进步和经济快速发展,劳动安全问题越来越多地受到整个社会的关注与重视。提高劳动安全意识,具备快速识别、规避劳动安全风险能力,熟识并掌握劳动争议解决途径,是保障劳动者合法权益、构建和谐劳动关系的基础,更是促进社会稳定、实现国民经济可持续发展的基本前提。新时代大学生作为社会发展的中坚力量,必须要在步入工作岗位前树立正确的劳动安全理念,全面提升自身劳动安全素养,为担当民族复兴重任奠定坚实基础。

模块二　劳动安全与法律法规

任务一　劳动安全

学习目标

知识目标

（1）能识别劳动中的安全风险。
（2）能认识保障劳动安全的重要意义。
（3）能掌握保障劳动者健康的途径。

能力目标

（1）能够识别并正确规避劳动安全风险。
（2）能够积极应对并调适劳动过程中遇到的心理健康问题。

素质目标

能够在劳动过程中时刻谨记劳动安全意识。

行为养成目标

能够自觉遵守实习实训安全规程，将劳动安全规范固化为自身的劳动安全行为习惯。

第一节　劳动中的安全风险与事故

安全生产工作应当以人为本，坚持人民至上、生命至上，把保护人民生命安全摆在首位，树牢安全发展理念，坚持安全第一、预防为主、综合治理的方针，从源头上防范化解重大安全风险。

——《中华人民共和国安全生产法》

新时代劳动教育
——"劳动精神 工匠精神 劳模精神"教程

> 提高公共安全治理水平。坚持安全第一、预防为主,建立大安全大应急框架,完善公共安全体系,推动公共安全治理模式向事前预防转型。
>
> ——二十大报告

编者的话

党的二十大报告指出:"我们要坚持以人民安全为宗旨、以政治安全为根本、以经济安全为基础、以军事科技文化社会安全为保障、以促进国际安全为依托,统筹外部安全和内部安全、国土安全和国民安全、传统安全和非传统安全、自身安全和共同安全,统筹维护和塑造国家安全,夯实国家安全和社会稳定基层基础,完善参与全球安全治理机制,建设更高水平的平安中国,以新安全格局保障新发展格局。"劳动安全是社会安全和经济安全的重要基础,在某种程度上也关系着政治安全。加强大学生劳动安全教育,培养劳动安全意识,是牢牢把握立德树人根本任务,培养社会主义建设者和接班人的重要内容之一。

故事导入

实验室爆燃事故致博士生受伤,劳动安全问题再次引发关注

2022年4月27日上午,某大学官方微博发布通报称,4月20日10时50分左右,该校材料科学与工程学院发生一起爆燃事故,学院一名博士研究生受伤。通报称,事故发生后,学校高度重视,立即组织力量全力救治,已启动事故调查。

近年来,国内高校实验室多次发生安全事故,引发外界关注。2021年10月24日,南京航空航天大学一实验室发生爆燃事故,造成2人死亡,9人受伤。据《新民周刊》报道,爆燃实验室是粉末冶金实验室,原因或与镁铝粉爆燃有关。

爆燃通常指"爆炸性燃烧",即爆炸性气体混合物火焰波以亚音速传播的燃烧过程,往往发生突然,短时间内形成巨大火球、蘑菇云等现象,爆燃时产生的温度极高。尽管没有爆炸特征的巨大响声及冲击波,但会对室内的人和物瞬间造成严重伤害。

(资料来源:搜狐新闻 [R/OL],https://www.sohu.com/a/542136929_121106994.)

故事分析: 曾有媒体对近年来高校实验室安全事故进行梳理,对2010—2015年国内外高校95起实验室安全事故的分析显示,爆炸与火灾事故占比高达68%,危险品泄漏占比为12%,其他事故包括生物安全和中毒等。触发安全事故的直接原因多是实验室人员违反实验操作规程或实验操作不慎,占事故总数的52%,导致人员死亡的事故占比40%。究其根本原因,还是因为劳动安全意识不足。

此外,实验室危险物品管理疏忽常常成为导致实验室安全事故的原因之一。2013年4月30日,某大学一废弃实验室突发爆炸,造成1死3伤。事故发生的原因是:学校请来拆除实验室空调的施工人员对实验室内一些铁废料进行明火切割,而旁边放着煤气罐和氧

气瓶，操作时引发了事故。

（资料来源：郭娇. 实验安全：高校不可懈怠的红线，光明日报，2019-02-19.）

问题导入：除实验室安全外，你认为大学生还面临哪些劳动安全风险？这些劳动风险和事故产生的原因是什么？

一、充分认识保障劳动安全的重要意义

对于每一个普通劳动者来说，劳动安全是每个人生存发展以及保障个人美好生活的基础和条件。对于用人单位来说，保障生产安全和每一个员工劳动安全是企业得以平稳发展的必备条件。从社会层面来说，保障人民群众的劳动安全是维护社会和谐稳定的重要前提。由此可见，切实做好劳动安全工作具有十分重要的意义，为此，每一个劳动者都要动员起来，提高劳动安全意识，以自己的实际行动切实维护劳动安全。新时代大学生作为党的事业接力者、民族复兴生力军，是落实总体国家安全观的核心力量，加强大学生劳动安全教育便具有特殊且重要的意义。

1. 劳动安全是马克思主义劳动观的重要内容

马克思主义认为，劳动创造了人本身。劳动是人类为了生存的必然选择，安全是劳动的重要内容。劳动安全是马克思主义劳动观的人民性特征的具体体现。劳动为了人类、为了人民。离开安全谈劳动，也就失去了劳动的意义和价值。劳动安全是劳动的本质要求。简而言之，人类劳动的目的之一就是获得生存的安全。生命权是人类的第一人权，安全是人类的第一需求。劳动安全保护是对生命的尊重。

2. 劳动安全是人类社会文明进步的重要标志

自古以来，保障劳动者的生命、健康安全都是保障劳动安全和劳动者权益的重要内容，也是社会发展、文明进步的重要标志。在古代，社会生产力低下，劳动卫生条件得不到保障，人们在劳动生产中普遍缺乏安全意识，更缺少在劳动中应对各种风险的措施和能力，遇到安全事故时往往将希望寄托于神灵保护。随着社会经济和科学技术的不断发展和进步，近代以来人们越来越重视劳动者安全及权益保护，特别是中华人民共和国成立之后，劳动安全得到国家高度重视。党的十八大以来，劳动安全保障工作更是上升为国家层面的重点工作，纳入整体国家安全观。

3. 劳动安全是实现人民群众美好生活的内在需求

劳动安全是保障人民安全，提升人民幸福感、获得感的重要内容，也是人民群众通过辛勤劳动实现美好生活的基石和内在需求。没有安全的劳动生产环境，不仅生命安全得不到保障，劳动创造财富也会化为乌有，人民对美好生活的期盼更成为水中月、镜中花。

4. 劳动安全是维系社会稳定的重要保障

做好安全生产工作，对于社会的稳定发展，对实现"两个一百年"奋斗目标和中华民族伟大复兴的中国梦具有现实和深远意义。从现实来看，安全事故的发生，不仅造成人员财产损失、公共资源的极大浪费，也会使劳动者产生恐慌和不安，影响生产效益。从长远

来看，劳动安全是社会安全稳定的重要组成部分，也是社会经济健康、稳定、可持续发展的重要保障。

二、大学生常见劳动安全事故与风险

对于大学生来讲，劳动安全通常是指在实验实训、顶岗实习、勤工助学等过程中防止发生财产损失和人身伤害。要确保劳动安全，既要遵守学校和单位的相关制度，又要自身加强防护意识，遵守劳动规程规范，始终将"安全第一，生命至上"当成头等大事。但是近年来，大学生劳动安全事故频频发生，其原因是多方面的，有主观因素，也有客观因素。当代大学生要切实提升劳动安全意识，有效防范和妥善化解劳动安全风险。

1. 实验实训室常见事故与原因

实验实训室安全事故的表现形式主要有火灾、爆炸、毒害、机电伤人及电磁辐射事故等。

（1）火灾事故是大部分实训实验室最常遇到也是最应该防范的安全事故。造成火灾事故的原因很多，很多情况是由于实训实验室人员操作不当，或者缺乏安全意识造成的。例如，实验实训室人员操作时忘记关电源或在操作过程中长时间离开工位，致使实验实训仪器或药品长时间加热而引起燃烧，或者因为实验实训室人员误操作，如误将火源接触易燃易爆物品引起，或因物品存放不当、电气设备线路老化引起火灾等。

（2）爆炸事故往往是由于实验实训室突发明火得不到有效遏制导致，如在压力容器的使用过程中，压力容器超期使用或操作失误导致危险品泄漏而引起爆炸。

（3）毒害事故。此类事故常发生于生物化学实验室。由于实验室有毒药品较多，实验室在日常使用中不注重安全规范，加之学生的安全意识淡薄等原因，如在实验过程中有毒物品外泄，甚至学生将食物带进实验室，这些都有可能造成毒害事故的发生。另外，实验室有毒气体泄漏或废气排出不畅也是造成毒害事故发生的重要原因之一。

（4）机电伤人事故。这类事故常见于制造类生产实训室或需要带电作业的电气实训室和一些有高温气体产生的实训室。发生事故原因多为操作设备时安全疏忽、操作不当且缺少必要的防护措施，造成机械设备对人进行挤压、甩脱和碰撞，从而造成严重的人员伤亡。此外，因违反操作规程或因设备设施老化不能及时更换维修而存在故障和缺陷，造成漏电触电和电弧火花伤人的事故也较多。

（5）电磁辐射事故。电磁辐射事故是指以电磁波形式的能量辐射造成的事故。此类事故常见于存在放射性物质的物理化学实验室。事故发生的原因多为放射性物质存放不当，实验室人员操作失误或者没有按照规定严格做好个人防护，导致人员长时间过量暴露在放射性物质辐射环境中，存在致病、致癌，甚至死亡的风险。

延伸阅读

实验实训室事故的预防

做好实验实训室事故预防，要树立安全第一的意识，预防为主，综合治理，确保实验实训室人身、财产的安全；要加大实验实训设备和安全设施的投入；要严格按照操作规定进行实验实训。大学生在做实验实训时一定要有安全预防思想，严格按照操作流程进行操作。以实验实训室安全用电为例，用电一般有固定的基本要求，并且用电也有规定的一套操作要求。

1. 实验实训室用电安全基本要求

（1）用电安全的基本要素有电器绝缘良好、保证安全距离、线路与插座容量与设备功率相适宜、不使用"三无"产品。

（2）实验实训室内电器设备及线路设施必须严格按照安全用电规程和设备的要求实施，不许乱接、乱拉电线，墙上电源未经允许不得拆装、改线。

（3）在实验实训室同时使用多种电器设备时，其总用电量和分线用电量均应小于设计容量。连接在接线板上的用电总负荷不能超过接线板的最大容量。

（4）实验实训室内应使用空气开关并配备必要的漏电保护器；电器设备和大型仪器须接地良好，对电线老化等隐患要定期检查并及时排除。

（5）不得使用闸刀开关和木质配电板。

（6）接线板不能直接放在地面上，不能多个接线板串联。

（7）电源插座需固定，不使用损坏的电源插座；空调应有专门的插座。

（8）实验实训室用电的注意事项：

实验实训前先检查用电设备，再接通电源；实验实训结束后，先关闭仪器设备，再关闭电源。工作人员离开实验实训室或遇突然断电，应关闭电源，尤其要关闭加热电器的电源开关。不得将供电线任意放在通道上，以免因绝缘体破损而造成短路。

2. 实验实训室用电安全措施

（1）在使用电炉、烘箱等用电设备的过程中，使用人员不得离开。

（2）实验实训室禁止使用电热水壶、热得快。

（3）计算机、空调、饮水机不得在无人的情况下开机过夜。

（4）每天离开时都要关闭实验实训室的电源总闸。

（5）配电箱、开关、变压器等各种设备附近不得堆放易燃、易爆、潮湿和其他影响操作的物件。

（6）为了预防电击（触电），电器设备的金属外壳必须接地。

（7）预防火灾的基本措施：

禁止非电工改接线路，禁止乱拉临时用电线路。做电气类实验实训时应该有两个及以上的人员在场。从工作现场清除易燃、易爆材料。

2. 大学生实习安全风险及特点

（1）大学生实习安全风险的来源。大学生实习是指按照专业培养目标要求和人才培养方案安排，学生到企（事）业单位进行实际岗位锻炼、专业技能培养的实践性教育教学活动。大学生实习具有涉及行业多、人员覆盖面广等特点，在学生实习过程中也存在较高的劳动安全风险。从内容上看，大学生实习安全风险主要包括劳动场所风险、社会环境风险和法律纠纷风险。

① 劳动场所风险主要包括劳动安全事故和劳动卫生等劳动权益风险。产生这类风险

的原因：一方面，由于部分学生在实习过程中实际操作能力差，对安全操作规程没有熟练掌握，安全意识比较薄弱。另一方面，实习单位劳动场所的安全保障措施不到位，用人之前没有开展安全生产相关培训，工作中忽视实习生的合法权益，以上情况都极易引发实习安全事故。

② 社会环境风险主要是指大学生在实习期间除了从事生产劳动以外，生活中存在的安全风险。例如，在宿舍使用电器、煤气发生的安全事故，不注重饮食卫生引发食物中毒，上下班路途中遭遇交通安全事故，社会交往中遇到欺诈、勒索等人身财产损害事故等。

③ 法律纠纷风险是指大学生与实习单位以及其他社会主体发生权利义务上冲突引发诉讼或纷争的风险。例如，实习生在实习场所生产劳动过程中遭受的损害得不到应有的赔偿，实习单位不按约定支付实习生基本劳动报酬或随意延长工作时间高强度劳动引发劳动纠纷，在社会生活中遭遇人身财产损害或侵权引发纠纷等。

（2）大学生实习安全风险的特点。校外实习的学生具有双重身份，既是学生，又是实习单位实习的准员工，但是由于大学生社会阅历浅，严重缺乏工作和生活经验，致使大学生面临的实习安全风险具有以下三方面的特点。

① 难以预知性。大学生实习岗位复杂，变动性较大，但大学生自身缺乏社会经验，安全意识薄弱，对于实习岗位安全风险不能主动察觉，对风险是否出现、何时出现、损害程度如何难以预知。

② 复杂性。一方面，实习安全风险存在于生产劳动以及社会生活的各个环节，受多种因素影响，是多种主客观因素共同作用的结果。另一方面，实习安全风险具有主体多元化、风险来源多样性等特点。

③ 可控性。加强大学生实习安全教育，提升安全防护意识，开展岗位实习安全培训，学习安全风险典型案例，建立实习安全通报预警机制，这些都可以极大降低大学生实习安全风险。

典型案例

违规操作酿惨剧

某职业学校顶岗实习学生××在大型工程机械制造企业从事装配钳工岗位的工作。一名员工每天用航车运大型齿轮，从一个工位到另一个工位，而该学生担心齿轮滑下来，于是用手去扶正齿轮，结果两个齿轮朝着学生手扶的方向滑动，当时就夹住了学生右手的中指和食指。由于是大型齿轮，他的两根手指被夹断。该学生被紧急送往医院，医生说要么接骨，但费用很高；要么截肢。

今年21岁的小宁，2018年考入某职业学院。2021年3月，小宁和一些同学被学校安排到当地某重工设备厂实习。"那天，我在车间干活，一名工人不慎引燃了汽油盒，可能是怕汽油着火烧到价值上百万元的机床，这名工人一下将汽油盒推了出去。"没想到飞出去的汽油盒恰好落在了他的右大腿上，他身上立时着了火，在场的人急忙将他送到医院治疗，单位为他垫付了医疗费。小宁出院后,实习单位又跟他签订了劳动合同，按月发工资，小宁继续进行治疗。后经鉴定,小宁构成九级伤残,烧伤面积达全身的8%,因为皮肤被烧后不能再生,无法排汗,小宁的右腿时常感到痒,天热也不能穿短裤。

（资料来源：搜狐新闻 [R/OL]，http://news.sohu.com/20100901/n274635411.shtml.）

案例分析：以上事故的发生均因为实习期间的不安全行为导致。实习中的不安全行为是指实习人员违反安全生产制度和安全操作规程的行为,主要表现为：在正常或非正常精神状态下判断错误而进行的错误操作,因知识和经验缺乏而进行的不安全作业,不使用或不按规定正确使用劳动保护用品。数据统计显示,实习过程中发生的安全事故,大多源自违章操作及主观上的疏忽大意和侥幸心理。要预防发生安全事故,就要从思想上、技能上、操作规范上下功夫,稳扎稳打。

3. 大学生常见勤工助学安全风险

当下,市场经济快速活跃发展,这为大学生勤工助学提供了更多的选择。现阶段,我国在校大学生勤工助学的工作内容主要有劳务性服务、对口专业技术性服务、家教等知识性服务、商业服务等。由于校内勤工助学岗位数量有限,无法满足广大学生的需求,所以大学生勤工助学活动主要是利用节假日在校外进行,这就为大学生提供了一个多元化的选择空间,不仅能够提供较高的劳动报酬,也便于其更好地接触社会,锻炼自身能力。与此同时,各种侵权问题也随之产生,常见的安全风险有以下几方面。

（1）拖欠克扣工资。一些用人单位利用大学生社会经验及相关法律知识不足,用工前不签订劳务协议或者故意设置协议陷阱,将协议的内容规定得模糊、概括,协议中存在损害劳动者权益的内容。实际用工过程中,用人单位以各种理由提出加班等不合理要求,用工结束后更以各种借口拖延、克扣大学生工资。因为学生缺乏法律意识和社会经验,且大部分情况下难以拿出有效证据,导致学生维权困难。

（2）"试用期"工作劳而无获。有些用人单位用工前要求员工参加入职培训,并交纳高额费用,甚至诳骗入职者网贷交纳培训费。还有的用人单位设置长时间的试用期,试用期不发放全额工资,试用期满前又以种种理由随意辞退勤工助学的学生,导致勤工助学学生往往劳而无获。

（3）"黑中介"骗取中介费。此种骗局专门针对求职心切的勤工助学大学生,通过发布虚假用工信息,许诺较好的工资待遇,骗取大学生交纳数额不等的中介费。但中介推荐的岗位要么名不符实,要么直接是虚假岗位。受骗大学生一旦醒悟,想要追回中介费用,中介早已音信全无。

（4）被骗参与非法传销活动。近年来,高校在校大学生被卷入非法传销组织进行传销活动的事件频有发生。本意勤工助学的学生一旦卷入非法传销组织,便会失去人身自由,通过组织"授课"洗脑,大学生很容易相信传销组织所编造的一夜暴富神话,从而无法自拔,最终害人害己。

话题讨论：分小组头脑风暴,除本节所涉及内容,你认为大学生还会遇到哪些劳动安全风险？

第二节　劳动安全意识

> 安全生产是关系人民群众生命财产安全的大事，是经济社会协调健康发展的标志，是党和政府对人民利益高度负责的要求。党中央、国务院历来高度重视安全生产工作，党的十八大以来作出一系列重大决策部署，推动全国安全生产工作取得积极进展。
>
> ——中共中央　国务院关于推进安全生产领域改革发展的意见
>
> 各级人民政府及其有关部门应当采取多种形式，加强对有关安全生产的法律、法规和安全生产知识的宣传，增强全社会的安全生产意识。
>
> ——《中华人民共和国安全生产法》

编者的话

当今社会，随着社会经济快速发展，安全生产越来越引发人们的高度重视。影响安全生产的因素有很多，其中劳动安全意识起着关键性作用。劳动安全意识是劳动者在劳动过程中所具备的安全观念。据不完全统计，全国安全生产责任事故中，近九成为人为引发，其中劳动者安全意识不足、安全规章制度执行不到位成为引发事故的最根本原因。

青年大学生作为社会发展的中坚力量，必须要在步入工作岗位前牢牢掌握劳动安全知识，具备良好的劳动安全意识，不断提升自己的劳动风险防范能力，要在思想上真正把安全放在首位，不断成长为一名遵规守纪的高素质劳动者。

故事导入

敲响安全警钟，拒绝带"血"的生产劳动

2022年5月1日，江苏徐州一项目工地发生高处坠落事故，造成1人死亡；

5月3日，甘肃兰州一建筑工地在开展拆除塔吊作业过程中，造成4人坠落，其中1人受伤，3人死亡；

5月6日，山西晋中一新型建材公司发生粉煤灰仓坍塌事故，造成3人死亡、4人受伤；

5月11日，安徽一化工厂检修过程中发生中毒窒息事故，造成1人当场死亡，2人经医院抢救无效死亡……

短短数天，一桩桩触目惊心的安全事故，像长鸣的警钟，不断警醒着人们：安全事故

猛于虎，安全责任重于山，必须时刻警惕，不能有丝毫懈怠。

（资料来源：吴跃.敲响安全警钟，拒绝带"血"的生产[N].中国建材报，2022-05-16.）

故事分析：安全事故频发的原因何在？

安全生产是企业经营的前提，也是从业人员生命健康的保障。尽管多年来我国一直高度重视安全生产，并出台了一系列文件，但安全事故仍然屡禁不止。

究其原因，中国建筑材料企业管理协会秘书长张思丰说："安全管理、安全生产在每个企业都居于首要地位，伤亡事故之所以防不胜防，大都是因为当事者安全意识淡薄、一时大意、粗心、侥幸和违章操作所致。"

湖南大学土木工程学院教授黄政宇长期从事高性能混凝土和超高性能混凝土的材料研究。在谈到安全事故产生的原因时，他结合自身所了解的安全事故，以及参与详细调查的安全事故指出：安全意识薄弱是造成安全事故频发的主要原因。从企业角度来讲，一是对发生安全生产事故的源头认识不够；二是安全事故防范的意识不够强；三是管理制度中没有建立安全生产的红线或安全生产红线建立不到位。从个人的角度讲，一是由于一线劳动者安全生产知识缺乏；二是部分一线工作人员安全意识淡薄，侥幸心理严重。

2021年安全生产十大典型案例

问题导入：你认为大学生的安全意识现状如何？怎样才能提高劳动安全意识？

一、安全劳动与劳动安全意识

《现代汉语词典》对安全的解释是："没有危险；平安。"安全劳动是指在安全的环境下开展劳动生产活动。

劳动安全意识可以界定为人们对各种劳动生产活动的主观愿望以及对劳动状态安全的认识，是劳动过程状态和安全程度的客观反映。这个概念建立在认识层面上，体现的是一种安全劳动的意识。

国际劳工组织的研究表明，近半数以上的劳动安全事故都与人的不安全行为有关，而矫正不安全行为最有效的方法就是通过教育引导劳动者提高劳动安全意识。随着经济高速发展，当今社会越来越需要面向生产、管理、服务一线的高素质技术技能型人才，面对生产劳动现场，劳动安全意识的提升就显得尤为重要。青年大学生作为社会发展的中坚力量，必须要在步入工作岗位前牢牢掌握劳动安全知识，具备良好的劳动安全意识，不断提升自己的劳动风险防范能力，要在思想上真正把安全放在首位，不断成长为一名遵规守纪的高素质劳动者。

面对全新的职场和岗位，参加实习或者刚入职的大学生往往充满自信和希望。但值得注意的是，新入职员工是安全生产事故的高发群体，究其原因其实不难理解。大学生缺乏工作经验，对岗位安全规程不熟悉，面对潜在甚至突发安全事故缺乏认知和应对能力，这些都成为不可回避的安全隐患。对在校学生开展劳动安全教育，提升劳动安全意识，成为每一个大学生步入社会前要完成的必修课。

二、大学生劳动安全意识存在的问题

近年来,高校逐渐重视学生的安全教育,大部分学生的安全意识在整体上表现良好,能够掌握一定的基本安全常识,但针对劳动安全意识的教育相对比较薄弱,也表现出较为明显的问题。

1. 思想单纯,社会经验不足

大学生理论水平高,遇到问题善于思考,竞争意识强,但实践操作能力较差,社会经验严重不足。大学生所处校园环境安全、舒适、稳定,导致大部分学生对劳动缺乏深入认识,对劳动安全更没有引起足够的重视。

2. 缺少必要的劳动安全知识,对劳动安全隐患或者事故认识不足

大部分大学生不能够掌握基本的劳动安全知识,对于学校制定的相关实验室规定、实习实训安全规范、劳动实践安全要求,不能做到自觉遵循,对于安全隐患认识不足,总认为与自己毫不相干,甚至对发生在身边的安全事故也没有足够的重视。

3. 竞争意识强,心理承受和应对安全事故能力较差

大部分大学生充满活力,勇于实践,敢于竞争,但是面对挫折时往往心理承受能力较差,无法较好地调适自己的情绪,这些都会成为大学生在劳动生产过程中存在的安全隐患。另外,大学生利用业余时间在校外进行各种社会实践已经很常见,但大部分人社会阅历少,社会经验缺乏,劳动安全防范意识较弱,遇到危机的处理能力不足,一旦处理不当,极有可能发生劳动安全事故,对以后的个人生活和发展产生重大影响。

4. 依法处理安全问题的意识不够

在发生劳动安全问题或者纠纷时,大学生虽然第一时间会意识到要维护自身合法权益,但由于对相关法律法规不够了解,甚至缺乏基本法律常识,往往导致大学生在自身的权利和利益受损时,大多数人变得手足无措,无法应对,或者盲目求助于家庭、学校和社会等其他外部支持,自己缺乏主动思考问题、解决问题的意识和能力。

5. 对非传统劳动安全领域认识不足

非传统劳动安全领域是区别于传统劳动安全而提出来的概念,主要是指除了交通安全、人身财产安全等以外的对大学生造成威胁的不安全因素,如网络诈骗、个人信息泄露、职场女性遭遇非法侵害、利用网络新媒介的便捷性侵害大学生权益等。在校大学生虽然大多接受过安全教育,但对非传统劳动安全领域认识不足,在日趋复杂的时代背景下,非传统安全问题带来的负面影响日益显现,这些严重制约了大学生的健康全面发展。

> **典型案例**
>
> **大学生创业被骗**
>
> 2019年5月,正忙着找工作的小姚在网上发现一条转让消息,某快餐配送商家声称有店面及客户等各项资源,欲低价转让。小姚对这个"商机"非常动心。他很快和商家王

老板谈妥了转让事宜，又向亲朋好友借来 1.5 万元支付了转让费，准备进军快餐业大干一场。因为从没做过生意，小姚还是有一些疑虑，但王老板却一再表示会对他进行培训直到其上手，并信誓旦旦地保证自己手上有几百名客户，会全部交给他。这时，小姚才完全放下心。双方签订了转让协议，协议上清楚地写明，出让方除了店里已有的炊具等设施，还要给小姚增补一台冰柜以及运输工具，更重要的是提供 45 天的培训以帮小姚上手，同时将所有客户业务量交出，保证每天有 200 盒以上的快餐配送销量。

可就在双方约好来办理租房手续以及正式开始培训的日子，王老板却"失踪"了，两部手机一关一停。房东也找到小姚，称对他与王老板之间的转让事宜毫不知情，并且王老板已拖欠了一个月房租，房东要收房。小姚一时手足无措，只好到派出所报案。一位接待民警在看过转让协议后称，初步就合同来看，对方虽有违约的地方，但不构成合同诈骗的要件，属于经济纠纷，建议小姚尽快向法院起诉。

一脸青涩的小姚说自己这次栽了个大跟头，工作没着落却先背上一身债，"都怪我太轻信别人了！"

（资料来源：李宗茂、李家俊. 大学生安全与法纪教育 [M]. 3 版. 北京：中国人民大学出版社，2022.）

案例分析：根据《中华人民共和国合同法》的规定，一方以欺诈、胁迫的手段订立的损害国家利益，以及违反法律、行政法规的强制性规定的合同无效。故意隐瞒与订立合同有关的重要事实或者故意提供虚假情况的，给对方造成损失的，应当承担损害赔偿。

近年来，大学生创业已成风潮。有媒体曾做过调查，79% 的被调查大学生有自主创业的意向。如今，越来越严峻的就业形势使越来越多的大学生还没出校门就未雨绸缪，急着想抓住各种机会为创业打下基础，殊不知，一些不正规的中介、销售公司，乃至骗子抓住大学生缺乏劳动安全意识的短板，利用大学生的求职就业急切心理，给他们设置了"温柔的陷阱"。

三、提升大学生劳动安全意识的途径

1. 注重固化，将劳动安全规范固化为大学生劳动安全行为习惯

要高度重视大学生劳动安全教育和劳动安全岗前培训。掌握和遵循安全制度规范是安全、顺利开展劳动活动的重要保障。劳动安全规范内容主要包括专业工种的安全操作技术、安全交底内容、专业工种安全操作规程等。劳动安全规范在做到统一性要求基础上，还应重视其层次性，应分岗位、分技术制定安全规范标准，并依据标准结合从事具体岗位、具体技术有针对性地规范劳动行为，做到统一性与多层次性相结合。

2. 注重内化，积极推进劳动安全知识内化为劳动安全意识

劳动安全事故的发生往往会对自身、对家庭、对学校、对用人单位产生重大影响。人的行为是受意识支配的，大学生是否在保障安全的前提下进行劳动、生产等活动也受自身安全意识的驱使。大学生提升劳动安全意识不仅要学习基本的劳动安全知识，更重要的是自觉接受劳动安全意识的教育和相关培训，在思想上牢牢把握劳动安全这根弦，将安全劳动的理念贯穿劳动生产全过程。一方面，大学生应主动涉猎劳动安全相关知识。大学生应具有主动学习精神，不仅学习本专业的安全实习实训知识、安全事故防范知识，还应主动涉猎相关职业岗位的安全知识。此外，在生产劳动过程中各类安全事故几乎不可避免，所以大学生还应掌握相应的急救知识技能，如外界求救、自我保护等，应主动做到入脑入心，提高自身劳动安全知识储备量，实现安全劳动意识的提升。另一方面，大学生应主动吸取生产劳动相关事故的经验教训。事故的发生看似偶然，实则必然。每场安全生产事故的发生都有其主客观因素，对于安全事故的发生，大学生应对其发生原因进行分析，将经验教训内化为自身安全意识，这样才能杜绝此类事故在自己身上发生。

3. 注重转化，将普及劳动安全法律知识转化为大学生法制意识

面对不断发展变化的劳动安全形势，大学生劳动安全意识所涉及的内容也应该与时俱进，及时补充。要把当前社会中出现的新安全问题及时归纳整理，特别是大学生劳动安全法律知识的普及。针对这些问题，大学生除提升自身劳动安全意识之外，还应主动学习相关法律法规，做到知法、守法、懂法、用法，不断增强法制意识，及时了解并掌握相关劳动安全法律规定，结合身边真实发生的案例，在面临劳动安全威胁和侵害时，能够有意识地拿起法律武器，维护自身的合法权益。

延伸阅读

安全劳动应具备的"四不伤害"意识

"四不伤害"意识是指"我不伤害自己、我不伤害他人、我不被他人伤害、我保护他人不受伤害"的意识。

1. 我不伤害自己的意识

我不伤害自己，就是要提高自我保护意识，不能由于自己的疏忽、失误而使自己受到伤害。它取决于自己的安全意识、安全知识、对工作任务的熟悉程度、岗位技能、工作态度、工作方法、精神状态、作业行为等多方面因素。

要想做到"我不伤害自己"，应在劳动开始前问自己以下几个问题。

我是否了解这项劳动任务，责任是什么？我具备完成这项工作的技能吗？这项工作有什么不安全因素，有可能出现什么差错，出现故障该怎么办？

劳动时应该如何防止失误？要有严谨的工作态度；弄懂工作程序，严格按程序办事；出现问题时停下来思考，必要时请求帮助；遵章守规，谨慎小心地工作，切忌贪图省事，干起活来毛、糙、快。

保护自己免受伤害的有效措施：身体、精神保持良好状态，不做与工作无关的事；劳动着装齐全，劳动防护用品符合岗位要求；注意现场的安全标志；不违章作业，拒绝违章指挥；对作业现场危险有害因素进行充分辨识。

2. 我不伤害他人的意识

我不伤害他人，就是我的行为或行为后果不能给他人造成伤害。在多人同时劳动时，由于自己不遵守劳动安全规范、对作业现场周围观察不够以及自己操作失误等原因，自己的行为可能对现场周围的人员造成伤害。

要想做到"我不伤害他人",应做到以下方面。

(1) 自己遵章守规,正确操作,这是"我不伤害他人"的基础保证。

(2) 多人同时劳动作业时要相互配合,顾及他人安全。

(3) 工作结束后不留隐患;检修完机器后,如果未将拆除或移开的盖板、防护罩等设施恢复正常,就可能使他人受到伤害。

(4) 高处作业时,工具或材料等物品放置不稳妥,一旦坠落就可能砸伤到他人;如果动火作业完毕后现场未清理,残留火种可能引发火情。

(5) 机械设备运行过程中,操作人员未经允许擅自离开工作岗位,如果其他人误触开关,就可能造成伤害等。

(6) 拆装电气设备时,如果线路接头没有按规定包扎好,他人就有可能触电。

(7) 起重作业要遵守"十不吊"(图2-1),电气焊作业要遵守"十不焊",电工作业要遵守电气安全规程等。

特别提示:每个人在工作后都要有意识地对劳动现场周围仔细观察,做到工完场清,不给他人留下隐患。

图2-1 起吊作业要保证他人安全

3. 我不被他人伤害的意识

我不被他人伤害,即每个人都要加强自我防范意识,劳动中要避免他人的错误操作或其他隐患对自己造成伤害。

(1) 拒绝违章指挥,提高防范意识,保护自己。

(2) 对劳动场地周围不安全因素要加强警觉,一旦发现险情要及时制止和纠正他人的不安全行为并及时消除险情。

(3) 要避免由于其他人员工作失误、设备状态不良或管理缺陷遗留的隐患给自己带来的伤害。如发生危险性较大的中毒事故等,没有可靠的安全措施不能进入危险场所,以免盲目施救,自己被伤害。

(4) 交叉作业时,要预见别人对自己可能造成的伤害,并做好防范措施。检修电气设备时必须进行验电,要防范别人误送电等。

(5) 设备缺乏安全保护设备或设施时,例如旋转的零部件没有防护罩,员工应及时向上级主管部门报告,接到报告的人员应当及时予以处理。

(6) 在危险性大的岗位(如高空作业、交叉作业等),必须设有专人监护。

特别提示:一旦发现危害劳动安全的现象,必须敢于抵制,及时果断处理险情并报告上级。如果想着"事不关己"而不及时制止,一旦发生重特大事故,自己也有可能被伤害。

4. 我保护他人不受伤害的意识

任何组织中的每个成员都是团队中的一分子,要担负起关心爱护他人的责任和义务,不仅自己要注意安全,还要保护团队的其他人员不受伤害,这是每个成员对集体中其他成员的承诺。

我要保护他人不受伤害,要做到任何人在任何地方发现任何事故隐患都要主动告知或提示给他人;提示他人遵守各项规章制度和安全操作规范;提出安全建议,互相交流,向他人传递有用的信息；视安全为集体荣誉，为团队贡献安全知识，与其他人分享经验；关注他人身体、精神状态等异常变化；一旦发生事故，在保护自己的同时，要主动帮助身边的人摆脱困境。

特别提示：也许你的一个提示就能挽救一个生命。能及时纠正你违章作业的人，才是你真正的朋友。

话题小结：规范岗位劳动行为应从我做起。由"要我安全"到"我要安全"直至"我会安全"，这个过程需要牢固树立劳动安全意识，广泛学习安全知识，熟练掌握安全技能，把正确的安全操作行为变成一种安全行为习惯，内化为劳动安全意识，才能真正避免"四不伤害"。

（资料来源：安全生产四不伤害的内容及保证措施.搜狐新闻 [R/OL], https://www.sohu.com/a/457315799_375636，赛为安全，2021-03-25.）

第三节　劳动安全与健康

> 用人单位必须建立、健全劳动安全卫生制度，严格执行国家劳动安全卫生规程和标准，对劳动者进行劳动安全卫生教育，防止劳动过程中的事故，减少职业危害。
>
> ——《中华人民共和国劳动法》
>
> 生产经营单位应当关注从业人员的身体、心理状况和行为习惯，加强对从业人员的心理疏导、精神慰藉，严格落实岗位安全生产责任，防范从业人员行为异常导致事故发生。
>
> ——《中华人民共和国安全生产法》

编者的话

2023年4月最后一周是全国第21个《职业病防治法》宣传周。2023年宣传周的主题是"改善工作环境和条件，保护劳动者身心健康"。

国家卫生健康委员会数据显示，我国每年新增职业病数量近3万例。此外，由于工作压力大、工作时间长、工作节奏不规律等原因，颈椎病、消化道疾病等慢性病逐渐呈现年轻化趋势，焦虑、抑郁等心理问题引发的劳动安全事件也屡见不鲜，这不仅严重影响劳动者个人健康生活，在某种程度上也对企业的正常生产经营活动产生较大影响。保护劳动者身心健康，不仅是新时代增强广大劳动者获得感和幸福感的必然举措，更对建设和谐稳定社会环境、推动经济可持续健康发展有着重要意义。

模块二 劳动安全与法律法规

故事导入

早上9点半到晚上10点,12小时,这是夏歌每天在工位上的时间。她在一家互联网公司从事营收业务的运营工作,长期的业务指标和短期的活动项目交替填充着她每天的工作内容。

公司的要求是员工每天工作满9个工时,但大量做不完的工作让她不得不付出更多时间,即便没有被硬性规定要在办公室完成工作,夏歌还是会在公司待到10点左右,因为9点半之后加班打车可以报销。

不规律饮食作息和久坐的不良习惯让夏歌在入职两个月后就胖了10斤,头和肩颈时常疼痛。下班到家后,她总会在床上瘫一个小时,什么也不想,疲惫感让她提不起兴趣做任何事,即使周末不用加班,她也不愿意出门,甚至不愿意打开房间的灯,她已经习惯了在昏暗的环境里独处。

情绪达到不稳定的顶点时,夏歌会没有缘由地坐在工位上哭,"事情太多,会想为什么还有这么多事情要做?我已经从早上起来干到现在,结果发现还有这么多活。"

这是一位名为夏歌的互联网"大厂"员工讲述的自己每天的工作状态。

(资料来源:袁颖,孟佳丽. 大厂"病人". 第一财经 YiMagazine,2021-01-21.)

故事分析: 随着信息化时代的到来,社会经济实现全面高速增长,逐渐打破了人们原有的生活和工作状态。人们的工作节奏开始变得越来越快,生活压力也越来越大。这些变化直接导致劳动者的身心健康遭遇到威胁和伤害。2021年中国社会科学院发布《人口与劳动绿皮书》指出,健康型人力资本面临人口结构和生活方式转变带来的挑战之一,是工作和生活状态变化导致劳动者患病率的上升且日趋年轻化。

员工加班猝死引发关注

问题导入: 结合身边案例谈谈劳动者健康问题。

一、劳动安全、劳动保护与劳动健康

劳动安全是指在劳动生产过程中通过一系列措施确保劳动者人身财产等处于安全状态。

劳动保护是指通过制定完善劳动安全制度,改善劳动生产环境,提升设施设备条件,避免劳动者人身伤害事故的发生,以及在预防职业病、女职工等特殊群体职工所采取的各种保护措施的总称。

劳动保护范畴内的劳动健康是指采取一系列措施保障劳动者在劳动过程中不患有身体或者心理疾病。具体来说,包括保障劳动过程中的安全卫生条件;保障劳动者劳动强度和劳动时间;保障劳动者在事故中得到及时救治;预防劳动者职业病发生;保障女性劳动者妊娠期、哺乳期等权益不受侵害;保障劳动者心理健康等。

二、保障劳动健康的具体措施

1. 劳动者个人层面

劳动者个人层面劳动健康的具体保障措施主要包括:树立积极健康的劳动理念;提升

87

劳动健康自我保护意识；学习了解职业病相关知识；做好劳动过程中特别是特殊岗位作业中的自我防护；提升劳动事故应急处置能力；学会劳逸结合，提升自身抗压减压能力等。

2. 用人单位层面

用人单位层面劳动健康的保障措施主要包括：建立健全保障劳动者健康规章制度；不断改善劳动卫生条件；定期开展职业病防护知识讲座；建立劳动事故应急处理机制；自觉遵守劳动法律法规，为劳动者购买相应保险；关注劳动者心理健康，为劳动者提供必要的心理健康支持和服务等。

3. 政府层面

政府层面劳动健康的保障措施主要包括：制定和完善劳动保护相关法律法规；制定政策鼓励企业不断改进有利于劳动者健康的生产技术和设施设备条件；加强用人单位监管力度，维护劳动者合法权益；加强职业病相关立法；加强职业病防治技术支撑体系建设；建立城镇职工基本医疗保险制度，进一步完善国家医保体系；关注劳动者心理健康，督促企事业单位为员工提供心理健康服务等。

> **典型案例**
>
> **企业选择性开展职业健康检查，61名劳动者未按规定组织职业健康检查，当罚！**
>
> 某金属制品有限公司，经营范围主要为绝缘子连接金具、电气化铁路接触网零部件、城市轨道交通接触网零部件、电力线路金具生产销售等。2021年4月2日，如皋市卫健委对该公司监督检查。根据该公司2019年《职业病危害现状评价报告书》显示，公司职业病危害风险分类为"严重"，模锻车间液压机操作岗位、冲压岗位、飞边岗位及金工车间等岗位存在噪声、粉尘等职业病危害因素，但该公司2020年未按规定对工作场所职业病危害因素进行检测、评价。检查还发现该公司只能提供2019年劳动者的在岗期间职业健康检查报告，2020年没有组织61名从事接触职业病危害作业的劳动者做在岗期间职业健康检查。2020年该公司有一名职工离岗时职业健康检查发现患有疑似职业病并最终确诊职业病。
>
> 最终，该公司因未按规定组织职业健康检查、未按规定对工作场所进行职业病危害因素检测、评价，被企业所在市卫健委给予警告并处罚款七万元的行政处罚。
>
> （资料来源：宗超越，莫陈裕. 搜狐新闻 [R/OL]. https://www.sohu.com/a/485201525_121118849.）
>
> **案例分析**：《职业病防治法》规定，用人单位应当实施由专人负责的职业病危害因素日常监测，并确保监测系统处于正常运行状态。用人单位应当按照国务院卫生行政部门的规定，定期对工作场所进行职业病危害因素检测、评价。检测、评价结果存入用人单位职业卫生档案，定期向所在地卫生行政部门报告并向劳动者发布，定期检测周期为每年至少检测一次。同时《工作场所职业卫生监督管理规定》明确，职业病危害严重的用人单位，应当委托具有相应资质的职业卫生技术服务机构，每三年至少进行一次职业病危害现状评价。用人单位对工作场所职业病危害因素进行日常监测和定期检测，可以及时了解有害因素产生、扩散、变化的规律，鉴定防护设施的效果，并为采取防护措施提供依据。定期职

业健康检查的目的主要是早期发现职业病病人或疑似职业病病人或劳动者的其他健康异常改变，及时发现有职业禁忌的劳动者，通过动态观察劳动者群体健康变化，评价工作场所职业病危害因素的控制效果。用人单位尤其是主要负责人和职业健康管理人员一定要加强《职业病防治法》及其配套法律法规标准的学习，重视企业职业卫生管理，重视劳动者的健康监护，让企业健康发展，让劳动者健康工作。

三、劳动安全与心理健康

随着社会节奏的不断加快，劳动者面临的工作和生活压力不断增大，很多一线劳动者出现心慌、失眠、疲累、注意力不集中、记忆力减退等身体亚健康状态，久而久之心理上也开始出现持续紧张、焦虑、易怒、烦躁等症状，更有甚者出现抑郁、躁狂等不同程度的心理疾病。如果劳动者本人缺乏心理健康知识，不能及时觉察自身发生变化，无法寻求并得到相应的支持和帮助，出现的问题不能得到及时的干预和治疗，往往会导致较为严重的后果。关注劳动者心理健康，将此项工作纳入劳动安全保护范畴，符合劳动安全保护自身的发展规律，更是以人为本构建和谐社会的本质要求。

1. 心理健康纳入劳动安全的现实意义

（1）关注劳动者心理健康是安全劳动的实际需要。保障劳动安全从本质上说是保障人的安全，确保安全劳动的最关键因素也是人。在劳动生产过程中，人的主观能动性的发挥直接决定了生产质量和生产效率。同时，人为因素成为造成安全生产事故最重要的因素。稳定健康、积极向上的心理状态是劳动者持续稳定从事劳动生产活动的基础，更是保障安全劳动不可忽视的前提和实际需要。

（2）关注劳动者心理健康是劳动安全保护的重要内容。数字化时代，随着科技的日新月异发展和知识的快速更迭，劳动安全保护理念也在发生重大变化。劳动安全风险防范逐步成为保障劳动者安全的重要内容，其中关注劳动者身心健康特别是心理健康逐渐成为劳动安全保护的重要内容。越来越多的企业开始通过营造轻松愉快的企业氛围，提倡快乐工作的企业文化，提供全方位的心理健康服务让长期处于紧张工作状态下的劳动者精神得到放松，心理上获得支持，从而对企业有更高的认同感、归属感。从国家层面来说，关注劳动者心理健康状态，不断加大劳动者心理健康保护力度，既满足劳动者实际需要，更是全面保障劳动者安全和权益的重要举措。

（3）关注劳动者心理健康是构建和谐社会的需要。在日常生产和劳动过程中，我们常常会遇到个别劳动者缺少责任心的问题，其实不是简单批评教育或者按照相关规章制度处理就可以解决的，究其原因很多是劳动者缺乏对工作的心理认同和内生动力。从根本上解决此类问题还得从心理入手，弄清劳动者的心理诉求，并通过沟通、干预、疏导等一系列措施，使劳动者恢复身心愉快的状态，并投入劳动过程中，从根源上消除因心理问题造成的劳动安全风险和隐患，这也是构建和谐社会的需要。

2. 劳动者心理调适策略

（1）积极应对劳动压力。劳动压力是指由劳动环境、劳动强度等因素共同作用导致生理、心理持续紧张的状态。从心理学角度，劳动压力又称为劳动应激或工作压力。适当的劳动压力可以激发劳动者的工作潜能，有利于提高劳动质量和劳动效率。过度的劳动压力如激烈的竞争环境、高强度持续时间长的工作节奏等将会使劳动者出现各种生理、心理不适，长期处于此种环境下则会引发劳动者生理和心理疾病。

学会分析劳动压力来源，积极调整心态，合理疏导和释放自身压力是每一个劳动者都需要掌握的知识和技能。

策略一：寻找压力源。

压力源顾名思义就是压力的来源。劳动者在面对压力时，要学会认清压力的来源才能更好地应对压力。一般来说，压力的来源是多方面的，有客观因素也有主观因素。客观上讲，就业竞争激烈、行业前景不明、学历水平差距都会对劳动者造成压力。主观上讲，个人认知不足、薪酬待遇与期望值不符、人际关系紧张等也会对劳动者造成压力。弄清压力来源，根据实际情况采取积极的应对措施，改变或者降低压力来源的影响可以有效缓解劳动压力。

策略二：重新定义，调整心态。

重新定义的方式就是对压力来源进行重新认知，判断压力的性质和对自身的影响程度，进而通过评估自身的实力，确定是否有能力应对压力，从而避免遇到压力后的手足无措。如经过认真分析自身实际情况判断可以应对压力，或者可以通过寻找相应资源或寻求帮助来应对，以有效降低压力源造成的影响。重新定义的关键在于对压力源和自身能力的准确评估。经过重新定义后，也许压力仍然存在，但是心理的负担却会减轻许多，这是减负和释放压力的重要方法。

策略三：调整自己的劳动成果期望值。

恰当的设定劳动成果期望值，正确看待劳动付出和成果产出的关系，是有效减低劳动压力的重要手段。劳动者要学会客观评价自我，设定劳动目标时要与自身实际情况相符合。合理的目标设定可以促进劳动成果的达成，相反，过高的成果期望值则会给劳动者带来紧张和压力。

（2）努力克服劳动倦怠与挫折。劳动者如果长期处于固定不变的劳动环境，长期从事单一固定的劳动内容，很容易产生劳动倦怠。劳动倦怠会使劳动者丧失劳动积极性甚至在劳动过程中无精打采、情绪烦躁，这些不仅会降低劳动效率，甚至会造成严重的劳动安全事故。在劳动过程中每个人还会遇到很多挫折，比如劳动不能获得预期的收获和肯定甚至"竹篮打水一场空"，再比如劳动过程中遇到很难解决的问题和困境。尽管这种劳动倦怠感和劳动中遇到的挫折不一定会导致心理问题的产生，但是它的负面影响却很严重，劳动者要学会采取积极应对策略，努力营造良好的劳动心态。

策略一：准确全面认识自我。

科学合理地认识自身价值，学会体察劳动过程中自身心态的变化，如发现劳动倦怠感，则学会通过动态调整劳动目标，挖掘劳动过程中的积极资源加以应对。如在劳动过程中遇到困难和挫折，则要学会积极寻找应对策略，寻求人际支持，主动设置心理缓冲区，降低挫折给劳动者造成的不良影响。有的高职学生不想当蓝领技术工人，总希望有一个轻松和体面一点的工作，但是在就业过程中往往屡遭挫折，这就需要同学们准确认识自我，只有不断提升个人知识和技能，最终才能达到目标。

策略二：在提升自身价值中增强劳动自信心。

避免劳动倦怠感的重要途径之一就是通过不断提升自身价值，在劳动过程中不断实现个人价值，从而增强劳动自信心，使劳动者逐渐崇尚劳动、热爱劳动、辛勤劳动，将劳动成果与个人价值实现统一，以更加积极从容的心态面对劳动中的问题和困难，有效增强应对劳动倦怠和劳动挫折的能力。

策略三：在挫折应对中获得个人发展。

在劳动中遭遇挫折是很常见的事情，关键是如何正确看待和应对挫折。"失败乃成功之母"，劳动者在面对挫折时一要平心静气，积极查找应对措施。二要善于总结反思，将挫折看作磨炼意志，开阔视野，增长才干，锻炼勇气，获得个人成长和发展的机会。要学会在挫折中汲取养分，在失败中雕琢自己，在应对中激发潜力，在总结中获得成长。

延伸阅读

保障劳动者健康！我国加速推进职业病防治保障工作

宁夏回族自治区石嘴山市一名煤矿工人因尘肺病曾数次入院救治，他需要使用呼吸机，输入人血白蛋白、脂肪乳等缓解病情。据调查，截至2021年年底，在我国像这名煤矿工人在内的职业性尘肺病患者达91.5万人。

同学们，你对尘肺病等职业病了解多少？

目前，尘肺病在我国每年报告的新发职业病病例数中居首位。中国疾控中心职业卫生首席专家李涛介绍，由于尘肺病潜伏期较长，患者从开始接触粉尘到发现健康受损，平均时间长达10年甚至20年。

职业性尘肺病、职业性眼病、职业性放射性疾病……按照我国有关法律规定，职业病分为10大类132种，尘肺病只是其中一种（图2-2）。

《职业病防治法》第二条指出，"本法所称职业病，是指企业、事业单位和个体经济组织等用人单位的劳动者在职业活动中，因接触粉尘、放射性物质和其他有毒、有害因素而引起的疾病。"

"法律上的职业病范围小于生活中的职业病范围。"武汉大学法学院副院长武亦文教授表示，法律所规范的职业病显然更具严重性。应树立劳动者的职业健康意识，适当扩大职业病范围，增加对劳动者权益维护。

随着一些新物质、新材料、新工艺、新业态进入人们生活，劳动健康也面临新课题。"这些劳动生活中的

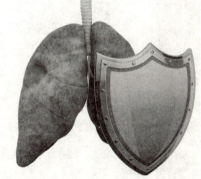

图2-2　防治尘肺病

新现象可能带来新的健康问题，有些问题是未知的，需要不断进行风险评估。"李涛说，当前我国处于新旧职业病叠加交织中，要做好重点行业、人群职业病监测。

劳动健康防治工作事关广大劳动者福祉。据国家统计局数据，我国16~59岁劳动年龄人口为8.8亿人。武亦文介绍，职业病防治法完整建立了具有中国特色的三级职业病预防体系，包括健全预防体系、构建劳动生产卫生体系、搭建职业病患者法律保障体系。

"职业病危害专项治理是从源头预防和控制职业病发生的根本措施。"国家卫生健康委员会职业健康司司长吴宗之表示，"十四五"期间将督促治理企业以超标作业岗位为重点，以落实工程防护措施为关键，加大对设备设施升级改造，探索职业健康托管式服务。

> 新时代劳动教育
> ——"劳动精神 工匠精神 劳模精神"教程

"十四五"职业病防治规划明确要以保障劳动者职业健康为出发点和落脚点。"下一步，既要做好传统职业病的防控，又要兼顾新型职业病危害的预防。不仅要关注一线的'蓝领'职工，同时也要关注'白领'职工。"国家卫生健康委员会有关专家表示。

"职业病防治是一项社会系统工程，涉及预防、治疗和保障三个重要环节。"吴宗之说，要形成工作合力，共同推进劳动安全与健康事业高质量发展。

（资料来源：李恒，顾天成.保障劳动者健康！我国加速推进职业病防治保障工作 [N].新华社，2022-04-29.）

话题讨论： 结合自己所学专业，讨论在今后的社会劳动过程中可能会遇到哪些劳动健康问题，应该如何保障自身的劳动健康。

任务二 劳动法律法规

学习目标

知识目标
（1）能复述劳动法律关系的概念和特点。
（2）能列举与劳动相关的法律、法规的名称。
（3）能阐述在签订劳动合同过程中需要注意的问题。
（4）能提出劳动者保护自身合法权益的措施。

能力目标
（1）掌握基本的劳动法律常识。
（2）能够对现实生活中的劳动纠纷进行法律分析。

素质目标
树立"以事实为依据，以法律为准绳"的法律观念。

行为养成目标
自觉学习劳动法律法规，提升法律素养。

模块二　劳动安全与法律法规

第一节　劳动法律关系

> 要健全党政主导的维权服务机制，完善政府、工会、企业共同参与的协商协调机制，健全劳动法律法规体系，为维护工人阶级和广大劳动群众合法权益提供法律和制度保障。
>
> ——2020年11月24日，习近平总书记在全国劳动模范和先进工作者表彰大会上的讲话
>
> 为了保护劳动者的合法权益，调整劳动关系，建立和维护适应社会主义市场经济的劳动制度，促进经济发展和社会进步，根据宪法，制定本法。
>
> ——《中华人民共和国劳动法》
>
> 为了完善劳动合同制度，明确劳动合同双方当事人的权利和义务，保护劳动者的合法权益，构建和发展和谐稳定的劳动关系，制定本法。
>
> ——《中华人民共和国劳动合同法》
>
> 为了公正及时解决劳动争议，保护当事人合法权益，促进劳动关系和谐稳定，制定本法。
>
> ——《中华人民共和国劳动争议调解仲裁法》

编者的话

劳动是独立个体在社会中安身立命的社会性活动，涉及国家、劳动者、用人单位三方主体。国家通过立法活动，制定出一系列劳动法律规范；劳动者和用人单位在建立劳动法律关系后，需遵守劳动法律规范；国家通过不断健全劳动法律法规体系，为劳动者权益保护提供法律保障。

故事导入

保障劳动者合法权益，构建和谐劳动关系

刘某已年满18周岁，因学习成绩不理想，高中未毕业就步入了工作岗位。目前，刘某在一家超市从事后勤工作。因为学历低、年龄小，刘某经常被安排加班。刘某认为不合理，但又不知道该如何维护自己的合法权益。

故事分析：在我国，一般情况下，只有年满16周岁的人才能被称为劳动者。为更好地保障劳动者的权益，我国制定了一系列法律法规，从工时、工资、休息休假、劳动安全

等方面对劳动者进行保护。《中华人民共和国劳动法》《中华人民共和国劳动合同法》是劳动法律的典型代表。《中华人民共和国劳动法》第四十四条规定：工作日安排劳动者延长工作时间的，应支付不低于工资的150%的工资报酬。因此，针对频繁加班的情况，刘某可以向超市经营者主张加班费用。如果超市经营者拒绝支付，根据《中华人民共和国劳动法》第七十九条的规定，刘某可以向当地的劳动争议仲裁委员会申请仲裁，索要应得的加班费用。但是提起劳动仲裁，需要证明与用人单位存在劳动关系。刘某需要提供与用人单位签订的书面劳动合同；未签订书面劳动合同的，刘某需提供能证明与超市存在劳动关系的证据，如微信聊天记录、短信记录等。

最高法发布保护劳动者合法权益指导性案例

问题导入：认定劳动关系存在的主要依据是什么？签订劳动合同时需要注意哪些问题？

一、劳动法律关系的内涵

所谓关系，是指主体之间相互影响、相互作用的一种状态。我们所处的社会就是一个由各种社会关系交织所组成的整体。我们每个人从出生时起，就处在复杂的社会关系当中。以所处的领域来划分，有不同的社会关系表现。例如，在学校领域，主要的社会关系表现为师生关系、同学关系；在家庭领域，主要的社会关系表现为夫妻关系、父母子女关系、祖孙关系；而当大家走向工作岗位后，在工作领域，首先要面对的就是劳动关系。

所谓劳动关系，是指劳动者向用人单位提供劳动，双方签订劳动合同，从而在劳动者和用人单位之间产生的一种受法律保护的社会关系。劳动关系以劳动者提供劳动为基础，以用人单位为劳动者提供各种劳动条件为保障。劳动关系是生产关系的重要组成部分，是最基本、最重要的社会关系之一。但是现实生活中，劳动关系中存在着不少冲突，如拖欠职工工资、解雇处孕期的女职工等，这些都引发了劳动关系中不和谐的音符。因此，构建和谐劳动关系，是建设社会主义和谐社会的重要基础，是增强党的执政基础、巩固党的执政地位的必然要求，是坚持中国特色社会主义道路、贯彻中国特色社会主义理论体系、完善中国特色社会主义制度的重要组成部分，其经济、政治、社会意义十分重大而深远。如何才能让劳资双方携手合作，共同构建和谐的劳动关系呢（图2-3）劳动法律法规就为实现和谐的劳动关系提供了保障。劳动关系在法律上的体现就是劳动法律关系。

图2-3 劳资双方携手共建和谐劳动关系
（图片来源：沪拟强化劳动关系矛盾预防化解工作构建和谐稳定劳动关系.新民晚报，2017-04-29）

所谓劳动法律关系，是指劳动关系由劳动法律法规调整所形成的劳动者和用人单位之间的权利和义务关系。可以说，劳动关系与劳动法律关系相互依存。劳动关系是劳动法律关系产生的基础，劳动法律关系是劳动关系在法律上的体现。总体而言，可以从主体和内容两方面对劳动法律关系进行解读。

从主体方面来看，劳动法律关系涉及两方主体，即劳动者和用人单位。劳动者为用人单位提供劳动，用人单位为劳动者提供必要的劳动条件，并向劳动者支付工资报酬。从内容方面来看，涉及劳动者和用人单位双方各自的权利和义务。就劳动者而言，享有自由选择职业、获得劳动报酬、休息休假等权利；负有认真劳动、遵守劳动纪律等义务。就用人单位而言，享有符合特定条件情况下单方面解除劳动合同等权利；负有为劳动者提供必要的劳动条件等义务。

二、劳动法律关系的特点

劳动法律关系具有以下特点。

1. 劳动法律关系具有国家意志性

为了维护劳动秩序，为广大劳动者创造和谐的劳动环境，国家通过立法程序制定出劳动方面的法律法规，对劳动活动进行规制，这就形成了劳动法律关系。天平代表了公正的价值理念；法槌是法官在开庭审理案件时维护法庭秩序常用的工具，体现了严肃、有序的价值理念。法槌的每一次起落，既是为了维护法庭秩序，也是为正义保驾护航（图 2-4）。这都说明了国家对劳动活动的调节和规制，体现了国家意志性。

图 2-4　法槌起落　守护正义的天平

（图片来源：单位被"精神强制"索赔，被认定遭受胁迫，判处无罪．搜狐网，2020-11-04）

2. 劳动法律关系的主体具有平等性

劳动法律关系的主体包括劳动者和用人单位。《中华人民共和国劳动合同法》规定，订立劳动合同应当遵循平等自愿、协商一致的原则。由此可见，在签订劳动合同的过程中，劳动者和用人单位的地位是平等的，双方在不违反《中华人民共和国劳动合同法》规定的前提下，就与劳动合同相关的问题进行充分协商，沟通一致后，双方再行签订劳动合同。劳动合同签订的过程就体现了劳动法律关系的主体具有平等性。

3. 劳动法律关系的主体具有从属性

劳动者和用人单位之间存在管理和被管理的关系，此处的从属性体现为人格上的从属性和经济上的从属性。人格上的从属性是指劳动者需要遵守用人单位的各项管理制度，如考勤制度，如果违反相关规定，将受到用人单位的相应处罚。经济上的从属性是指劳动者通过劳动从用人单位获得报酬，如果失去劳动报酬，将影响劳动者的正常生活。

> **思 考 题**
>
> 劳动法律关系主体的平等性和从属性是否存在冲突？

三、规范劳动法律关系的法律规范

为了更好地保障劳动者的合法权益，我国制定了一系列的法律规范。总体来说，规

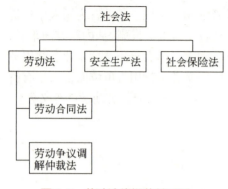

图 2-5 劳动法律规范关系图

范劳动者合法权益的法律部门属于社会法。社会法是指规定劳动关系、社会保障、特殊群体权益保障、社会组织等方面的法律规范的总和。为了更好地保护劳动者的合法权益，我国社会法法律部门从劳动合同、安全生产、社会保险、劳动争议解决等方面对劳动法律关系进行了相应规范（图 2-5）。这些法律规范的具体内容和关系如下。

（1）《中华人民共和国劳动法》是我国规范劳动活动的一般性法律，其效力具有普遍性，规定了有关劳动的一般事项。

（2）在劳动合同方面，劳动合同是劳动关系的核心，《中华人民共和国劳动合同法》是在《中华人民共和国劳动法》的基础下，就用人单位和劳动者订立、履行、变更、解除和终止劳动合同制定的法律规范。如果说《中华人民共和国劳动法》是母法，那么《中华人民共和国劳动合同法》就是子法。

（3）在劳动争议解决方面，调解和仲裁是解决劳动争议的两个主要程序，《中华人民共和国劳动争议调解仲裁法》就《中华人民共和国劳动法》中的调解和仲裁程序作了专门规定，是对《中华人民共和国劳动法》中劳动仲裁规定的延伸。

（4）在安全生产方面，劳动安全事关劳动者的生命和健康。《中华人民共和国安全生产法》对生产经营单位的安全生产保障，劳动者的安全生产权利、义务，生产安全事故的应急救援与调查处理等作了规定。

（5）在社会保险方面，为了给劳动者提供基本养老、基本医疗、工伤、失业、生育等保险，我国专门制定了《中华人民共和国社会保险法》，就上述内容进行了详细规定。

思考题

如何理解《中华人民共和国劳动法》是母法，《中华人民共和国劳动合同法》是子法？

话题讨论： 通过本节的学习，请指出你对劳动法律关系哪方面的规定最感兴趣？

第二节 劳动条件与劳动权益保护

用人单位必须为劳动者提供符合国家规定的劳动安全卫生条件和必要的劳动防护用品，对从事有职业危害作业的劳动者应当定期进行健康检查。

——《中华人民共和国劳动法》

不得安排女职工在怀孕期间从事国家规定的第三级体力劳动强度的劳动和孕

期禁忌从事的劳动。对怀孕七个月以上的女职工，不得安排其延长工作时间和夜班劳动。

——《中华人民共和国劳动法》

近年来，平台经济迅速发展，创造了大量就业机会，依托互联网平台就业的网约配送员、网约车驾驶员、货车司机、互联网营销师等新就业形态劳动者数量大幅增加，维护劳动者劳动保障权益面临新情况新问题。为深入贯彻落实党中央、国务院决策部署，支持和规范发展新就业形态，切实维护新就业形态劳动者劳动保障权益，促进平台经济规范健康持续发展，经国务院同意，现提出以下意见：一、规范用工，明确劳动者权益保障责任；二、健全制度，补齐劳动者权益保障短板；三、提升效能，优化劳动者权益保障服务；四、齐抓共管，完善劳动者权益保障工作机制。

——《关于维护新就业形态劳动者劳动保障权益的指导意见》

编者的话

安全、必要的劳动条件是劳动者开展工作的基础和前提。随着社会的发展，劳动者的劳动权益保护意识逐渐增强。为劳动者提供开展工作所需的劳动条件，既是用人单位的义务，也是劳动者享有的权利。

故事导入

试用期满后被无故辞退该如何维权？

张某到 A 公司工作，双方约定试用期为 3 个月。在试用期结束时，张某未收到公司的辞退通知。因此，张某认为自己已经顺利通过了试用期。但是，在试用期满后的十余天后，张某收到了 A 公司的辞退通知。张某因此提起劳动仲裁，要求 A 公司支付赔偿金。劳动仲裁委员会支持了张某的诉求。A 公司对仲裁裁决不服，起诉到法院。法院经过审理，支持了张某的诉求。

故事分析：试用期是用人单位对劳动者的各项条件进行考察的期限，法律规定试用期的目的是给用人单位和劳动者一次双向选择的机会。即在试用期内，劳动者可以随时通知用人单位解除劳动合同；用人单位也可因劳动者不符合录用条件与劳动者解除劳动合同。本案例中，A 公司与张某明确约定试用期为 3 个月。在 3 个月试用期内，A 公司并未提出与张某解除劳动合同，而是在 3 个月试用期结束后才提出张某考核不合格。这种做法违反了《中华人民共和国劳动法》的规定。当用人单位违反了劳动法律规定的方式和程序，与劳动者解除劳动合同的，应当向劳动者支付赔偿金。

试用期如果不满意，用人单位可以随时解除劳动合同吗？

新时代劳动教育
——"劳动精神 工匠精神 劳模精神"教程

问题导入： 用人单位应为劳动者提供哪些劳动条件？劳动者依法享有哪些权益？

一、劳动条件

1. 劳动条件的含义

顾名思义，劳动条件是指劳动者在劳动过程中，用人单位为其完成工作任务提供的场所、设备、人员、休假等方面的支持。为劳动者提供必备的劳动条件是用人单位的义务，劳动者也可以在用人单位未提供时，要求用人单位提供与其工作内容相匹配的劳动条件。

2. 劳动者享有的劳动条件

关于劳动者应具体享有哪些工作条件，法律并未一一规定。这是因为，在当前社会，工作种类繁多，法律无法也不可能将所有工种需要的工作条件一一进行规定。《中华人民共和国劳动法》和《中华人民共和国劳动合同法》是规制劳动关系的主要和核心法律。关于劳动条件，这两部法律就以下几方面作了规定。

在安全生产方面，《中华人民共和国劳动法》第五十二条、第五十四条规定了用人单位在安全卫生、劳动保护方面应提供的劳动条件：用人单位必须建立、健全劳动安全卫生制度。例如，在日常的工作场所，预防火灾是用人单位一项重要的安全生产责任。用人单位应当就火灾制定相应的应急预案，组织全员进行防火演练，并定期对防火设备的安全性、有效性进行检查（图2-6）。用人单位必须向劳动者提供符合国家规定的劳动安全卫生条件和必要的劳动防护用品，对从事有职业危害作业的劳动者定期进行健康检查。

图 2-6　安全防火，人人有责

（图片来源：山东劳动职业技术学院官网，2021-11-16）

在特殊群体保护方面，《中华人民共和国劳动法》第六十条规定：不得安排女职工在经期从事高处、低温、冷水作业和国家规定的第三级体力劳动强度的劳动。这是针对女职工特殊的生理构造，法律向用人单位提出的在特殊时期对女职工劳动条件的要求。

在工作时间和休息休假方面，《中华人民共和国劳动法》第三十六条至四十条作了规定。根据该法规定，劳动者每天的工作时间不超过8小时，平均每周的工作时间不超过44小时。安排劳动者加班的，延长当日工作时间的，应至少支付150%的工资报酬；在休息日又不能补休的，应至少支付 200% 的工资报酬；在法定节假日，应至少支付 300% 的工资报酬。这是对劳动者工作时间方面的劳动条件的规定。

典型案例

劳动者签订的放弃加班费的协议无效

张某入职某公司后，在签订劳动合同时，公司要求其签订了一份协议作为劳动合同的附件。协议内容为：张某自愿加入公司奋斗者计划，放弃加班费。半年后，张某离职时，向劳动人事争议仲裁委员会提出仲裁申请，要求公司向其支付加班费。劳动人事争议仲裁委员会最终支持了张某的仲裁申请，裁决认定放弃加班费的协议无效。

案例分析：加班是劳动者在工作过程中经常遇到的情况。由于与用人单位存在人格上的从属性，面对加班的情况，即使劳动者不情愿，也只能默默承受。那么这种迫于无奈的"免费加班"是否合法？（图 2-7）显然，答案是否定的。学习了本部分的内容后，希望大家能逐渐培养自己的维权意识，敢于和违反法律规定的行为做斗争，我国的相关法律规定就是广大劳动者最坚实的后盾。

图 2-7 免费加班是否合法
（图片来源：搜狐网，2021-08-25）

本案的焦点在于：签订了放弃加班费的协议后，能否再主张加班费？答案是肯定的。《中华人民共和国劳动合同法》第二十六条规定，用人单位排除劳动者权利的劳动合同无效或部分无效。本案中，用人单位就是以签订放弃加班费协议的方式排除了劳动者休息和获得劳动报酬的权利，属于《中华人民共和国劳动合同法》第二十六条规定的情形，因此，该协议无效。

延伸阅读

了解加班的补偿方式

劳动者与用人单位就解除或者终止劳动合同办理相关手续、支付工资报酬、加班费、经济补偿或者赔偿金等达成的协议，不违反法律、行政法规的强制性规定，且不存在欺诈、胁迫或者乘人之危情形的，应当认定有效。

前款协议存在重大误解或者显失公平情形，当事人请求撤销的，人民法院应予支持。
——《最高人民法院关于审理劳动争议案件适用法律问题的解释（一）》第三十五条

用人单位应当严格执行劳动定额标准，不得强迫或者变相强迫劳动者加班。用人单位安排加班的，应当按照国家有关规定向劳动者支付加班费。
——《中华人民共和国劳动合同法》第三十一条

首先，劳动者在休息日或法定休假日加班的，并非只有支付加班费这一种补偿方式。劳动者可以优先选择调休，不能调休的，才适用"在休息日加班又不能补休的，应至少支付200%的工资报酬；在法定节假日加班的，应至少支付300%的工资报酬"的规定。

其次，《最高人民法院关于审理劳动争议案件适用法律问题的解释（一）》第三十五条中提到了劳动者与用人单位在解除合同时，关于签订的加班费协议的两种情况。

（1）有关加班费的协议不违反法律、行政法规的强制性规定，也不存在欺诈、胁迫、乘人之危的情况。例如，甲是乙公司的员工，与乙签订了有关加班费的协议：甲在休息日加班，公司向其支付200%的工资报酬；在法定节假日加班，公司向其支付300%的工资报酬。该协议内容符合《中华人民共和国劳动法》第三十六条的规定，应属于有效。

（2）劳动者迫于无奈签订了放弃加班费的合同，这种情况在实践中经常遇到。用人单位可能并没有实际行动上的威胁，但放弃加班费的协议明显是不公平的，此时，劳动者依然可以主张该协议无效。

思考题

如果你在工作中遇到了用人单位超出法律规定要求加班的情况，该如何做？

二、劳动权益保护

1. 劳动者享有的劳动权益

《中华人民共和国劳动法》规定了劳动者享有的劳动权益，主要包括以下几方面。

（1）平等就业的权利。即劳动者就业不应当受到民族、性别、宗教信仰等的歧视。实践中，侵犯劳动者平等就业权利的情况多发生在女性求职者身上。例如，有些用人单位将普通工作岗位的招聘条件限定为：只招收男性；有些用人单位在面试过程中，询问女性求职者是否已婚、已育，有的甚至要求女性求职者在入职后几年内不得生育。这些都是对女性求职者平等就业权利的侵犯，违背了男女平等就业的法律规定（图2-8）。

（2）取得劳动报酬的权利。即劳动者取得劳动报酬应遵循按劳分配原则，同工同酬。实践中，最常见的情况就是拖欠劳动者工资，而受害最广的群体就是农民工。"农民工讨薪难"曾一度成为社会

图2-8 男女就业平等任重道远
（图片来源：腾讯网，2022-01-16）

的热点话题。

> **典型案例**
>
> ### 拒不支付劳动报酬入刑
>
> 胡某分包了某施工工程,在收到发包人支付的工程款后,不向民工支付劳动报酬。胡某在所在县的人力资源和社会保障局责令其支付拖欠的工资后逃匿。随后,公安机关对胡某进行立案侦查,胡某被判处拒不支付劳动报酬罪。
>
> **案例分析**:胡某拖欠民工工资的行为,侵犯了民工获得劳动报酬的权利。但仅仅拖欠行为还不构成刑法上的犯罪。那么到底是什么行为导致胡某被判刑呢?关键在于其经政府有关责任部门(人力资源和社会保障局)责令其支付后仍不支付。
>
> 根据《中华人民共和国刑法》第二百七十六条之一的规定:有能力支付劳动者的劳动报酬而不支付,数额较大,经政府有关部门责令支付仍不支付的,构成拒不支付劳动报酬罪。由此可见,行为人有能力支付劳动报酬而不支付,拖欠的数额达到较大标准(五千元至一万元以上),且经政府有关部门责令支付仍不支付的,即可构成拒不支付劳动报酬罪。

> **思考题**
>
> 我国将拒不支付劳动报酬的行为入刑,体现了何种价值理念?

(3)获得劳动安全卫生保护的权利。即用人单位要建立、健全劳动安全卫生制度,为劳动者提供劳动安全设施和必要的防护用品,防止劳动者在劳动过程中受到伤害。这是对劳动者的尊重,也是对劳动者负责的表现。

(4)享有社会保险和福利的权利。即劳动者在退休、患病、负伤、因公伤残或患职业病、失业、生育时,依法享受社会保险待遇。社会保险具有国家强制性,是劳动者依法享有的一种福利,用人单位应当为劳动者办理相应的社会保险。但是,实践中,确实存在有些用人单位不为劳动者办理社会保险的情况。对于正在求职的毕业生来说,如果遇到这种用人单位,应当毫不犹豫地将其排除在候选名单之外。对于已经入职的劳动者,建议运用法律武器维护自身的合法权益。

> **典型案例**
>
> ### 用人单位未依法为劳动者缴纳社会保险,应负赔偿责任
>
> 朱某在某私企工作,该企业没有为朱某缴纳社会保险。朱某入职后不久因摔伤住院,由此产生了医疗费用,朱某以用人单位未为其缴纳社会保险,导致其无法享受城镇职工医疗保险待遇为由,要求用人单位赔偿损失。
>
> **案例分析**:根据《中华人民共和国劳动法》第七十三条的规定,用人单位应当为劳动者按时足额缴纳社会保险。实践中,社会保险都是按月缴纳。享受社会保险是劳动者的权利,也是用人单位的义务。用人单位未给劳动者缴纳社会保险,导致劳动者损失的,用人

> 单位应当承担赔偿责任。因此，本案中，法院判决用人单位赔偿朱某的保险待遇损失符合法律规定。

（5）享有接受职业培训的权利。即劳动者在走向工作岗位之后，国家依法保障其享有接受职业培训的权利。结束学业、走出校园，并不意味着学习的结束。在工作岗位上需要大家学习的事项很多。有些知识甚至是从未学习过的。作为一名合格的劳动者，应积极接受职业培训。这项权利是"终身学习"理念在劳动领域的体现。

（6）享有休息休假的权利。即法律依法保障劳动者休息休假的权利，从而让劳动者能够更好地投入工作。该条是《中华人民共和国宪法》第四十三条在劳动法律中的贯彻和体现。享有休息休假权不仅是让劳动者获得身体上的休整，也能够满足劳动者的心理和精神需求，让劳动者有时间兼顾家庭和自我提升，从而丰富劳动者的生活。

（7）享有提起劳动争议的权利。即劳动者对于与用人单位发生的劳动纠纷，可以协商，也可以依法申请调解、仲裁、提起诉讼。法律赋予劳动者选择劳动争议解决方式的权利，协商主要是劳动者和用人单位双方解决劳动争议的活动，而调解、仲裁和诉讼都有第三方的参与。在实践中，调解、仲裁和诉讼更受劳动者的欢迎。因为这三种方式有公正的第三方的介入，更有利于纠纷的解决。

2. 如何捍卫劳动权益

随着我国法治建设的推进和国民素质的提高，劳动者们越来越重视自身的劳动权益。越来越多的劳动者开始关注劳动法律法规，并在遇到劳动纠纷时寻求法律帮助。而对于不了解法律的劳动者来说，都存在共同的困惑：不了解自己存在哪些潜在的劳动风险；在遇到劳动争议时不知所措。产生这种情况的根本原因在于劳动者缺乏最基本的劳动法律意识。因此，这里提供一些劳动法律建议和增强自身法律意识及知识的途径。

（1）劳动者的劳动法律建议

① 劳动者在入职用人单位时，一定要签订书面劳动合同。如果当时未签订，用人单位必须自用工之日起一个月内和劳动者签订书面劳动合同。超过一个月但不满一年，没有与劳动者签订书面劳动合同的，用人单位需向劳动者每月支付二倍的工资。

② 变更劳动合同，应当采用书面形式。如果口头变更劳动合同，且已经履行变更的劳动合同超过一个月的，变更后的劳动合同不违反法律法规、公序良俗的，变更后的劳动合同有效。

③ 劳动合同的必备条款有：用人单位的名称、住所、法定代表人信息，劳动者的姓名、住址、身份证号码，劳动合同的期限，工作内容和工作地点，工作时间和休息休假，劳动报酬，缴纳社会保险的情况，劳动条件和劳动保护，劳动合同终止的情形，违约责任。

④ 劳动合同签订后，用人单位以劳动者能力差为由擅自变更劳动者岗位，又无证据证明的，劳动者有权要求按照原岗位履行劳动合同。

⑤ 用人单位应当为劳动者缴纳社会保险。如果用人单位未缴纳的，劳动者有权要求用人单位缴纳。如果劳动者因用人单位未为其缴纳劳动保险而遭受损失的，劳动者有权要求用人单位赔偿损失。

⑥ 用人单位录用女职工时，不得在劳动合同中规定限制女职工结婚、生育的内容。

⑦ 不满 16 周岁的未成年人不得从事个体经营活动。

⑧ 即将毕业的大专院校学生求职，用人单位明知其为在校学生，与其签订劳动合同，发放劳动报酬的，该劳动合同有效。

⑨ 在试用期内，除劳动者存在不符合录用条件、违法违规、不能胜任工作等情形外，用人单位不得解除劳动合同。

⑩ 试用期的工资数额并不是用人单位"一言堂"，应当不低于用人单位最低档工资或劳动合同约定工资的 80%，也不得低于用人单位所在地最低工资标准。

（2）劳动者增强自身法律意识和知识的途径

① 阅读与劳动权益保护有关的法律法规条文，例如，《中华人民共和国劳动法》《中华人民共和国劳动合同法》《中华人民共和国劳动争议调解仲裁法》《中华人民共和国社会保险法》《中华人民共和国安全生产法》《中华人民共和国工会法》等。

② 如果觉得法律条文太枯燥，可以借助电视媒体，如 CCTV12 社会与法频道的"法律讲堂"和普法栏目剧。这些媒体资源以故事的方式，生动形象地向人们讲述了基础法律知识。

③ 如果想要快速、简洁地获得法律对某一类案件、某一时间的裁判结果，可以访问专门的法律网站，如北大法宝网、中国裁判文书网都是不错的选择，可以让你以最快的速度了解相关法律事件的裁判结果。

思考题

你认为哪种获取劳动法律知识的方式最高效？

话题讨论： 作为即将步入社会的劳动者，如果将来遇到劳动纠纷，你会选择哪些途径来维护自身的合法劳动权益？

第三节 劳动争议调解与仲裁

> 要创新和谐劳动关系体制机制，加快和谐劳动关系制度建设，重点健全劳动合同制度、集体协商和集体合同制度、协调劳动关系三方机制、劳动关系矛盾调处机制。
>
> ——全国构建和谐劳动关系先进表彰会相关论述
>
> 发生劳动争议，当事人不愿协商、协商不成或者达成和解协议后不履行的，可以向调解组织申请调解；不愿调解、调解不成或者达成调解协议后不履行的，可以向劳动争议仲裁委员会申请仲裁；对仲裁裁决不服的，除本法另有规定的外，可以向人民法院提起诉讼。
>
> ——《中华人民共和国劳动争议调解仲裁法》

新时代劳动教育
——"劳动精神 工匠精神 劳模精神"教程

编者的话

在劳动关系方面，出现各种各样的矛盾在所难免。为了构建和谐、稳定的劳动关系，我国在解决劳动争议方面有多种方式，主要有当事人自行协商、调解、仲裁、诉讼四种方式。它们构成了劳动争议的解决体系，对和谐劳动关系体制的建立具有重要作用。

故事导入

劳动纠纷诉前化解

邢先生曾是浙江省嘉兴市某工厂员工，在去公司办理离职手续时与公司工作人员发生肢体冲突，造成邢先生骨折和软组织挫伤。邢先生因此花费医疗费1万余元，与公司就医疗费用产生争议。于是，邢先生申请了劳动仲裁，并获得支持。但公司并没有按照仲裁裁决履行义务。于是，邢先生向法院申请诉讼。因诉讼周期较长，他在法院开庭之前来到秀洲区调解工作室求助。经调解员多次调解，邢先生与公司达成和解。邢先生随即向法院提交了撤诉申请书。

故事分析：调解是解决劳动争议的方式之一。目前，法院案多人少的矛盾十分突出，诉讼的经济成本和时间成本较高。而与之相比，调解的时间成本和经济成本都较低，从高效解决纠纷的角度出发，调解与诉讼相比，具有一定的优势。

问题导入：劳动争议的解决途径有哪些？如何看待这些途径？

一、劳动争议调解

1. 劳动争议调解的含义

劳动争议调解是指当劳动者和用人单位出现劳动争议时，由第三方介入进行居中调和，从而促使劳动者与用人单位化解纠纷的一种争议解决方式。这里的第三方可以是用人单位成立的劳动争议调解委员会，即在职工代表大会领导下成立的，由用人单位职工代表、行政代表、工会组成的，调解用人单位内部劳动争议的群众性组织；可以是基层人民调解组织，还可以是乡镇、街道设立的具有劳动争议调解职能的组织。

2. 劳动争议调解的特点

（1）劳动争议调解需遵循平等、自愿、民主协商的原则。调解不是解决劳动纠纷的必经程序，是否接受调解，需尊重当事人的意愿。在劳动争议双方平等、自愿的基础上，劳动争议调解才能开展。

（2）劳动争议调解的机构具有特定性。根据《中华人民共和国劳动争议调解仲裁法》的规定，劳动争议调解的机构包括三类，即用人单位成立的劳动争议调解委员会、基层人民调解组织，以及乡镇、街道设立的具有劳动争议调解职能的组织。

（3）劳动争议调解的事项具有特定性。即并不是所有的劳动争议都适用于劳动争议调解，《中华人民共和国劳动争议调解仲裁法》第二条就此作了专门规定，具体而言，劳动争议调解适用于没有劳动合同时，确认劳动关系发生的争议；有劳动合同时，各项权利、义务发生的争议。

> **典型案例**
>
> **劳动争议调解快速化解劳动纠纷**
>
> 　　李某在大学毕业之前在 A 公司实习。实习协议中约定 A 公司将在李某实习结束后与之签订正式劳动合同。2012 年 7 月李某毕业后，要求与 A 公司签订劳动合同，A 公司一直没有兑现，但李某毕业后一直在 A 公司上班。2012 年 11 月初，李某未办理任何手续离开了 A 公司。随后 A 公司做出了解除和李某劳动关系的决定。但因李某 9 月、10 月未领取工资，遂向当地劳动仲裁委员会提起仲裁申请，要求 A 公司支付其 9 月、10 月的工资，以及自 2012 年 8 月至 10 月的双倍工资。
>
> 　　**案例分析**：本案是一起因未及时签订书面合同引发的劳动争议案件。与其他案件不同的是，本案中，A 公司并没有否认与李某的劳动合同关系，A 公司作出解除与李某劳动关系的决定，说明 A 公司承认与李某的劳动关系，因此，A 公司应当向李某支付 9 月、10 月的工资。本案问题的焦点在于应否向刘某支付双倍工资和支付双倍工资的时间范围。根据《中华人民共和国劳动合同法》的规定："用人单位自用工之日起超过一个月不满一年未与劳动者订立书面劳动合同的，应当向劳动者每月支付二倍的工资。"李某自 2012 年 7 月入职以来，A 公司一直未与其签订书面劳动合同，符合该条的规定，因此，李某有权要求 A 公司支付自用工之日起超过一个月不满一年时间内的双倍工资，即 8—10 月的双倍工资。
>
> 　　此案的价值在于彰显了劳动争议调解的便捷性和快速性上。在纠纷产生后，A 公司迅速成立了调解小组，成员也具有劳动法律知识。在商讨了案情后，调解小组立即得出了上述结论。与其通过仲裁程序解决，考虑到时间成本，不如通过劳动争议调解的方式解决纠纷。于是，在调解小组的主持下，劳动者和用人单位达成了和解，劳动者的诉求得到了满足，纠纷得以顺利解决。这体现出掌握基本劳动法律知识的重要性。同时，通过企业内部的劳动争议调解解决纠纷，也避免了占用公共司法资源，避免了司法资源的浪费。

> **思考题**
>
> 劳动争议调解具有哪些优点和不足？

二、劳动仲裁

1. 劳动仲裁的含义

劳动仲裁是指由劳动争议仲裁委员会根据当事人的申请，组成劳动争议仲裁庭，对劳动争议作出裁决的一种法律制度。劳动仲裁是解决劳动争议使用得最多的一种争议解决方式。劳动仲裁委员会不是司法机关，也不是行政机关，是独立于前两者的非营利性事业单位法人。劳动仲裁制度设置的初衷是在司法程序之外,为纠纷的解决提供一条路径,为司法机关分流诉讼压力,同时提高纠纷解决的效率。

2. 劳动仲裁的特点

(1) 劳动仲裁具有及时性

及时性体现了劳动仲裁的时效性。《中华人民共和国劳动争议调解仲裁法》第四十三条第一款规定,一般的劳动争议案件,劳动仲裁庭应当自劳动争议仲裁委员会受理仲裁申请之日起 45 日内裁决。而人民法院审理一审普通案件的审理期限是 6 个月。和诉讼的审理期限相比,劳动仲裁审理期限短得多,体现了劳动仲裁的及时性。

(2) 劳动仲裁具有专业性

根据《中华人民共和国劳动争议调解仲裁法》第二十条的规定,只有符合一定条件的人员才能够担任仲裁员,例如,曾经担任过审判员;律师执业满 3 年等。而相比之下,劳动争议调解中调解人员的专业性有待提升。例如,用人单位成立的劳动争议调解委员会中的调解人员不要求具有法律专业背景,这就使用人单位成立的劳动争议调解委员会的调解在专业性程度上稍有逊色。

(3) 劳动仲裁裁决具有强制执行力

此处的强制执行力是指劳动仲裁庭通过审理作出的仲裁裁决,当事人一方如果不履行的,另一方可以向人民法院申请强制执行。为什么作出如此规定呢?这与劳动仲裁的专业性息息相关。由于劳动仲裁的仲裁员具有严格的任职条件,法院对于劳动仲裁裁决的有效性予以肯定。法院对于当事人一方不履行仲裁裁决,另一方向法院提出的强制执行申请予以支持,也有助于提高劳动仲裁的效率。

典型案例

"权利不用,过期作废"

杨某是某公司员工,2015 年 7 月 31 日,该公司以经济性裁员为由,解除了与杨某的劳动合同。杨某当时未提出异议,并签收了《解除劳动合同证明》。2017 年 9 月,杨某向劳动仲裁部门申请仲裁,要求该公司支付经济补偿金。

案例分析:本案的案情非常简单。根据《中华人民共和国劳动合同法》第四十一条、第四十六条的规定,用人单位以经济性裁员为由与劳动者解除劳动合同的,应当向劳动者支付经济补偿。本案中的杨某享有请求经济补偿的权利。

但根据《中华人民共和国劳动争议调解仲裁法》第二十七条第一款的规定:"劳动争议申请仲裁的时效期间为一年。仲裁时效期间从当事人知道或者应当知道其权利被侵害之日起计算。"根据该规定,杨某应当在 2016 年 7 月 31 日前提起仲裁申请。但是其未在法定的期限内行使自己的权利。有一句法律谚语:"权利不用,过期作废。"它是为了提醒权利的享有者提早行使权利,不要躺在权利上睡大觉。超过法定期间不行使权利的,将承担权利无法实现的法律后果。因此,劳动仲裁庭以杨某的请求超过时效为由,不予受理杨某的仲裁申请。

> **思考题**
>
> 请举例说明"权利不用,过期作废"这句法律谚语。

三、劳动争议调解、劳动仲裁和诉讼的区别

当劳动者遇到劳动争议而与用人单位沟通无果时,可以诉诸三种方式:调解、仲裁、诉讼。那么,这三种方式存在哪些显著的不同之处呢?

(1)法律效力不同。如前文所述,经过劳动争议调解达成的调解协议,全靠劳动者和用人单位的自觉履行,但是,其不具有强制执行的效力;而劳动仲裁所作出的仲裁裁决和通过诉讼得到的法院判决则具有强制执行的效力。

(2)适用顺序不同。争议双方可以一开始就选择调解,调解成功后,争议得到顺利解决;劳动争议的双方也可以不经过调解,或者争议经过调解没有得到解决的,当事人需先提起劳动仲裁,只有对仲裁裁决不服时,才能提起诉讼。也就是说,劳动争议双方可以不经过劳动争议调解,而直接进行劳动仲裁;劳动仲裁是解决劳动争议的必经程序和前置程序,不经劳动仲裁而直接提起诉讼的,人民法院不予受理;而诉讼是解决劳动争议的最终且非必经程序。因为有些劳动争议经过劳动仲裁已经得到解决,争议双方对于仲裁协议无异议,履行了仲裁协议的,就没有必要再向法院提起诉讼。

由此可见,调解、仲裁、诉讼三者的关系如图 2-9 所示。

图 2-9 劳动纠纷化解流程

> **延伸阅读**
>
> **认识"劳动仲裁前置程序"**
>
> 随着我国法治社会建设的不断推进,人们的法律意识不断增强。在遇到民事纠纷的时候,当事人不再惧怕打官司,更多的人会选择诉讼的方式来解决纠纷。即一般的民事纠纷,当事人可以直接向法院提起诉讼,法院进行审理,居中裁决。
>
> 劳动争议纠纷也属于民事纠纷的范畴。但与其他民事纠纷不同的是,产生劳动争议纠纷后,当事人并不能直接向法院提起诉讼。法律对此规定了劳动仲裁前置程序。《中华人民共和国劳动法》第七十九条规定:"劳动争议发生后,当事人可以向本单位劳动争议调解委员会申请调解;调解不成,当事人一方要求仲裁的,可以向劳动争议仲裁委员会申请仲裁。当事人一方也可以直接向劳动争议仲裁委员会申请仲裁。对仲裁裁决不服的,可以向人民法院提起诉讼。"根据该条规定,我国解决劳动纠纷的基本路径为:调解——仲

裁——诉讼。在这一纠纷解决路径下，调解不是必经程序，当事人不经调解或者调解不成的，需先向劳动争议仲裁委员会申请仲裁，通过仲裁程序获得仲裁裁决书或者不予受理通知书后，当事人一方仍不满意的，才能向法院提起诉讼，否则法院将不予受理。

我国法律规定劳动仲裁前置制度的原因主要有以下几方面。

（1）是中国古代"无讼"理念的具体体现。中国古代的法律文化秉持"贵和持中、贵和尚中"的文化理念，即我们通常所说的"以和为贵"，追求一种"无讼"的和谐社会状态。劳动仲裁前置制度避免了劳动纠纷争议双方将纠纷直接诉至法院，以劳动争议仲裁委员会仲裁的方式来平息纠纷，有利于缓和争议双方的对立情绪，在诉讼之前将纠纷化解，从而实现"无讼""息讼"。

（2）是基于劳动者和用人单位从属关系的制度选择。劳动者对用人单位具有人格上的从属性和经济上的从属性，这就导致在面临劳动争议时，劳动者往往不愿意与用人单位闹得太僵。本着既不闹上法庭，又能解决问题的目的，劳动仲裁前置制度是一个不错的选择。

（3）有利于发挥劳动争议仲裁委员会的专业优势。劳动争议仲裁委员会专司劳动争议纠纷处理，且仲裁员有严格的任职条件。《中华人民共和国调解仲裁法》第二十条第二款规定了仲裁员的任职条件，仲裁员需满足下列条件之一：曾任审判员；从事法律研究、教学工作并具有中级以上职称；具有法律知识、从事人力资源管理或者工会等专业工作满五年；律师执业满三年。由此可见，劳动争议仲裁委员会具备解决劳动争议的基础设施条件和人员条件。

（4）能够有效减轻法院的工作压力。目前，我国基层法院的工作压力大，等待审判的案件数量多，且法院的审理周期长于劳动仲裁审理的周期，设立劳动仲裁前置制度不仅有利于劳动纠纷的及时解决，更分流了案件，在一定程度上减轻了法院的工作压力。

但是，任何制度都不是完美无缺的。劳动仲裁前置制度在施行过程中也存在不足之处，这就需要在司法实践中不断完善我国的相关法律制度，让法律更好地服务人民。

话题讨论：请阐述劳动仲裁前置有何意义？

第四节　实习就业常见法律问题解读

　　就业是最大的民生工程、民心工程、根基工程，是社会稳定的重要保障，必须抓紧抓实抓好。

——2018年习近平总书记在中央经济工作会议时强调

模块二　劳动安全与法律法规

> 我们要建设的中国特色社会主义法治体系，必须是扎根中国文化、立足中国国情、解决中国问题的法治体系，不能被西方错误思潮所误导。
>
> ——习近平：《坚持走中国特色社会主义法治道路，更好推进中国特色社会主义法治体系建设》

编者的话

就业是民生之本，也是社会中的每一个个体需要面对的事情。由于个体的法律知识有限，在实习就业过程中会遇到各种各样的法律问题。随着中国特色社会主义法治体系建设的不断推进，个体的法律意识也在不断增强。但同时也应注意，随着社会的发展，新的就业形态不断产生，我国有关就业方面的法律也需要不断完善。因此，我们应保持时刻学习的姿态，关注劳动法律法规的新发展，以更好地维护自身合法的劳动权益。

本节从劳动者实习就业中常见的法律问题入手，对其中涉及的基础法律问题进行阐述和分析，希望能给广大读者提供法律上的指引。

典型案例

令人迷惑的"实习"

甲和乙是好朋友，两人都是法律专业的学生。甲今年大学毕业，找到了一份在A律师事务所的工作，目前是一名实习律师。乙目前大三在读，他利用暑假时间在B律师事务所实习。

两人实习的性质是否相同？他们与两家律师事务所是否存在劳动关系？

案例分析：甲、乙两人听上去都是在律师事务所工作，也都在实习，但是此实习非彼实习。这就需要对所谓的"实习期"进行解读。通常，我们所说的实习期分两种情况。

第一种情况，行为人通过参加各种招聘活动入职一家用人单位，根据实习单位的管理规定，实习单位给予实习人员一定的时间，让其熟悉专业工作。在这种情况下，实习人员与实习单位签订了劳动合同，实习单位需要支付报酬，只不过因为实习人员处于熟悉业务阶段，劳动报酬和实习单位的其他人员相比略低，但不得低于当地的最低工资标准。此即《中华人民共和国劳动合同法》上的"试用期"，此时，实习人员与实习单位之间存在劳动关系。

第二种情况也是较为常见的情况。在校生为了增长实践经验、接触社会，在校期间进行社会实践，比如在大三期间进行的实习。在这种情况下，由于在校的大学生不存在《中华人民共和国劳动法》上的主体资格，实习人员和实习单位之间并不签订劳动合同。实践中，在校大学生在学校实习期间都会与实习单位签订《实习协议》。该协议在性质上不属于劳动合同，协议双方不存在劳动关系，只存在合同关系。如果产生争议的，适用《中华人民共和国民法典》，而不适用《中华人民共和国劳动合同法》。

> **思考题**
>
> 请阐述实习期包括的两种情况以及它们的性质。

典型案例

三方协议是劳动合同吗？

小丙马上就要大学毕业了，他通过招聘活动找到了一份在某企业的工作。小丙根据学校和企业的安排，签订了三方协议。小丙回到宿舍骄傲地说："终于找到工作了，可以高枕无忧了！"

请从法律的角度分析小丙的话是否正确？签订了三方协议是否等同于签订了劳动合同？

案例分析：三方协议是指毕业生、用人单位和学校，在毕业生毕业之际，为了解决其户籍、档案等问题所签订的书面合同。劳动合同是指劳动者和用人单位就双方的权利和义务所签订的合同。从概念来看，二者有相似之处，但又不相同。

从主体来说，三方协议涉及毕业生、用人单位和学校三方主体，而劳动合同涉及劳动者和用人单位两方主体。

从签订的时间来说，三方协议的有效期是自签订之日起到毕业生到用人单位报到时止，三方协议只是表明毕业生存在到用人单位就业的意向。毕业生前往用人单位报到的时候，双方签订劳动合同时，三方协议即失效。自劳动合同签订之日起，劳动者和用人单位才正式建立劳动关系。

本案例中，小丙认为签订了三方协议就等于找到了工作的想法是不正确的。这也告诉大家，在就业求职的路上一定要谨慎，不能想当然，要踏实地走好每一步。

> **思考题**
>
> 概括三方协议与劳动合同的不同之处。

典型案例

如何理解企业录用通知书的法律意义？

小丁 6 月大学毕业后在一家广告公司工作，但他对现有的工作不满意，一直通过各种招聘活动应聘新的工作。6 月 16 日，小丁接到了某企业的录用通知书（offer），薪资待遇都十分优厚。Offer 载明：本录用要约在 6 月 18 日前确认有效。小丁收到 offer 后大喜，直接辞去了现在的工作。

企业的 offer 有何法律意义？小丁辞职的行为是否存在风险？

案例分析：录用通知书是用人单位向求职者发出的同意其入职的书面文件。法律并没有对录用通知书的性质做出明确规定。根据理论划分，录用通知书属于《中华人民共和国民法典》上的要约。何为要约？通俗地说，就是想要和他人缔结合同的意思表示。例如，商场橱柜里摆放的商品、街上散发的商品销售的宣传单就属于要约。显而易见，消费者如果不去商店里购买橱柜里的商品，消费者和商店就不会形成买卖合同关系。也就是说，只有要约无法成立合同。那么如何才能成立合同关系呢？需要受要约人作出承诺。消费者到商店里购买橱柜里商品的行为就是承诺。由此可以，要约发出后，受要约人承诺后才能够与要约人建立合同关系。

求职者的目的是与用人单位签订劳动合同。用人单位向求职者发出的录用通知书就是同意求职者入职的要约，求职者在录用通知书规定的时间内向用人单位表示同意入职的，就是承诺。自此，用人单位和求职者受录用通知书的内容约束，需要按照录用通知书的要求完成入职的一系列手续。但录用通知书并不等同于劳动合同，劳动者仍然需要同用人单位签订劳动合同。

在本案例中，小丁收到某企业录用通知书后，首先应明确自己的入职意向。如果想要入职的，应按照录用通知书的要求回复用人单位，这样才构成承诺。录用通知书才对用人单位和小丁发生效力。其次，小丁再向现工作单位辞职。因此，小丁贸然辞职是有风险的。如果公司没有在录用通知书约定的时间内承诺，录用通知书将对其失效，而小丁又辞去了现有的工作，会使自己处于被动的境地。

思考题

请阐述录用通知书具有哪些效力。

典型案例

学历造假能否蒙混过关？

小戊想应聘 B 公司的工作，但是他在学历上不符合 B 公司的要求。于是，小戊伪造了学历，并在应聘时虚构了工作经历。结果，小戊顺利地被 B 公司录取。3 个月后，B 公司发现小戊学历造假，解除了与小戊的劳动合同。

B 公司的做法是否违反劳动法律法规？

案例分析：《中华人民共和国劳动合同法》第三条规定，订立劳动合同，应当遵循诚实信用原则。

小戊伪造学历和工作经历的行为违背了诚实信用原则。《中华人民共和国劳动合同法》第二十六条第一款明确规定，以欺诈手段使对方在违背真实意思的情况下订立劳动合同的，劳动合同无效或者部分无效。B 公司如果在应聘时知道小戊的学历和工作经历是伪造的，不会与其签订劳动合同。《中华人民共和国劳动合同法》赋予了用人单位在一定条件下享有单方解除合同的权利，条件之一就是以欺诈手段使对方在违背真实意思的情况下订立劳动合同。所以，B 公司以小戊学历造假为由，解除了与小戊的劳动合同，符合法律规定。

小戊的案例也提醒大家：当前社会是一个信用社会，个人信用至关重要。大家在求职、工作过程中要严格要求自己，不要作出有损个人信用的行为。

> **思考题**

请举例说明应聘中学历造假的法律风险。

典型案例

劳动者的"双倍工资"求偿权

小己于 2020 年 7 月到 C 公司工作，C 公司一直未与其签订劳动合同。2021 年 5 月，小己从 C 公司辞职。至此时，C 公司仍未与小己签订书面劳动合同。随即小己提起劳动仲裁，要求 C 公司向其支付双倍工资。

小己的诉求能否得到支持？

案例分析：在校生将来都会成为劳动者，应当首先树立签订劳动合同的意识。劳动合同是劳动关系存在的证明，更是对劳动者权益的保障。《中华人民共和国劳动合同法》第十条第一款规定：建立劳动关系，应当订立劳动合同。但是实践中，由于法律意识淡薄等原因，很多劳动者在入职时，没有与用人单位签订书面劳动合同。对此，《中华人民共和国劳动合同法》第十条第二款规定：已建立劳动关系，未订立书面劳动合同的，应当自用工之日起一个月内订立书面劳动合同。由此可见，法律给予了用人单位一个月的宽限期，让用人单位和劳动者签订书面劳动合同。如果用人单位没有在这个时间内与劳动者签订书面劳动合同，将承担一定的法律责任，承担法律责任的方式就是向劳动者支付二倍工资。

但是需要注意的是，"二倍工资"的适用是有时间范围的。《中华人民共和国劳动合同法》第八十二条第一款规定："用人单位自用工之日起超过一个月不满一年未与劳动者订立劳动合同的，应当向劳动者每月支付二倍的工资。"可见，支付"二倍工资"的时间范围是未签订劳动合同的第二个月起至第十二个月，共计 11 个月。在本案例中，小己可以主张"二倍工资"的时间范围应是 2020 年 8 月至 2021 年 7 月，因为小己于 2021 年 5 月辞职，所以，小己可以主张 2020 年 8 月至 2021 年 5 月的二倍工资。

> **思考题**

如果小己一直在 C 公司工作，其从 2021 年 8 月开始能否主张"二倍工资"，其权利如何保障？

典型案例

劳动者加班的权益保障

小庚在一家销售公司上班，劳动合同上约定了每天工作 8 小时，每周双休。但时至销售旺季，公司经常安排小庚在周末或节假日加班。

小庚该如何保障自己的劳动权益？

案例分析：《中华人民共和国劳动法》第三十六条规定：劳动者每日工作时间不超过八小时，平均每周不超过四十四小时。这就是我们常说的八小时工作制。但是在现实中，加班是劳动者都会面临的问题。面对加班，劳动者应该如何维护自身的合法权益呢？劳动者享有休息休假的权利，具体来说，劳动者享有周末休息和法定节日休假的权利。

就周末而言，《中华人民共和国劳动法》第三十八条规定："用人单位应当保证劳动者每周至少休息一日。"第四十四条规定：休息日安排劳动者工作又不能安排补休的，支付不低于工资200%的工资报酬。由此可见，劳动者在周末休息日加班的，用人单位应当首先安排劳动者补休，不能补休的，需向劳动者支付不低于工资200%的工资报酬。

就法定节日而言，法定节日包括元旦、春节、清明节、劳动节、端午节、中秋节、国庆节。《中华人民共和国劳动法》第四十四条规定：法定节假日安排劳动者工作的，支付不低于工资300%的工资报酬。与周末加班不同的是，法定节假日加班的，法律未做出补休的规定。因此，在法定节日加班的，一般不做补休安排。

本案例中，小庚在周末加班时，有权要求用人单位为其安排补休，补休的时间应当等同于加班的时间；无法补休的，用人单位应当向小庚支付不低于工资200%的工资报酬。在法定节日加班的，小庚有权要求用人单位向其支付不低于工资200%的工资报酬。

思考题

请举例说明劳动者周末加班时有哪些法律保障？

典型案例

延长试用期是否合法？

小庚于2022年3月入职D公司，并与D公司签订了书面劳动合同，劳动合同的期限是2022年3月1日至2025年6月30日，试用期为2个月。试用期结束时，D公司对小庚做出了"业务能力一般，工作积极性不高，试用期间迟到5次、早退6次"的评价。D公司决定延长小庚的试用期1个月。小庚本人表示同意。

D公司的做法是否合法？

案例分析：试用期是用人单位设置的，用以考察劳动者是否符合单位录用条件的期限。法律对试用期做出了明确的规定。《中华人民共和国劳动合同法》第十九条第一款规定："劳动合同期限三个月以上不满一年的，试用期不得超过一个月；劳动合同期限一年以上不满三年的，试用期不得超过二个月；三年以上固定期限和无固定期限的劳动合同，试用期不得超过六个月。"作如此规定的原因是，与用人单位相比，劳动者处于相对弱势的地位。《中华人民共和国劳动合同法》第二十条规定，劳动者试用期的工资不得低于本单位相同岗位最低档工资或者劳动合同约定工资的80%，因此，有些用人单位为了减少用人成本，恶意延长试用期。本案例中，小庚与D公司的合同期限为3年以上，D公司与小庚约定的试用期为2个月，没有超过6个月的上限，符合法律规定。

《中华人民共和国劳动合同法》第十九条第二款规定:"同一用人单位与同一劳动者只能约定一次试用期。"即用人单位不得随意延长试用期或者约定多个试用期。由此可见,为了保障劳动者的合法权益,法律对于试用期有严格的限制。但应当注意这样一种特殊情况:用人单位因劳动者在试用期内表现不佳,欲延长试用期,经劳动者同意,延长后总试用期未超出法定标准,且用人单位在延长的试用期间按照转正后的工资标准支付工资的,应当认定为合法。

思考题

请举例说明法律对试用期的规定有何意义?

典型案例

女职工的"三期"保护

小辛于2020年7月入职E公司,双方签订了书面劳动合同。2022年1月,小辛怀孕,因存在先兆流产迹象,医院建议小辛卧床休养。2022年7月,小辛遂向E公司提交了医院的诊断证明和请假条,单位未批准。2022年8月,E公司以小辛旷工为由,终止了与小辛的劳动合同。

E公司的做法是否合法?

案例分析:法律对于处于"三期"的女职工有特殊的保护。何为"三期"呢?即孕期、产期、哺乳期。《中华人民共和国劳动合同法》第四十二条规定:女职工处于孕期、产期、哺乳期时,用人单位不得因劳动者患病、经济性裁员等原因解除劳动合同。案例中,E公司在怀孕的小辛提供了医院诊断证明的情况下,不予准假的做法,侵犯了女职工的合法权益。对于怀孕的女职工,根据其身体状况,如果不适宜从事现有工作的,用人单位可以为其调换岗位,但是不能以此为由将其辞退。

但是,并不是说用人单位在任何情况下都不得解除与怀孕女职工的劳动合同。《中华人民共和国劳动合同法》第三十九条规定,劳动者存在试用期间被证明不符合录用条件;严重违反用人单位规章制度;严重失职、营私舞弊,给用人单位造成重大损失的;被依法追究刑事责任等六种情形的,用人单位可以解除劳动合同。这条法律规定也告诉大家,法律对处于"三期"的女职工进行特殊保护,但并不意味着"三期"的女职工可以任意妄为,仍然要在法律规定的框架内行事,否则就要承担相应的法律责任。

思考题

请陈述法律对于"三期"女职工进行特殊保护的法律意义。

话题讨论:请举例说明如何提高实习就业过程中的法律意识?

模块三

三种精神的实践养成与技能提升

马克思主义劳动观将劳动分为生产劳动和非生产劳动，相应地将劳动教育分为生产劳动教育和非生产劳动教育。《中共中央国务院关于全面加强新时代大中小学劳动教育的意见》将非生产劳动教育分为日常生活劳动和服务性劳动教育。前者注重在学生个人生活自理中强化劳动自立意识，体验持家之道，这也是学生健康发展、适应社会生活的重要基础。后者具有较强的时代特点，注重利用知识、技能、工具、设备等为他人和社会提供服务，强化社会责任，培养良好的社会公德。本模块主要介绍日常生活劳动、生产性劳动、服务性劳动的基本内容，结合实践讲授劳动方法，增强学生实践能力，体会责任意识和奉献情怀。

新时代劳动教育
——"劳动精神 工匠精神 劳模精神"教程

任务一 日常生活技能

学习目标

知识目标
（1）能合理制定一项生活劳动的实施步骤并执行。
（2）知晓提升日常生活劳动技能的方法与途径。
（3）能举例说明生活技能对大学生成长成才的作用和影响。

能力目标
（1）掌握并熟练运用至少三项家务劳动技能。
（2）参与至少一项校园生活劳动，提升团队协作能力。

素质目标
养成认真负责、持之以恒、珍惜劳动成果的品质。

行为养成目标
自觉自愿承担家务劳动；提升解决问题的能力和执行力。

第一节 家务劳动提升生活技能

诗词中的劳动一家亲

清平乐·村居
辛弃疾
茅檐低小，溪上青青草。
醉里吴音相媚好，知是谁家翁媪？

大儿锄豆溪东。中男正织鸡笼。

最喜小儿无赖,溪头卧剥莲蓬。

译文:草屋的茅檐又低又小,溪边长满了碧绿的小草。含有醉意的吴地方言,听起来温柔又美好,那满头白发的老人是谁家的呀?大儿子在溪水东面豆田锄草,二儿子正忙于编织鸡笼。最令人喜爱的是淘气的小儿子,他正横卧在溪头草丛,剥着刚摘下的莲蓬,如图 3-1 所示。

图 3-1　清平乐·村居

(图片来源:搜狐网,https://www.sohu.com/a/144448274_171387,2017-05-29)

编者的话

词人用朴实无华的词句描述了一家人共同参与家务劳作的场景,如锄豆、编织鸡笼,加上茅檐、小溪、青草、莲蓬这些农村常见的景物,一幅一家人和和美美、其乐融融的生活画面跃然纸上。全词通俗易懂,内涵丰富,具有浓厚的生活气息。

故事导入

做家务就是耽误学习?

一位"70 后"的孩子母亲告诉我,说她自己"是一个在溺爱中长大的女孩,在家里,由于母亲偏爱我,我要风得风,要雨得雨。但我两个哥哥的待遇就差远了,我干什么坏事,只要推到两个哥哥身上,他们准得挨一顿揍,成了我淘气的替罪羊。有一次我把碗摔碎了,我说是大哥,母亲二话不说就打大哥,大哥委屈得不得了,说是我,我却躺在地上哭着说哥哥冤枉我。还有,我在家从来不做家务,这是我母亲的教育理念,她认为小孩子只要学习好就行,家务不用学,长大自然而然就会干了。在母亲的教育下,长大后,我懒惰得什么都不想干，可是，学习成绩也不好，复读两年才考上一个专科学校……"

她说，我有时候也想帮母亲做家务，可是母亲总是说，"一边去，好好学习，闺女在家里就是要享福"，结果，我根本就不想学习。

（资料来源：田园泥土香教育.一位华裔母亲没有学历没有钱：为啥让孩子做家务就能培养两个高学历亿万富翁.2020-01-02.有删减.）

故事分析："孩子，你只要好好学习，家里什么活也不用你干"。这句话你是不是听得很耳熟？是不是也跟这位"70后"的母亲一样，被家长"好好学习就不用做家务"的错误教育理念所误导，对家务懒得做也不会做，学习也没有因为不做家务而有多少起色？其实，家务劳动与学习并不排斥。恰恰相反，做家务可以更有效地提升个人做事的条理性，培养责任心和同理心等。

问题导入：你在家里是否主动参与家务劳动？做家务就是耽误学习吗？你是否认可这样的观念？

一、家务劳动的概念

家是一个温馨的字眼。它经常被人们比喻成温暖的港湾。在这个港湾里，我们积蓄力量，一次次乘风破浪奔赴远方；在这个港湾里，我们舔舐伤口，在希望中迎接明天的太阳。一个舒适、整洁的家，离不开每一位家庭成员的共同努力。

家务劳动是家庭存续的重要方式，与每个家庭成员都有着密切联系。家务劳动是指家庭成员在日常的家庭生活中必须从事的一种无报酬劳动。最常见的家务劳动如清洁卫生、洗衣做饭、照顾老人孩子等。

在封建社会，讲究"男主外，女主内"。"男主外"就是男人参加社会工作，为家庭获取生存延续的各种资源，而"女主内"则是女人负责洗衣做饭、照顾老小、整理家务等琐事。女性的社会地位比较低，各种封建思想束缚着她们"大门不出，二门不迈"。女性的活动空间被限定在闺阁庭院之内，终日为整个家庭的生活起居而忙碌。女性所从事的家务劳动不被看重，其地位与价值也大打折扣。

现在"时代不同了，男女都一样"。"男主外，女主内"已不是天经地义的事情。时代在不断进步，男性和女性的地位会越来越平等，男性也越来越多地参与到家务劳动中，女性在工作岗位中也同等重要。

二、家务劳动的价值

洗衣做饭、收拾房间、照顾老人孩子的起居……这些重复、看上去没有技术含量的家务劳动是否能产生经济价值？全职主妇的家务劳动是否可以认为是理所应当？做家务获得劳务报酬是否合理？等等的问题，都是对家务劳动价值的思考。

与职业劳动不同，家务劳动不直接参与社会生产，因而看不到外显的经济价值。加之受到中国传统思想"男主外，女主内"的影响，家务劳动，特别是女性从事家务劳动得不到应有的尊重。

中华人民共和国成立后，夫妻平等参加社会工作、共同承担家务劳动的家庭越来越多，但总体上还是妻子承担家务劳动更多些，有的几乎是承担全部家务。家务劳动的繁重性与无偿性严重阻碍女性进入社会生产领域，限制女性的发展，并成为引发家庭矛盾的重要原因。

典型案例

《民法典》实施后，全职主妇（夫）家事劳务可补偿

张丽和李申在大学里相识相恋。2007年，毕业1年多后两人登记结婚。两人都是事业型，婚后初期，各自在工作中忙碌。儿子、女儿相继出生后，张丽只能放弃工作，一直在家照顾孩子和多病的婆婆，也同时照料李申的生活起居。而李申则一心放在事业上，事业一路高升。

自2015年开始，张丽发现李申对家庭的态度越发冷淡。每个月除了回来看望一下孩子，并给一些基本生活费以外，就很少回家了。张丽与李申多次争吵，并劝说他回家，但李申就是不肯。没过多久，李申以张丽不思进取、与自己性格不合，情感破裂为由，向张丽提出离婚。这让毫无经济来源，一心扑在家庭照料养育孩子的张丽心有不甘。她希望李申能够在分割财产方面按法律规定给予补偿，同时也对她这十多年来为这个家庭做的家务劳动进行补偿。

（资料来源：《民法典》实施后，全职主妇（夫）家事劳务可补偿（有删减）. 澎湃政务，2022-02-09.）

案例分析：本案例中的张丽为了使丈夫安心工作无后顾之忧，为了家庭的利益而放弃自己的事业和牺牲自己的发展机会，在家做全职主妇，全心照顾好孩子和老人。但等丈夫事业有成时，自己也已经跟社会脱节，与丈夫无共同语言，最终导致家庭的解体。这对夫妻的案例在当今社会也属于普遍现象。

随着女性受教育程度不断提高，越来越多的女性进入职场，能够独当一面，在社会经济活动中发挥着越来越重要的作用。家务劳动的价值才逐渐被人们所认识和重视。

根据马克思的劳动价值论，劳动分为具体劳动和抽象劳动。家务劳动兼具具体劳动和抽象劳动，因而它应该是有价值的，它创造的价值应和其他劳动价值一样都属于社会价值的一部分。

家务劳动是社会分工体系中的重要组成部分。家务劳动不仅具有经济价值，还具有促进家庭和睦、温馨、幸福等重要的精神价值。可以这样说，正是家务劳动让一个家庭称为"家"，因此每位家庭成员都应该参与其中，为家分担、为家做贡献。

思考题

家务劳动的经济价值如何核算？目前已有不少国家开始将家务劳动核算到GDP（国内生产总值），请查询一下相关资料，对你家庭所在地的家务劳动产生的价值进行核算。

三、家务劳动的益处

如今生活节奏很快,很多人把做家务当成一种负担,觉得是在浪费时间。有人认为洗洗涮涮、整理床铺、收拾房屋、买菜做饭等这些每天都要进行的家务劳动就是日复一日地重复劳作,没什么技术含量。殊不知,这些看似简单的劳动里蕴含着"大益处"。做家务有哪些益处?我们一一道来。

(一)锻炼身体和大脑,年老不容易跌倒

生命在于运动。运动可以是进行专门的体育锻炼,也可以是从事各项劳动。家务劳动的过程是肢体和大脑协同活动的过程。所以,家务劳动既能锻炼身体,又能锻炼大脑。

(1)做家务可以锻炼身体

做家务需要一直来回走动,锻炼身体的各个关节,比如扫地、拖地、叠衣服、洗碗等,都能让身体从中受益,尤其是对一些久坐的上班族来说,如果没有时间定期去健身房锻炼身体,在家里做一些家务劳动,既不浪费时间,也能给身体带来意想不到的锻炼效果。

表3-1列出了部分常见家务劳动与体育锻炼的热量消耗,可作为热量换算参考。进行家务劳动或运动的实际热量消耗,与体重、运动强度等相关。

表3-1 常见家务劳动与体育锻炼的热量消耗

分类	具体事项	时间/分钟	热量消耗/卡路里
家务劳动	扫地	15	60
	用吸尘器吸尘	30	120
	洗碗	15	45
	手洗衣服	60	190
	熨烫衣服	45	180
	收拾物件	10	30
体育锻炼(中等强度)	健步走	30	100
	慢跑	30	300
	骑自行车	30	180
	游泳	30	220

(2)做家务可以锻炼大脑

英国社会学家弗兰克·富里迪研究发现,家务劳动可以促进脑前额叶(prefrontal lobe)的发育。脑前额叶有什么作用?它负责大脑的理性思维、逻辑思维、情绪自控、判断力、决策力、延期满足的能力以及自我觉知的能力。这样我们就很容易理解为什么经常做家务的人记忆力都非常好,因为需要用大脑来统筹规划先做什么再做什么,需要的东西摆在哪里,等等。即便是轻松的家务活,也能延缓大脑的衰老。新加坡的一项研究也发现,家务活能让老年人记性和专注力好,双腿有力量,进而更能防跌倒。

（二）分工协作感情好，家庭和谐少不了

夫妻一起做家务，分工协作，不仅可以将环境打扫得更干净，还能够让妻子感受到丈夫的关爱，也可以给孩子树立一个很好的榜样，增进夫妻感情和亲子关系，促进家庭和谐。毕竟家务从来不是某一个人的事情，而是共同的责任，一定不能把所有的家务都交给某一方。

有网友这样描述每天最幸福的时刻，就是在家与丈夫一同做饭的时候。两人在厨房里，一个做，一个帮，轻松地聊着一天的见闻，交流着彼此的看法。而吃完饭，一个洗碗，一个在旁边收拾。一同做家务的时间，于他们而言，是夫妻交流的幸福时光。共担家务的夫妻，懂得关怀和体谅对方，也知道珍惜家庭的幸福。

> **典型案例**
>
> **家务是压垮情绪的最后一根稻草**
>
> 刚结婚不到半年的琪琪闹着要回娘家，说是日子没法过了。说起来不是什么大事。周末琪琪加班，等她拖着疲惫的身体回到家时，迎接她的是一个脏乱不堪的家：客厅沙发上胡乱堆着换下来的脏衣服，地板上还躺着两只卷成团的袜子。餐桌上摆放着包装袋和用完的碗筷。进了厨房，因头天晚上停水没洗的碗筷还在水池里干巴巴地堆着，满溢的垃圾筒上是刚啃完的西瓜皮。看着斜歪在沙发上打游戏的丈夫，琪琪的火一下子就起来了。
>
> 丈夫觉得琪琪真是小题大做，不就是没收拾家吗。两人大吵一架后，琪琪回了娘家。其实，这次事件只是让琪琪情绪崩溃，压垮她的最后一根稻草而已。平日里两人工作都忙，每当琪琪忙于家务时，看到丈夫悠闲地躺着就生气。小两口经常因家务琐事而发生口角。
>
> **案例分析：**我们不愿意去整理房间可能源于幼年时期对父母依赖的家庭影响，知道一定有人替自己收拾，因此能偷懒就偷懒。等结婚生子后，这种偷懒依赖的观念又转嫁到伴侣身上，家务矛盾日益凸显，甚至会导致一个家庭的解体。事实上家务的分担，直接影响着婚姻的幸福程度。共同分担家务，是两个人相互体谅、关怀对方的表现。珍惜家庭，应从共同分担家务劳动开始。

（三）换位思考懂感恩，长大成才担大任

柴米油盐也是一种不可或缺的成长和修行。没有经历过劳动磨炼的孩子往往不能懂得劳动果实来之不易。整天梦想轻轻松松赚大钱，瞧不起体力劳动，总想不劳而获等不良的心理品质，通常都可以直接或间接从缺少劳动教育找到根源。

国外某大学一项长达20年的研究表明，爱做家务的孩子跟不爱做家务的相比，就业率为15∶1，收入比为6∶5，而且前者婚姻更幸福。中国教育科学研究院也曾对北京、黑龙江、江西和山东四地的两万名小学生进行过调查，结果发现，做家务的孩子比不做家务的孩子成绩优秀的比例高出了27倍。因为做家务并不只是简单的"干活"，同时也是交叉学科的知识融合、理论与实践的融合、探索与创造的融合，是一种触类旁通的学习方式。在劳动期间，可以运用到数学、物理、化学、美学等学科知识，培养人的逻辑思维、想象力、创造力等多

方面能力。这说明热爱家务劳动的孩子动手能力、服务意识、性格习惯和创新能力都很优秀。

典型案例

2019年一篇华裔贫民妈妈靠家务劳动培养出了两个亿万富翁儿子的报道火遍全网。她的大儿子毕业于耶鲁，在攻读物理和心理学的同时创建了Twitch。2014年，Twitch以9.7亿美元的价格出售给亚马孙。二儿子创办了研发自动驾驶汽车的Cruise公司。2016年，通用汽车以超过10亿美元的现金和股票收购了该公司。即便是家里"最不起眼"的小儿子，也是一位出色的软件工程师。这妥妥的是"别人家的孩子"。别人家的孩子如此优秀的秘诀是什么呢？媒体在采访大儿子和二儿子时，他们均把自己的成功归于小时候母亲让自己做家务。是妈妈的"家务教育法"让他们学会了如何创办和管理公司。

（资料来源：头条@藤博士留学.华裔贫民妈妈养出了两个亿万富翁，靠的竟是"家务教育法".2019-05-09.）

案例分析：精于学习，疏于劳动，兜兜转转，孩子买单。家长对孩子幼时参与家务劳动的热情"用凉水浇灌"，等孩子长大了却生出"为什么孩子长大了反而越来越懒了"的困惑？究其原因，是家长剥夺了孩子在劳动中获得成就感与快乐的机会，包办除学习以外的一切事务，培养出一个个"饭来张口，衣来伸手"的"巨婴"。父母不在身边时，吃苦的自然就是孩子了。

热爱劳动是中华民族的优秀传统，绵延至今。"民生在勤，勤则不匮"。劳动是财富的源泉，也是幸福的源泉。不论年龄大小、男女老少，都是重要的家庭成员，在家庭中都有他要承担的责任，而承担家务、打扫房间则是最好的方式。只有通过家务劳动，才能懂得父母或伴侣日常生活的不易，才能懂得他人付出的辛苦，才能懂得体谅他人。

本节设计了一项"'断舍离'整理术"劳动任务，帮助大家在劳动过程中感受生活的美好，提升取舍的智慧以及生活的技能。快去动手试一试，亲身感受一下劳动带来的成就感吧！

延伸阅读

劳动课程上热搜词条

2022年4月，教育部正式印发《义务教育课程方案》，将劳动课程从原来的综合实践活动课程中完全独立出来，并发布《义务教育劳动课程标准（2022年版）》。

方案指出，2022年9月1日秋季开学起，劳动课将正式成为中小学的一门独立课程（图3-2）。劳动课程内容共设置十个任务群，每个任务群由若干项目组成。其中，日常生活劳动包括清洁与卫生、整理与收纳、烹饪与营养、家用器具使用与维护四个任务群；生产劳动包括农业生产劳动、传统工艺制作、工业生产劳动、新技术体验与应用四个任务群；服务性劳动包括现代服务业劳动、公益劳动与志愿服务。

对于这一新方案的推出，不少"70后""80后"网友直呼："比我们小时候的劳动课内容还丰富""我都不会修家电""是不是可以'啃娃'了""不用总点外卖了，孩子回家自己做饭"……可见，这才是真正意义上的劳动技能课，不仅仅是干一些体力活儿，而是真正的生存技能、生活技能的学习。

模块三 三种精神的实践养成与技能提升

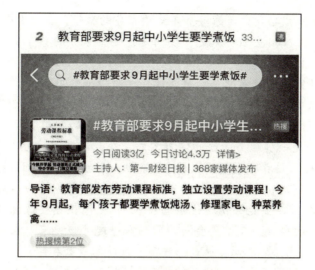

图 3-2 劳动课程上热搜

此次"劳动课"的改革方案出台，仅仅是一次简单的教育改革吗？事实上，这背后饱含深意。

技能型社会，地基已开挖？

随着我国技能型社会的战略定位，对于年轻一代来说，学习能力与生活技能的平衡，就越来越重要，甚至"平衡"已成为中国教育改革的底层逻辑，包括学科人才与技能人才的平衡，已经成为人才打造的大势所趋；加强国人对于工作与生活平衡的意识，创造更平衡、和谐、幸福的社会环境。当下中国教育的目标是要在2035年建成技能型社会，而劳动课就是技能培养的基础。

责任感教育：扼杀"巨婴"

在中国已经开始步入老龄化社会的背景下，在国家大力鼓励生育的国家战略之下，为什么当下中国结婚率、生育率依然连创历史新低？除了教育成本、生活压力和工作压力等显而易见的客观问题外，还有一个隐性的原因就是，女性的结婚意愿开始降低。

当下，一部分女性干脆就选择单身，"我又能赚钱，又懂生活，为什么要为家庭所累？不如一个人过得精彩、惬意"。特别是，中国式"巨婴"现象，也让更多人选择成为"不婚族"或"丁克族"，而这样的选择无疑会加重中国社会老龄化的负担。

因此，要让更多年轻人有结婚意愿的前提，除了客观的社会因素外，其中一个重点就是男性和女性家庭角色上的平等——双方共同承担家务，共享共担权利和义务。

有专家提出：男性的责任感、付出精神才是关乎家庭幸福的关键。家务劳动不是夫妻哪一方的独角戏，而是夫妻双方共同的责任。家务只有男女平等共担，家庭才能更和谐，也更符合法治精神。

做家务：不可或缺的成长和修行

哈佛大学曾在1938年做过一项研究，历经76年对268名哈佛大学大二学生和456名波士顿贫民窟家庭的孩子进行跟踪调研，以找出幸福的人有哪些共性。这项研究在职业成功方面的一个结论引人关注：一个人能否取得成功，并不在于其童年学了多少知识，而在于家长让他们从小做那些看上去细小琐碎，甚至没有用的事情。其中，从小做家务的孩子，在职业生涯中多数更加成功。爱干家务和不爱干家务的孩子,在长大之后就业率为15∶1,犯罪率则是1∶10,收入相差20%。更重要的是,爱干家务的孩子长大后家庭更加幸福,离婚率更低,心理也更健康。

中国教育科学研究院也曾对北京、黑龙江、江西和山东四地的2万名小学生,进行过调查,结果发现,做家务的孩子比不做家务的孩子,成绩优秀的比例高出了27倍。因为做家务并不是在简单地"干活",在这个过程中,是交叉学科的知识融合、理论与实践的融合、探索与创造的融合,是一种触类旁通的学习方式。在劳动期间,可以运用到数学、物理、化学、美学等学科知识,培养人的逻辑思维、想象力、创造力等多方面能力。

正如一位教育专家所说:儿童的智慧在他的手尖上。家务能力锻炼有益于孩子智力的开发,甚至能够发现他们的特长。"现代教育要教会孩子三大本领:一是会自己学习,二是要会与不同的人一起共事,三是在任何环境下都能生存。"因此,柴米油盐也是一种不可或缺的成长和修行。

劳动课升级为中小学独立课程

(资料来源:不要小看"劳动课",爱做家务的孩子,职业生涯更成功.中外管理,2022-05-25.有删减.)

话题讨论: 你小时候上过"劳动课"吗?印象深刻的课程项目有哪些?

第二节 学校生活劳动提升责任意识

校园中的劳动必修课

2020年3月,中共中央、国务院发布《关于全面加强新时代大中小学劳动教育的意见》(以下简称《意见》),就全面贯彻党的教育方针,加强大中小学劳动教育进行了系统设计。《意见》要求,根据各学段特点,在大中小学设立劳动教育必修课程,系统加强劳动教育。大中小学每学年设立劳动周,可在学年内或寒暑假自主安排,以集体劳动为主。

2020年7月,教育部印发《大中小学劳动教育指导纲要(试行)》(以下简称《指导纲要》)。《指导纲要》明确提出职业院校开设劳动专题教育必修课,不少于16学时,主要围绕劳动精神、劳模精神、工匠精神、劳动组织、劳动安全和劳动法规等方面设计。

2020年9月,教育部等九部门发布《职业教育提质培优行动计划(2020—2023年)》(以下简称"行动计划")。"行动计划"指出,将劳动教育纳入职业学校人才培养方案,设立劳动教育必修课程,统筹勤工俭学、实习实训、社会实践、志愿服务等环节系统开展劳动教育。

模块三　三种精神的实践养成与技能提升

编者的话

　　劳动教育是新时期党对教育的新要求,在大中小学设立劳动教育必修课程,是中国特色社会主义教育制度的重要内容,意义重大。从加强劳动教育,到劳动教育成为必修课,能够有力地纠正劳动教育被淡化、弱化的趋势,有利于劳动教育落到实处。

故事导入

三个和尚

　　从前有座山,山里有座庙,庙里住着个穿红色衣服的小和尚。他每天挑水、念经、敲木鱼,给菩萨案桌上的净水瓶添水,夜里不让老鼠来偷东西,生活过得安稳自在。

　　不久,又来了个穿蓝色衣服的高个子和尚。他一到庙里,就把半缸水喝光了。小和尚叫他去挑水,高个子和尚心想,一个人去挑水太吃亏了,便要小和尚和他一起去抬水。两个人只能抬一只桶,而且水桶必须放在担子的中央两人才心安理得,这样总算还有水喝。再后来,又来了个穿黄色衣服的胖和尚。他也想喝水,但缸里没水。小和尚和高个子和尚叫他自己去挑。胖和尚挑来一担水,立刻独自喝光了。

　　从此三个和尚谁也不挑水,不挑水就没水喝。大家各念各的经,各敲各的木鱼,菩萨面前的净水瓶也没人添水,花草都枯萎了。夜里老鼠出来偷东西,三个和尚谁也不管,老鼠变得更猖狂,跳上案桌打翻了烛台,燃起大火。三个和尚这才一起奋力救火。大火扑灭了,他们也觉醒了。

　　故事的最后,三个和尚通过合作的方式非常轻松地从山上打到了水。胖和尚体力好,负责在河边把水桶装满,小和尚体力小,负责转动定滑轮将水桶拉到山顶,高和尚腿长负责把水运到庙里。三个和尚的合作很好地解决了三人没水喝的问题。

　　故事分析:"一个和尚挑水吃,两个和尚抬水吃,三个和尚没水吃。"(图3-3)三个和尚为什么没水喝?因为他们都不想出力,只想享受他人的劳动成果,又不想承担责任,于是就在取水的问题上互相推诿。结果谁也不去取水,以致到最后大家都没水喝。这情景是不是像极了大学宿舍里因为该谁打扫卫生而相互推诿,最后导致宿舍又脏又乱?

图3-3　三个和尚

　　问题导入:你在宿舍里是否主动打扫卫生?你们宿舍是否制定了宿舍公约,有明确的值日分工?

新时代劳动教育
——"劳动精神 工匠精神 劳模精神"教程

一、学校生活劳动的概念

学校生活劳动是指学生在校园内开展的日常性劳动,比如打扫宿舍和教室卫生、维护校园公共区域整洁、校园绿化养护等。

每年的金秋九月,都会有成千上万的学子离开"小家"奔赴学校的"大家庭"。他们漫步在美丽的校园里,听着鸟语闻着花香,深吸一口,奋力奔跑去追寻青春的梦想。整洁的广场,干净的楼道令人心旷神怡。

校园里的一草一木、一舍一楼,皆包含着你看得见或者看不见的劳动付出,校园的整洁需要大家的共同维护。

拿宿舍举例。宿舍是集体生活的地方,宿舍卫生自然也要大家一起来打扫。一些会做家务、勤快的同学自然没有问题,宿舍的卫生打扫起来并不难。可宿舍中总有几个不会做家务或者比较懒惰的人,在家里都没做过就别说宿舍了。更让人无语的是,这些从来不打扫宿舍卫生的人每次出门前却把自己打扮得光鲜亮丽。时间久了,宿舍成员间的矛盾就会以其他形式爆发出来。

> **典型案例**
>
> **宿舍矛盾激发违法事件**
>
> 小张(化名),男,20岁,一名大三学生,性格孤僻内向,与同学小李(化名)、小王(化名)3人同住A栋6楼。一开始小张不满意小李和小王经常晚上在宿舍打游戏、抽烟,且不爱打扫卫生,影响自己休息,但是敢怒不敢言,只能默默忍受。可是时间长了,小李和小王变本加厉,开始孤立小张,且经常在宿舍电费用完时让小张去交,让他一个人承担电费。
>
> 小张心生怨气,长期无法宣泄,终于激化成违法行为。在2018年11月某天凌晨三四点,小张盗取小李电脑一台,并与自己的电脑一起藏在隔壁宿舍进门处的柜子里(隔壁宿舍学生全部离校实习,宿舍已搬空,门没锁),让人误以为自己的电脑也被盗。
>
> 当天凌晨五点多,小李发现电脑不见立即报警,警察介入。后经辅导员调查,电脑被找到,小张也承认电脑是自己偷的,随即被派出所认定取保候审。后经检查机关深入调查,考虑到小张即将毕业,认错态度良好,且小李在其诚恳的道歉下决定不追究其法律责任,判定对小张不予上诉。
>
> (资料来源:高校辅导员联盟.工作案例 | 构建和谐寝室人际关系——宿舍矛盾激发违法事件.搜狐,2020-09-28.)
>
> **案例分析**:因个人不良生活习惯而导致舍友之间关系不和,进而产生矛盾甚至上升到违法事件的案例不在少数。这些行为的背后透露出的是自律意识、责任意识、包容意识以及团队意识的缺乏。大学宿舍关系实际上是一个人步入社会之前的试验场,而从事校园生活劳动恰恰是一种培养责任意识、团队意识,提升人际关系处理能力以及解决问题能力的好途径。

二、学校生活劳动的原则

（一）责任到人要明确，分工合作话共赢

学校生活劳动可以很好地培养学生分工合作的能力，培养责任意识和团队意识。因为学校生活重在"集体"二字，这就决定了很多活动靠单打独斗是无法高效完成的，需要大家各司其职，紧密合作，实现共赢。

《三个和尚》的故事结尾就体现出了合作共赢的社会价值观。小和尚虽然聪慧，但他的力气却是最小的。高个子和尚虽然沉稳，但他一个人的力量也是有限的。胖和尚憨厚老实，但遇事不知道变通。他们每个人都有自己的缺点，但合在一起，却能很好地相互弥补。所以，懂得合作、善于合作，才能实现共赢。实现共赢的前提是分工明确，公开透明，避免"责任分散效应"。

典型案例

责任分散效应

1964 年 3 月 13 日凌晨 3 时 20 分，在美国纽约郊外某公寓前，一位叫朱诺比白的年轻女子在结束工作回家的路上遇刺。当她绝望地喊叫："有人要杀人啦！救命！救命！"听到喊叫声，附近住户亮起了灯，打开了窗户，凶手吓跑了。当一切恢复平静后，凶手又返回作案。当她又叫喊时，附近的住户又打开了电灯，凶手又逃跑了。当她认为已经无事，回到自己家上楼时，凶手又一次出现在她面前，将她杀死在楼梯上。在这个过程中，尽管她大声呼救，她的邻居中至少有 38 位到窗前观看，但无一人来救她，甚至无一人打电话报警。这件事引起纽约社会的轰动，也引起了社会心理学工作者的重视和思考。人们把这种众多的旁观者见死不救的现象称为责任分散效应。

责任分散效应也称为旁观者效应（图 3-4），是指对某一件事来说，如果是单个个体被要求单独完成任务，责任感就会很强，会做出积极的反应。但如果是要求一个群体共同完成任务，群体中的每个个体的责任感就会很弱，面对困难或遇到责任往往会退缩。这

图 3-4　责任分散效应
（图片来源：搜狐网）

种现象不能仅仅说是众人的冷酷无情，或道德日益沦丧的表现。因为在不同的场合，人们的援助行为确实是不同的。当一个人遇到紧急情况时，如果只有他一个人能提供帮助，他会清醒地意识到自己的责任，对受难者给予帮助。如果他见死不救会产生罪恶感、内疚感，这需要付出很高的心理代价。而如果有许多人在场，帮助求助者的责任就由大家来分担，造成责任分散，每个人分担的责任很少，旁观者甚至可能意识不到自己也有责任，从而产生一种"我不去救，由别人去救"的心理，造成"集体冷漠"的局面。

（资料来源：广东省教师考试.教综实验——责任分散效应.搜狐网，2020-07-31.有删改.）

案例分析：责任分散效应简单地说就是："大家做等于别人做，别人做等于我不做"。"一个和尚挑水吃，两个和尚抬水吃，三个和尚没水吃"。这句话就是责任分散效应的表现。当责任分散在群体中时，群体中的每个人都会选择"不作为"，而期望别人多承担些责任，也就有了"人多不负责，责任不落实"的现象。

思考题

结合实际生活，你还能列举出哪些"责任分散效应"的例子？

我们来看这个例子：如果教师对全班学生说"今天把教室卫生打扫一下"，结果可能是所有人都听到了，但是所有人也都没听到。教师检查教室卫生发现没打扫干净进行追责时，每个在场的学生都能找到很好的理由为自己开脱，因为此时责任被分散了。在这个过程中有一部分积极的学生会认真干活，但是总有少数学生坐享其成，甚至风言风语，最后整个集体的风气都被破坏了，做事效率也慢慢变得低下，没有人再愿意主动承担。大家一副"事不关己，高高挂起"的姿态。

那么该如何打破责任分散效应在校园生活劳动中的影响呢？首先就是明确分工，责任到人。具体到人，具体到事，每个人负责哪件事必须要明确。

（二）规章制度要完善，奖罚分明顾大局

做事要有规章制度，把要求和标准放在做事之前。无论是宿舍公约、团队规则，还是校纪校规、国家法规，"没有规矩不成方圆"。对于一个集体而言，要想避免责任分散效应，提高成员的工作效率就应该落实奖惩制度，对于积极承担责任、出色完成工作的成员应该给予适当的奖励。这样可以形成积极进取的团队氛围，让成员积极地完成自己的工作。

典型案例

赏罚分明

赏罚分明是一则成语，意为依功行赏，论罪责罚，处理得清清楚楚，形容处理事情严格而公正。语出自东汉·班固《汉书·张敞传》："敞为人敏疾，赏罚分明，见恶辄取，时时越法纵舍，有足大者。"

> 晋文公打下了卫国和曹国，以前逃难时候所受到的那口气总算出了。大家都挺痛快。赵衰提醒晋文公，说："大丈夫有怨报怨，可别忘了有恩报恩哪。"晋文公可不是忘恩负义的人，虽说他记仇人比记恩人记得更清楚些。这会儿听到赵衰的话，就说："当然，当然，请问报谁的恩？"赵衰说："当初主公不是说过吗，要是您能够回到晋国，必定报答僖大夫的情义。"晋文公急着说："哎呀，真的，他在哪儿啊，怎么曹国大夫的名单上没有他呢？"细一追究，才知道僖负羁被革了职，这会儿住在北门，做了老百姓了。晋文公立刻下令保护北门。他要报恩，就得像个样儿。接着又下了一道挺厉害的命令，说："不论谁，若是碰了僖家的一根草，就有死罪！"城里留下一部分人马，他自己回到城外大营里去了。
>
> 　　魏犨和颠颉两个人听到了这道命令，心里挺不服气。于是，想把僖负羁捉出来杀了。魏犨和颠颉偷偷地跳上屋去，不料屋瓦一塌，人便翻下来，跟着一根大梁压住魏犨的胸膛。幸好颠颉赶到，才将他救了出去。晋文公知道这件事，认为两人不听他的号令，擅自行动，要杀魏犨和颠颉的头。大臣赵衰觉得不妥，便对晋文公说："他们都立了功，杀了太可惜吧。"
>
> 　　晋文公说："功是功，过是过，赏罚必须分明。"他又说："魏犨看来是残废了，就杀了他吧。"
>
> 　　赵衰说："让我去看看，如果没有残废，还是让他戴罪立功吧。"赵衰走后，晋文公便下令杀了颠颉。
>
> 　　魏犨听说赵衰来看他，便忍着痛楚，爬起来装着没什么事的样子迎接赵衰。赵衰问他觉得怎么样，魏犨一口咬定说没什么，说着还施展功夫，跳上屋去又跳下来。赵衰回去报告了晋文公。
>
> 　　晋文公说："他没残废是好事，但他犯法却不能不办。"便下令革去他的军职，叫他戴罪立功。上下三军全知道了国君赏罚分明，谁也不敢擅自行动了。
>
> （资料来源：赏罚分明的典故.学习鸟，2022-06-28.）
>
> **案例分析：**赏是为了激励，罚是为了警醒。有功不赏会让那些积极做事的人寒心；有错不罚则助长了那些偷奸耍滑、糊弄做事的人的气焰。因此，一个公平公正、赏罚分明的团队氛围有助于凝聚成员形成最大合力，提高团队战斗力，最终实现目标。

思考题

你的宿舍有"宿舍公约"吗？看完上面的讲解，你们的公约里还有哪些可以完善的地方？如果还没有制定"宿舍公约"，不妨就从此刻开始，与舍友们一起协商制定吧。记得制定时要分工明确、责任到人、奖惩得当。

三、学校生活劳动的意义

学校生活劳动能培养责任意识、团队精神，提升管理能力。作为一种集体劳动形式，必然会有负责人，比如教师可能会安排班级委员、劳动小组长等，以此锻炼学生的管理能力。这些负责人可以从劳动中学习如何管理团队成员，在劳动中合理分配其他成员，并对其劳动成果进行评价。

"管理的最高境界是让被管理者成为管理者"。学校生活劳动正是通过劳动发现和培养学生自主管理的能力。无论是管理者还是服从者，通过集体劳动可以感受到责任赋予的成就感以及团队协作的重要性，从而调动其劳动的积极性，让他们觉得做这件事是为了自己做的，自己是有责任做好的。

学校生活劳动可以增加认知，正确理解劳动的精神。通过参加学校生活劳动，学生可以体会到劳动不只是简单的打扫卫生，而是从劳动实践中感悟劳动教育的意义，进一步理解劳动精神。劳动是一切幸福的源泉。只有正确理解劳动的精神，才能真正理解生活中的一切美好事物。劳动是生活的关键，也是创造美好生活的唯一途径。

某职业学院在"劳动教育周"中组织学生参加校园公共区域卫生清扫活动（图3-5）。参加劳动的学生在采访时普遍认为，平日里没有注意到干净整洁的校园背后有那么多人付出辛勤的劳动，通过自己亲身参与才发现这样的环境来之不易。捡拾散落在路面的垃圾、清除花坛中肆意生长的野草，学习使用锄头、劳动时做好安全保护等，想要把这些琐碎的工作做好并不容易，需要以一丝不苟、认真负责的态度去完成。看到通过自己双手的劳动收获干净整洁的校园环境时，同学们对劳动有了更深刻的认识，也对人生有了更加深入的思考。学校生活劳动对大学生而言，有着非常重要的意义。

图3-5　某职业院校学生在劳动教育周进行校园公共区域卫生清扫

（拍摄：成军、马丹丹）

劳动不仅仅是学校的一门必修课，更是人生的一门必修课，它的独特之处在于每个人自身对它的感受认知。在一步步的劳动中，人们才能找到生命存在的最基本意义。

本节设计了一项记录"'劳动教育主题周'工作日志"的劳动任务，帮助大家学会科学记录每天的学习、生活、工作等事项，掌握工作日志记录方法，进而提升学习和工作的效率，为将来进入职场打下坚实基础。快去动手记一记，亲身感受一下记录带来的点滴成长吧！

延伸阅读

如果他们都放假了……

维修工、公交司机、环卫工人……在我们平时的印象中，他们的存在感太低了，你们是否想过有一天，如果他们都放假了，我们的生活会变成什么状况？

如果维修工都放假了，家里漏水、设施损坏等，却没有人帮你维修，自己在家手忙脚乱的，急得六神无主。

如果公交司机都放假了，早上起来习惯性地走到公交车站，却发现一辆公交车都没有，你不知所措地张望，看着时间一分一秒地走过，你焦急地想着应该怎么到公司。

如果环卫工都放假了，你居住的小区、你要走的马路，垃圾桶堆满了，周围全是垃圾、纸屑、果皮等。

如果电力工人都放假了，城市故障停电、家庭故障停电，白天在家任何用到电的设备都运行不了，在炎热的夏季，冰箱里的冷冻食品都要坏了。

如果交警都放假了，你会发现无论上下班，还是周末外出归来，都被长长的车流堵在路上，私家车到处乱插队乱停放，甚至马路上也有因为小碰撞而停在路中间一动不动的车。

如果快递员都放假了，你在网上买的东西和货品都堆积在仓库，你只有眼巴巴盯着快递信息始终不更新，自己干着急。

如果程序员都放假了，计算机网页、手机 APP 出现 BUG 却没人修复和维护，不能用微信、网上约不到车，你会感觉很不方便。

更可怕的是，如果医生都放假了。突发急性病无人施救，也没有救护车去接病人……你能想象这样的情景吗？

各行各业的人员都是这个社会不可缺少的，少了他们可以说寸步难行。我们在衣食住行如此便利的今天更应该感谢和善待这些为我们服务的人员，若缺少了他们，我们便利的生活将会大乱，所以各行各业的劳动者是最值得敬佩的人。

（资料来源：不敢想象！如果他们都放假了……央视新闻，2020-05-02.）

致敬劳动者！劳动创造幸福，实干成就伟业

话题讨论： 你还能列举哪些我们"看得见"和"看不见"的劳动者？生活中是否存在可以被轻视的劳动？

任务二
生产性劳动

学习目标

知识目标

（1）学习实习实训的有关概念。
（2）掌握 7S 管理的有关内容与要领。
（3）了解创新创业有关概念。

能力目标

（1）分析在实习实训、学习、生活中，有哪些方面可以实现自我管理或完成相关改进？尝试将可行的步骤列举出来，通过学习本书找到行之有效的方法。

（2）积极参创新创业，具备创业的立项、实施与总结等实操技能。发散思维，列举出自己适合从事的创业项目，并指出原因。

素质目标

（1）体会整理、整顿、清扫、清洁、素养五步骤的核心内涵，结合学习、生活或实习过程中的一项、一个环节或一个流程，对应 5S 管理方法制订详细的操作计划。

（2）将安全与节约融入 5S 管理，并赋予其 7S 管理的全新含义，在学习中找到合适人数的同学进行结组练习，通过讨论，补充上文中基于 5S 方法制订的操作计划。

（3）分析创业的要素，能够掌握创业计划书的制订与编排，通过小组讨论，列举出你个人认为的创业计划书中的重要因素。

行为养成目标

自觉养成科学的自我管理习惯，增强在现实生活中的创新创业动力，结合个人兴趣爱好或市场调研，完成创业计划书。

第一节 实习实训与现场管理

古文欣赏

詹 何 钓 鱼

列御寇

詹何以独茧丝为纶，芒针为钩，荆篠为竿，剖粒为饵，引盈车之鱼于百仞之渊、汩流之中，纶不绝，钩不伸，竿不挠。

楚王闻而异之，召问其故。

詹何曰："曾闻先大夫之言，蒲且子之弋也，弱弓纤缴，乘风振之，连双鸧于云际，用心专，动手均也。臣因其事，放而学钓，五年始尽其道。当臣之临河持竿，心无杂虑，唯鱼之念，投纶沉钩，手无轻重，物莫能乱。鱼见臣之钓饵，犹尘埃聚沫，吞之不疑。所以能以弱制强，以轻致重也。大王治国诚能若此，则天下可运于一握，将亦奚事哉？"楚王曰："善。"

译文： 詹何用单股的蚕丝做钓鱼的丝绳，用芒刺做钩，用细竹做钓竿，用剖开的米粒作为钓饵，在有百仞深的深渊中、湍急的河流里钓到的鱼可以装满一辆车，钓丝还不断，钓钩没有被扯直，钓竿没有被拉弯（图3-6）。

楚国的国王听说了这件事觉得很惊异，就把他叫来问原因。

詹何说："听我已经逝去的父亲说过，古代善射的人射箭，曾经用拉力很小的弓、纤细的丝绳，顺着风一射，一箭连射两只黄鹂鸟，（因为）用心专一，用力均匀的原因啊。我按照他的这种做法，模仿着学习钓鱼，五年才完全弄懂其中的道理。现在我在河边持竿钓鱼时，心中不思虑杂事，只想鱼，丢线沉钩，手上用力均匀，外物不能扰乱（我的心神）。鱼看见我的钓饵，就像看见尘埃或聚集的泡沫一样，吞食它不会怀疑。所以我能以弱制强，以轻御重。大王您治理国家如果可以这样，那么天下的事就可以一手应付了，还能有什么对付不了的吗？"

楚王说："说得好。"

图3-6　詹何垂钓

编者的话

科学的方法是通向成功的阶梯，方法来源于智慧和经验的结晶，每个人的方法不尽相同，不能生搬硬套别人的方法；解决不同的问题要用不同的方法，但各种方法都必须符合客观规律，在规律的基础上不断革新与改进，才能有更好的成效；不断学习，才能不断掌握新的方法，长于实践，善得管理，懂得吸收前者的经验，顺应客观规律，是获得成功的必经之路。

故事导入

严谨工科思维成就的米其林星厨

人们一听到"米其林星级大厨"第一印象就是高档。能够得到米其林认证的星级厨师，实力自然了得。一星相对比较贴近我们的生活，代表厨师的水平，属于同类别厨师中的佼佼者。二星代表厨师的技艺非常高超，值得千里迢迢去品尝。而三星对厨师们而言是一种至高荣誉，有多少大厨对其心心念念。

在日本，一位厨师仅花了一年半就拿到了米其林最高星级，并且在这之前他只是一位从事理科类工作的工程师！46岁的米田肇（图3-7），第一次真正为人所知是2009年被评为米其林三星厨师的亮相，时年37岁的他仅创业一年零5个月便拿下了米其林三星，成为世界上最短时间拿到三星的料理厨师。

图3-7 米其林星厨界的后起之秀——米田肇及其作品"地球之轮"

当时，他以一道"地球之轮"赢得了所有人的好评。这道菜以"自然"为主题，共用了100多种食材精心烹制。尽管食材众多，但搭配得恰到好处，这道菜以独特的外形和美味的口感深入人心，"他用一颗理科的大脑精密地计算着每一道菜的制作，这就是他与其他人不一样的地方，也使他形成了其独有的风格"人们如此评价道。

尽管大学时代以及早年间的职场生涯与厨师无关，但始终怀揣厨师梦的米田肇选择了辞职创业。进入厨师专业学校学习期间，他将上课所学整理成了厚厚的笔记，字迹与图样之清晰，宛如教科书。经过不懈的努力，米田肇终于被标准苛刻的法国餐饮界所接纳，数年后，学成归国的米田肇开创餐厅，很快获得了米其林三星认证。米田肇的成功，源于他对厨艺精益求精的把控和对物料的严格管理——他对食材的用量往往精确到0.1mm每次肉厚度的调整以0.1为单位，用料的多少以0.1mm为单位增减，甚至连盐和糖放在食物上的位置也要经过精确计算！"因为想让客人每一口吃下去都能感受到同样的美味"，米田肇如是说。

（资料来源：元气日本专栏.凤凰新闻，2019-11-17.）

故事分析：主人公米田肇凭借超凡的手感，极其精准的物料把控，征服了米其林的星级评委，也征服了口味多变的食客。身为职业厨师，米田肇的成长之路虽然迅速，但他的成功是有迹可循的——首先，在日常学习中，注重实习与训练；其次，在生产中，在现场管理上下足功夫；最后，在产品产出时，在关键环节的控制上一丝不苟。

问题导入：结合案例学习思考生产中获得成功或取得成绩的重要因素有哪些？

一、实习实训

（一）概念解析

1. 实习的概念

顾名思义，实习是在实践中学习。在经过一段时间的学习之后，或者说当学习告一段落的时候，通过实践了解自己的所学应当如何应用在实践中。实习的词义解释为"把学到的理论知识拿到实际工作中去应用和检验，以锻炼工作能力。"在《辞海》中，将实习分为教育实习和生产实习。其中，生产实习是指高等学校自然科学、生产技术型专业和中等、专科技术学校的教学环节之一。学生在学习过程中运用所学的知识和技能，在生产单位或场所以工作者身份直接参与生产过程，提高解决实际问题的能力。

图 3-8　学生在校内实训场地接受相关培训

2. 实训的概念

实训是职业技能实际训练的简称，是指在学校控制状态下，按照人才培养规律与目标，对学生进行职业技术应用能力训练的教学过程。具体包括以下内容。

（1）从时空上分，有校内实训（图 3-8）和校外实训，包括教学见习、教学实训和生产实训。

（2）从形式上分，有技能鉴定达标实训和岗位素质达标实训，包括通用技能实训和专项技能实训。

（3）从内容上分，有动手操作技能实训和心智技能实训；包括综合素质要求（创业和就业能力统称跨岗位能力）实训。

（二）作用与意义

1. 实习的作用

对于大学生而言，实习可以验证自己的职业抉择，了解目标工作内容，学习岗位及企业标准，找到自身的职业差距等。对于企业而言，实习可以为企业提供观察潜在的长期员工工作情况的机会；为企业未来发展培养骨干技术力量与管理者；有利于降低争夺人才的人力资源成本；有利于提高企业的知名度，以便企业谋求长远发展。

2. 社会实践的作用

狭义的社会实践即假期实习或校外实习。对于在校大学生具有加深对本专业的了解、确认适合的职业、为向职场过渡做准备、增强就业竞争优势等多方面的意义。

社会实践的作用在于：①拓展大学生的综合素质，培养"适应型"人才。②使大学生增加社会阅历，积累工作经验。③培养大学生的创业能力，树立正确的创业观。④帮助大学生树立市场意识，端正就业态度。⑤帮助大学生树立正确的立业观，适应市场，顺利就业。

> 典型案例

从企业实践踏上革命之路——邓小平留法勤工俭学的岁月

1918年，邓小平毕业于四川广安小学，顺利升入广安中学。与此同时，重庆商会会长汪云松开办了一所留法勤工俭学预备学院，希望有志青年能够从西方国家寻找挽救中国的方法。

当邓小平的父亲听说留法勤工俭学预备学院创立成功后，便让邓小平跟随着他的叔父邓绍圣去这所学院学习。

1920年7月19日，邓小平从留法勤工俭学预备学院毕业。毕业后，邓小平通过自己的努力，获得了自费赴法勤工俭学的资格，乘法国"盎特莱蓬"号邮船出洋。经过39天的长途旅行后，邓小平一行人到达了法国南部的马赛，和叔父邓绍圣及其他中国学生在巴耶男子中学学习。从此，邓小平开启了在"外"生活之旅。

1921年年初，由于留学资金全部用完，留学生们只能自筹学费，俭学不成，只能去勤工，然而此时的法国经济萧条，失业率直线上升，留学学生面临着就业难、工资低的窘境。同年4月2日，邓小平和叔父邓绍圣在华法教育会的帮助下，辗转来到克鲁梭的施奈德钢铁厂做工。尽管施奈德钢铁厂是当时法国最大的军工企业，但由于当时法国政府规定，不满18岁的人进入工厂工作，只能当学徒或者是散工。因此，时年16岁的邓小平只能在施奈德钢铁厂担任最苦、最累、工资最吃亏的散工。

当时，散工的工资每天只有几法郎，乃至难以维持一日三顿饱饭，生活尚且困难，更别提攒工资上学了。同为留法同学的王若飞曾在日记中对这一段的工作描写道："连日天气闷热，厂中尤为干燥，遍地都是泥沙，大风过处，沙即腾起，左手面上为汗水所沾凝，偶一拂拭，其状怪丑怪可笑。"一个月工作结束了，邓小平没有任何收获，甚至还赔了100法郎，这是他第一次感受到劳工阶级受压迫受剥削的悲惨地位，也认清了西方资本主义世界剥削阶级丑恶的一面。

梦想跟现实的差距迫使邓小平辞去施奈德钢铁厂的工作，离开克鲁梭前往巴黎。在路上，他希望得到一份较好的工作改变生活，积攒些钱重新学习。

尽管迫于生计离开了施奈德钢铁厂，但直到现在该工厂的档案中还保留着邓小平等人的有关档案，在工厂人事处招工的登记卡上清楚地写着：

"工卡号：〇七三九六。姓名：邓希贤。年龄：十六岁。出生年月：一九〇四年七月十二日（农历）。婚姻状况：单身。出生地：重庆市。职业：学生。过去工作及其他有关情况：系邓文明及淡氏之子，受哥伦布市（巴黎西郊小城市）法中救济委员会派遣在巴耶中学求学。身体状况：一九二一年四月二日体检。服务部门：轧钢车间。工种：杂工。工作能力：很好。工作表现：好。日薪金：六法郎六十生丁。评语：自愿来工厂工作。"

到巴黎后，留学生们的境况仍然无法改善：求职难、收入低的境况让他们无法正常勤工俭学，甚至救济金都无法得到了。身为巴黎留学生一员的邓小平迫于生计做过招待，在火车站码头送过货，在建筑工地推过水泥，忙碌一天却只能换来吃两顿饭的结果。同样的境况下，有的留学生在绝望中自杀，有些留学生为了生存权先后发起了几次大规模的抗争。那时候邓小平才17岁，尚未对这些行为进行思考，只是凭着一腔孤勇跟着其他留学生一起同黑暗势力做斗争。以后的时间里，邓小平的思想逐渐成熟，一步一步地走向马克思主义道路。

幸运的是，经过了几个月漂泊不定的生活，邓小平终于在1922年2月于蒙达尼附近哈金森橡胶厂找到了一份工作。

2月14日，邓小平正式进入哈金森工厂工作，登记号为5370。主要从事制作防雨鞋套的工作，这种工作相对对劳动者的体力要求较低，只要人心灵手巧，就可以挣够一日三餐。

邓小平吃苦耐劳，他的生活渐渐稳定了，或许是脱离了繁重工作的枷锁，邓小平的思想变得越来越活跃，也在这里认识了很多具有先进思想的勤工俭学的学生，如汪泽楷、王若飞、邓超麟等。在邓小平与他们朝夕相处的时候，他的思想发生了变化，开始阅读《新青年》《社会主义讨论集》等进步书报，逐渐接受了革命思想。

隔年3月，邓小平和邓绍圣辞去了哈金森的工作，并离开了这个地方，在离开时的工卡上注明小平离开的原因是："拒绝工作"。其实这一切都是因为他思想的变化和他为之奋斗的革命事业。生活的磨难与思想的升华，令他选择了共产主义，并将其作为终生奋斗的目标。从此刻开始，他由一个爱国青年变成了一个马克思主义者。并矢志不渝地走上了革命的道路。

1922年6月，赵世炎、周恩来、王若飞等留法勤工俭学先进分子在巴黎郊外的森林里相聚在一起，他们衣着朴素，但却成立了一个令后人无法忘记的组织，那便是旅欧少年中国共产党（后改名旅欧中国共产主义青年团）。在好友的影响下，邓小平参加了这个组织并成为其中一员。当邓小平真正成为这个组织一员时，他被组内人员的思想震撼了。好在，他已经成年了，他的思想也已经能跟得上这些人了。后来，因革命需要，他不得不离开哈金森厂，去雷诺汽车厂工作。

1923年6月，邓小平一边在雷诺汽车厂做工，一边从事青年团欧旅支部的工作。在雷诺汽车厂工作期间，邓小平学会了相对简单的钳工工艺技术，这段时间对他来说有非常大的意义。邓小平曾说："这段学习经历令我非常难忘，在40年后的特殊时期，我去拖拉机配件厂劳动时，仍能非常熟练地掌握钳工工作。"

（资料来源：综合整理自共产党员网、广安日报、中国新闻网、人民网等.小平，您好！那个16岁远赴法国的"油印博士"离开25年了……共青团中央，2022-02-19.）

3. 实训的作用

实训的最终目的是全面提高学生的职业素质，最终达到学生满意就业、企业满意用人的目的。合理的实训教育应该是大学教育的一个重要组成部分，对于学员来说，通过实训，一方面，可以增加实践经验；另一方面，可以降低就业的成本和风险；增加就业的机会。

科学的实训教育意在面向企业培养实用员工，对学员而言，其本质不仅是培训更是就业，因此积极参与培训的过程就是参与学校与企业对接的过程。

实训教学面向的是有一定理论基础的学员，在拥有多年实战经验的商务（职业）教练或教师的指导下，在真实条件下，最终达到企业的用人要求，并获得国家认可的职业资格证书的过程。因此，积极参与实训教学对于广大大学生而言，具有积累技能、得到认证的作用。

典型案例

通过实训课教学激发学生学习的兴趣

激发学生的求知欲望，能形成持久稳定的学习兴趣，是学好每门课程的重要环节。如：某职业学院交通旅游学院面向学生设置了航空综合模拟实训舱，是省级重点实训基地，主要用于空中乘务、航空服务、高铁乘务、旅游管理、导游等高端服务类专业的实训教学。该模拟实训舱能够满足值机、安检、VIP客服、调配、售票、易登机等岗位专业化现场模拟教学，使学生能够实训课中体验到今后工作岗位的环境以及工作内容，使学生对其产生了浓厚的兴趣，如图3-9所示。

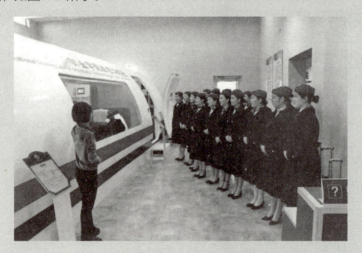

图3-9　通过模拟实训场景激发学生学习兴趣

在启迪智慧上，某高校的实训教师巧妙地利用了实训现场的设备，进行了生动的展示和讲述。比如在讲"用温度计测水的温度"的实训时，提出三个设想：第一种是温度计插在盛水的烧杯中并与杯底接触；第二种是把温度计插入盛有水的烧杯中并与测壁接触；第三种是没有把温度计的玻璃泡全部浸入盛水的烧杯中。

然后组织学生讨论，并配合实训课堂上的器材进行演示：如果用第三种情况测量，测出来的读数显然不是杯中水的温度；如果第二种方法正确，温度计测出的温度也不全是杯中水的温度，如果第一种方法正确，显然读数与第二种方法差不多。

尤其是，如果用酒精灯给烧杯加热时温度计的示数就大不同了，更严重的是会使温度计示数急剧上升，如果超过温度计测量的范围会使玻璃泡炸裂。

在此基础上教师再引导学生重作实训，而且让学生仔细观察教材中介绍的方法才是正确的。完成一次实训课，虽然花了一定时间，但有很强的说服力，对增强学生思维能力，启迪学生智慧大有好处。

二、现场管理

（一）现场管理的概念

管理是指管理主体有效组织并利用其各个要素（人、财、物、信息和时空），借助管理手段，完成该组织目标的过程。优质的管理虽然无法直接创造收益，但却是生产经营和日常生活中的重要组成部分。优质的管理有潜藏的经济价值，还包含着促进美德的生成、协助良好习惯的养成、促成和谐社会秩序的精神价值属性。某种意义上，管理无处不在，管理也呈现于我们日常生活、学习的诸多方面。

现场管理起源于工业企业生产，意指用科学的标准和方法对生产现场各生产要素进行管理。所谓现场，是指企业为顾客设计、生产、销售产品和服务以及与顾客交流的地方。现场为企业创造出附加值，是企业活动最活跃的地方。

以制造业为例，开发部门设计产品，生产部门制造产品，销售部门将产品销售给顾客。企业的每一个部门都与顾客的需求有着密切的联系。从产品设计到生产及销售的整个过程都是现场，也就都有现场管理，现场管理的侧重点是其中心环节——生产部门的制造现场（图 3-10），但现场管理的原则对其他部门的现场管理乃至对日常劳动、学习、生活也都适用。

图 3-10　整顿一新的企业现场

展开来说，现场管理就是将人（工人和管理人员）、机（设备、工具、工位器具）、料（原材料）、法（加工、检测方法）、环（环境）、信（信息）等进行合理有效的计划、组织、协调、控制和检测，使其处于良好的结合状态。达到优质、高效、低耗、均衡、安全、文明生产的目的。现场管理是生产第一线的综合管理，是生产管理的重要内容，也是生产系统合理布置的补充和深入。

（二）现场管理的价值

打扫卫生、整理工作现场、规范统一工作服装……这些貌似没有技术含量的"低端"

劳动具不具有经济价值？在紧锣密鼓的生产中腾出时间进行卫生清扫，能否产生直接的经济效益？不加管理的现场是否会产生低效、浪费甚至危险等，大家可以带着上述问题，开始本章的学习与思考。

与生产活动不同，现场管理不直接产出产品或服务，因而不具备经济上的外显性。但企业自运营开始，损耗、浪费、人员懈怠等不利因素也会随着运营时间与日俱增。现场管理的价值更多地体现在制定规范和制度上，依靠制度减少物料的损耗与浪费，用激励或惩罚制度使人员保持旺盛的工作状态。这都有益于企业长时间保持高效能、获得更高收益。

改革开放前，受旧体制的影响，我国很多企业在管理上毫无现场意识。以人为本观念的缺失，导致了大量材料浪费、不良产品大量涌现、人员主人翁意识缺失和怠惰，生产与管理中重前台、轻后台的现象明显，阻止了企业高效与长效发展，降低了企业的核心竞争力。

改革开放后，伴随着国外先进技术与管理模式的引入，与现场管理有关的概念逐渐深入我国各大企业，各企业也以一开始引入的"5S"模式为基础，逐步发展为"6S""7S"模式，取得了较大成效。

典型案例

丰田公司与管理模式

进入过丰田企业的人都会被丰田员工的整体素养所震惊。丰田企业的员工养成了认真消除在工作中的各种浪费，提高生产效率的习惯。

在丰田公司现场，看到职工那么认真地对待作业，那么投入地致力于每一个细节的改进，确实深受震撼，或者说，只有亲临现场（图3-11）才会深深感受到丰田职工身上那种特别的精神状态。

图3-11 丰田公司流水线上的产品

特别是在丰田公司的老厂区，职工们使用的仍然是20世纪七八十年代的设备，尽管这些设备已经运用了30多年，依靠这些行将淘汰的老旧设备，丰田依然制作出了具有世界品质的产品。

对比现在我国的很多企业或公司的员工，为什么没有丰田员工这么仔细与专心、没有他们那么致力于为公司付出？单纯从员工的表现谈员工是片面的，很多时候，问题要从企业的管理者出发，即有什么样的管理者，就有什么样的员工。

和绝大多数日本公司一样，丰田是由偏远村庄发展而来，本国缺乏自然资源的窘境迫使其从员工的才智上下功夫，依托于每一个员工的才智，才研发出了一流的产品。在丰田公司的管理层眼中，造物（产品）即造人（员工），有了人（职工），才会有物（产品），这就是丰田管理模式的入口。按照丰田人自己的说法，即"人财"机制。所谓"人财"，首先即是向人要效益。对比当时国际上的行业管理理念，美国通用、福特等汽车公司无不是以机器和技术作为管理模式的入口，用丰田人的说法，就是"物财"，即把产品转化为财富，这有别于丰田公司把人的智慧转化为财富的理念。这种向人员的才智要效益的思路，就是后来为丰田所推广的5S现场管理方法，5S看似管场所、管物料，其实是在管人员上设立足点，使人员掌握、自觉遵守现代化的管理模式，并为企业创造财富与先进制度。

（资料来源：企业管理模式之丰田模式.华昊企管，2015-12-25.）

案例分析： 在本案例中，丰田公司就是当时众多日本企业中的代表，他们从20世纪50年代开始制定赶超欧美的目标，不断改善自身的工艺、设计、管理等流程，尤其是在管理上下足功夫，使其确立成功的组织文化，实现了对美国式管理体系的突破。撇开精益管理的操作细节，丰田公司最为人称道的便是使员工养成高效的自我管理习惯，并上升为职业素养，这便是5S法则中最后也是最重要的一环。

（三）现场管理的益处

在现代企业中，生产、管理倾向于全流程、全过程的链条式操作，生产与管理互为依托。当管理为生产提供了保障，生产的效益就能得以提升，而效益提升带来的直观作用就是进一步扩大对管理人力、物力、财力的投入。

长于对自身进行管理的个人，在学习和工作中有效协调资源与精力，达到各方面的平衡，也更有助于成绩和嘉奖的取得。

1. 合理摆放有规矩，日常生活有条理

现场管理始于整理，整理的目的在于使杂乱无章的现场有序化。针对广大学生而言，教室、寝室、图书馆、餐厅，乃至校园内的各种文体活动场所，都可以称为现场。现场出现杂乱、无序的状态时，勤于整理的行动、善于整理的习惯会令我们身心愉悦、身体健康，甚至会提高我们的学习与生活效能。

亲手将现场进行整理，是对手脑结合的锻炼，是将思路系统化、具体化的开端。现场的整理，锻炼的不仅是生活与劳动的技能，更是对逻辑思维能力和手脑协调能力的极大锻炼。

当前有些企业在进行军事化管理或准军事化管理，旨在训练员工具有军人一样的特质、作风、纪律、战斗力。也有的学校推行准军事化管理（图3-12），目的是使同学们具有良好的政治素质、思想素质、作风素质和一定的军事素质，培养其服从命令、听从指挥、吃苦耐劳、严谨求实的作风，以适应未来学习、生活和工作的需要。

图 3-12　校园准军事化管理

这种强调寝室与工位整齐划一、人员精神面貌整洁昂扬，甚至着装一体化的准军事化管理，与现场管理中的很多内容不谋而合，即通过外观的整顿与整洁，实现人员物品效能的最大化。

典型案例

5S 管理的创新——海尔的 6S 大脚印管理方法

背景介绍：海尔是我国著名的企业，其服务人员给客户服务时的招牌动作就是进门先带鞋套，以防止弄脏客户的地板。这一看似不起眼的动作，给人们留下了深刻的印象，也使海尔被人们广为称道。在海尔公司的总部有一座象征性的雕塑，就是一对脚印的造型。起初，这座雕塑是作为一个惩罚性的措施而塑造的：哪位员工违反了公司的规定，就要站到脚印上反省自己的错误，接受公司制度的惩罚。

实施方案：海尔公司拓展了源于日本的 5S 现场管理方法，并加上了"安全（Safe）"这一因素，构成了 6S 管理方法。6S 包括以下因素：整理，留下必要的，其他全部清理掉；整顿，有必要留下的，依规定摆整洁，并加以标识；清扫，工作场所看得见看不见的地方全部清扫干净；清洁，维持清扫、整理的结果，保持干净亮丽；素养，每位员工养成良好的习惯，遵守规则，有美誉度；安全，一切工作均以安全为前提。结合令员工站在脚印上反省错误的方法，构成了 6S 大脚印管理方法。这也是海尔本部实行多年的"日事日毕，日清日高"管理方法的主要内容：每天工作表现不佳的员工都要站在脚印上反省自己在公司提出的 6S 管理方面表现的不足之处。公司通过员工这种"负激励"的做法提高工作效率和管理绩效。

海外革新：起初，在海尔的中国本部，这种 6S 大脚印管理方法只应用于在违反公司 6S 管理方法的员工，以向其他员工提供反面教材同时激励该犯错误员工"知耻而后勇"。但当公司自 2000 年后在文化背景与国内迥异的欧美等国设立海外工厂开始，这种通过员工当众自我反省错误的反向激励法遭到了当地员工的抵制：在海尔美国南卡罗来纳州工厂里，中方领导发现当地的美国工人在车间里工作时，会一边听着随身听，一边随意在车间内吸烟，有些员工并没有按照公司的生产要求进行着装，甚至将自己的文身暴露在外。

但当公司准备依据规定令这些美国员工站到大脚印上反省自己违规的行为时，他们并不愿意站在大脚印上当众充当"反面教员"。他们说，让员工当众接受批评与惩罚，是对员工的侮辱。公司管理人员经过研究后决定，变反省错误为表扬成绩。工厂鼓励在 6S 管理中表现优异的美国员工站在大脚印上与其他同事分享自己成功的经验。"负激励"变成了"正激励",争强好胜的美国员工们很乐意在大脚印上介绍自己多年的成功经验,或是引以为傲的一技之长。伴随着站在大脚印上的演讲者越来越多,车间里随意吸烟、收听随身听等行为渐渐消失了。取而代之的是整洁的工厂环境与文明的工作氛围。

反馈国内:改良后的 6S 管理法在美国工厂取得成功后,国内的海尔公司也吸纳了美国办法的合理之处,渐渐地,越来越多表现优异的员工也站上了海尔中国国内公司的大脚印上。

(资料来源:李华宾,张丽芳.通用职业素养指导与训练[M].北京:中国人民大学出版社,2015.)

案例分析:思考上述案例,我们所处的学校是否也有同学对待校园内的纪律与秩序相对意识淡薄?校园或班级内是否存在正向表彰的激励措施?如果让你来扮演老师,你将从哪些方面制定相关激励措施?

2. 协同作战质量好,团队意识不可少

现场管理除了讲究个人素养的提升,更讲究团队配合。管理结果的好坏,极大程度上反映了现场团队的士气高低。因为,在一定情况下,人是起决定作用的关键因素。激励士气,就是通过各种方法调动人员的积极性和创造性,充分发挥团队的经验和知识,使人的潜能得到充分发挥,达到效能的最大化。

这可以从两个层面来看:首先是团队负责人,即现场管理者要有良好的协调能力,要具备明辨是非的能力,要在管理过程中管好人和物,厘清是非与逻辑顺序,同时做好带头示范作用,对下属人员和上级反馈要做出及时、有效的反应;其次是团队成员,即现场管理的每一名参与者都要尽己所能地让自己的思想意识与团队保持一致,高标准、全力以赴地完成上级所交付的任务,遇到难以解决的问题时,要及时汇报上级领导,并具备一定解释问题的逻辑思维。

> **典型案例**
>
> 军纪严明以弱胜强——实施现场管理,就是整合团队
>
> 1798 年 7 月,拿破仑率领的法国远征军抵达了埃及。埃及派出了骁勇善战的马穆鲁克骑兵予以迎击。相比法军,马穆鲁克骑兵配备了名贵的阿拉伯马,装备各种长短武器和坚固铠甲,甚至配有充足的后勤保障人员和备换马匹,堪称从头武装到脚。尽管马穆鲁克骑兵单兵骑术精湛,骁勇善战,但他们缺少严密的组织,只善于单打独斗或小规模战斗。一对一作战,法军不是对手。但是法军长于严明的纪律性和严密的组织。法军统帅拿破仑通过合理布置军队,凭借军队优良的整体素质,在金字塔大战中一举击溃了马穆鲁克骑兵主力,使战争的天平完全倒向了法国一方。
>
> 拿破仑在战后总结如下:"两个马穆鲁克骑兵可以轻松对付三个法国骑兵,因为他们装备更好、马匹更好、训练更好。他们有两对手枪,一支大口径短枪,另一支卡宾枪、带

遮阳的头盔和锁甲。他们每人有几匹马，还有数名步行的侍从。但是，一百名法国胸甲骑兵不会惧怕一百名马穆鲁克。三百名可以打败相同数量。一千名法国骑兵可以轻松击溃一千五百名马穆鲁克。战术、纪律和阵法的作用就是这样大……"

（资料来源：李华宾，张丽芳.通用职业素养指导与训练[M].北京：中国人民大学出版社，2015.）

案例分析：在工作或学习中经常会出现上述例子：即使我们手里掌握着为数众多、质量上乘的人员和物料资源，但由于并不善于将其科学系统地整合，也无法使其发挥合力，在处理日常事务的时候，只能发挥出某一种资源的优势，甚至会造成严重的浪费，极大降低了效率。实施现场管理，就是要让凌乱无序的资源得到整合，并让大量的优质资源发挥其应有的作用。

分组讨论上述案例，如果在现场管理中出现了人力、物力凌乱无序或无法整合的情况，你所在的小组应该怎样解决？

3. 心智抗挫与锻炼，能力培养显易见

能力分为专用和通用两种。所谓的专用能力，就是在某企业某行业所具有的能力，它只适用于一个相对比较狭窄的领域。而通用能力无论在哪家企业、哪种行业都适用，甚至在学习与生活中也可以发挥作用。

当学习或工作进入倦怠期后，片面补强专业能力，往往会造成个人的心态坍塌，抗挫能力下降，甚至萌生退意。因此，通用能力的培养往往显得尤为重要。在现场管理中，基础性的劳作占较大比例，对现场的整顿与改善又是显而易见的，这足以让参与者产生足够的成就感，同时也会增长其通用能力，使其更好地适应本职工作。

（四）5S 与 7S 管理方法

1. 5S 现场管理法概念

5S 现场管理法起源于日本，5S 即日文的整理（Seiri）、整顿（Seiton）、清扫（Seiso）、清洁（Seiketsu）、素养（Shitsuke），这五个词罗马拼音首字母为 S，又被称为"五常法则"或"五常法"。5S 现场管理法主要指在生产现场中对人员、机器、材料、方法等生产要素进行有效的管理，从而优化生产、提高效率。5S 管理法是现场管理实施的基础方法。事实上，任何成功的企业都在不同程度上实施 5S 管理方法。

第二次世界大战后，日本制造业的产品品质得以迅速地提升，为日本奠定了经济大国的地位。而在日式产业丰田公司的倡导推行下，5S 对于塑造企业的形象、降低成本、准时交货、安全生产、高度的标准化、创造令人心旷神怡的工作场所、现场改善等方面发挥了巨大作用，逐渐被各国的管理界所认识。

改革开放后，进入中国的国外企业逐渐增多，这些企业进入中国后，仍旧坚持不懈地推行在本土就已经成功的 5S 方法，成绩斐然。中国本土企业也开始引入西方的各种管理思想、理论、管理工具与方法，5S 就是其中之一。甚至有些企业不惜重金挖掘 5S 专业人才在本企业推行 5S，也取得了一定的效果。

2. 5S 现场管理法的实施

（1）整理

生产过程中经常有一些残余物料、待修品、待返品、报废品等滞留在现场，既占地方又阻碍生产，如果不及时清除，会使现场变得凌乱。

整理的主要实施方案：将工作场所任何东西区分为必要的与不必要的。不必要的东西尽快处理以腾出空间，防止误用、误送，并营造清爽的工作场所。

（2）整顿

整理之后留在现场的必要物品通常凌乱不堪，各个部门的必要物品难以识别。

整顿的主要实施方案：首先，整理之后留在现场的必要物品分门别类放置，排列整齐使工作场所一目了然，得到一个整整齐齐的工作环境。其次，明确必要物品的数量，并进行有效标识，消除过多的积压物品以减少寻找必要物品的时间，提高效率。

（3）清扫

清扫包含整理及整顿两项管理，清扫需要将工作场所彻底打扫以消除脏污，保持工作场所的清洁干爽，以稳定产品的品质并减少生产过程中可能产生的工业伤害。

（4）清洁

与字面意义的清洁不同，这里的清洁是指将之前三个步骤（整理、整顿、清扫）实施的做法制度化、规范化，以明朗整个 5S 管理方法的实施过程，并有效地维护 5S 管理的成果。

（5）素养

开展 5S 管理容易，但长时间的维持必须靠素养的提升。通过晨会、班组会议等手段，提高全员文明礼貌水准，培养具有好习惯、遵守规则的员工，更好地树立团队精神，有效保持维护 5S 管理方法的实施成果。

> **典型案例**
>
> ### "一举三役"——北宋丁渭重修皇宫
>
> 北宋祥符年间，皇帝宋真宗居住的皇城不慎失火，酿成一场大灾：鳞次栉比、覆压数里的皇宫，一夜之间被大火烧成断壁残垣。真宗皇帝诏令宰相丁渭着手被烧毁的宫殿的重修工作。当时，既没有现代化的运输工具，也没有先进的建筑器材，一切工作都只能靠人力或畜力完成。而皇宫的建设远高于普通民房的建筑标准，它高大宽敞、富丽堂皇、雕梁画栋、十分考究，既费时费工，又要耗费大量的砖、砂、石、瓦和木材等。这个建筑任务可谓难度极高。当时，最使丁渭头痛的三个主要问题是：①京城内烧砖无土；②大量建筑材料很难运进城内；③清理废墟时无处堆放大量的建筑垃圾。如何在规定时间内按圣旨完成皇宫修复任务，做到又快又好呢？丁渭经过反复思考，终于想出了一个巧妙的施工方案，不但提前完成了这项修筑工程，而且"省费以亿万计"——节省了大量金银。他是怎样做的呢？
>
>
> "鹤相"丁渭

首先，丁渭在皇宫废墟前面的大街上开挖了一条又深又宽的沟渠，再把挖出的泥土烧成砖，解决了无土烧砖的第一个难题；其次，他把挖好的沟渠与皇城附近的汴河水连通，使又深又宽的沟渠变成临时运河，这样，外地通过水路运送砂子、石料、木头的船只就能直接驶到建筑工地，解决了大型建筑材料无法运输的问题；最后，当建筑材料齐备后，再将沟里的水排空，并把重建皇宫时产生的建筑垃圾统统填入沟内，这样又恢复了皇宫前面宽阔的大道。经过如此的周密策划，原定需要十五年才能完工的重修工作只用七年便完成了。

丁渭的这一系列办法，被同时代的著名科学家沈括记载入其名著《梦溪笔谈》。由此引申出来的成语"一举三役"也被后人广为传颂（图3-13）。在管理学中，丁渭的做法符合现场管理思路的要求，在思想和观念尚处于朴素阶段的时代，将古人的智慧发挥到了一个新的高度。

图3-13 丁渭利用科学的管理方法一举解决了三项工程难题

（资料来源：李华宾，张丽芳.通用职业素养指导与训练[M].北京：中国人民大学出版社，2015.）

案例分析：思考一下，看看下列问题在我们的日常学习或生活中是否存在？

（1）着急要的东西找不到，每次想找一件东西，都要翻箱倒柜。

（2）宿舍内的个人物品摆放杂乱无章，桌面上的东西凌乱不堪。一进办公室或者属于自己的办公、学习空间就有一种压抑感。

（3）平时用不到或很少用到的东西堆了很多，想处理却又舍不得，不处理又占用空间。

（4）书桌或工作台面上有一大堆东西，理不清头绪；想清理却不知道从何处下手。

（5）感觉自己身处的环境脏乱，上班或上课时情绪不佳。

（6）材料、成品仓库堆放混乱，账、物不符，大量的空间都被长期不用的物品占据着。

（7）生产、实习现场设备灰尘很厚，地面沾满泥垢，长时间未清扫，有用和无用的物品同时存放，活动场所变得很小。

（8）生产车间道路堵塞，实习工位狭窄，行人、搬运无法通过。

3. 7S的相关概念

所谓"7S"，是针对现场管理的5S管理方法进行增加得来的，包括整理（Seiri）、整顿（Seiton）、清扫（Seiso）、清洁（Seiketsu）、素养（Shitsuke）、安全（Safety）、节约（Saving）七方面。7S管理方法可广泛应用于企业生产与学校实训教学当中，对实践具有指导作用，并能保证生产与教学的顺利实施。同时，对广大在校学生实施自我管理具有极大的价值与指导意义。

其中，安全与节约作为新补充的两大要素，具体解释如下。

安全（Safety）就是清除隐患，排除险情，预防事故的发生。目的是保障员工的人身安全，保证生产的连续、安全、正常的进行，同时减少因安全事故而带来的经济损失。

节约（Saving）即对时间、空间、能源等方面合理利用，以发挥它们的最大效能，从而创造一个高效率的、物尽其用的工作场所。节约是对整理工作的补充和指导。在我国，由于资源相对不足，更应该在生产作业中秉持勤俭节约的原则。

实施节约时应秉持三个观念：物尽其用；主人翁心态；剩余价值与再利用。

4. 对 7S 的理解

（1）7S 的实施重点

在 7S 中，重点工作应当放到素养这一环节。这是因为：在 7S 活动中，做好整理、整顿、清扫工作，目的不只是将物品摆放整齐，把设备擦拭干净，最主要的是在琐碎而单调的动作中潜移默化，改变自己的思想，养成良好的习惯，进而能依照规定的事项（纪律、规定、规章制度，标准化作业规程）来行动，成为一个真正具有高尚情操的学员或从业者。

（2）推行 7S 的目的

第一，提升形象。干净整洁的工作环境，会使顾客产生信赖感。当顾客、合作伙伴、政府官员、社会团体对作业现场进行观摩后，会使企业或个人的形象和社会声誉得到提高，甚至成为行业内外学习的样板。第二，提升归属感。员工素养的提高，与其息息相关的工作环境得到极大改善，当这一切是由自己亲手劳动所换来的，员工会有一种成就感和满足感，从而积极主动地去进一步改善，树立起"企业是我家"的观念。第三，减少浪费。7S 会减少资金、形象、士气、场所、效率、品质、成本等各方面的种种浪费和损失。第四，保障人员与物品安全。7S 使区域清晰明了，通道明确畅通，物品堆放有条不紊，消除了安全隐患，保证人员和物品的安全。第五，效率的提高。7S 使得场所一目了然，工作、学习的气氛得到有效的改善，身边的物品摆放有序，团队成员素养提高，这些都会使工作学习效率得到提高。第六，降低生产成本。企业通过实行或推行 7S，就能减少浪费、确保安全、提高效率，从而使日常的管理与维护成本大大降低。第七，保证生产安全。整理、整顿、清扫，必须做到储存明确，物归原位。工作场所内要保持宽敞、明亮、通道畅通，不应放置的东西必须及时清理。生产得以保障，意外事故发生的概率也会大大降低。

> **典型案例**
>
> **安全出口的小绿人叫什么**
>
> 在大厦、宾馆、商场或者任意公共场所大家应该都看到过"逃生出口"这样的标志。图案是一个绿色小人向出口跑，提示着大家逃跑方向。然而很少有人知道，这个绿色小人其实也有名字，叫作"皮特托先生"，是参照英文单词"pictogram"（象形图案）的读音音译成日文"ピクトさん"，直接表示传达图案信息的用意（图 3-14）。
>
>
>
> 图 3-14　皮特托先生

这个逃生标志的由来也很有意思，它的设计者叫太田幸夫。它是由日本自治省消防厅通过公开招募，从 3337 个标志中脱颖而出选拔而来。1972 年和 1973 年，在日本大阪千日百货大楼和日本熊本大洋百货大楼发生了两起重大火灾，共导致 222 人死亡。当时，消防员在救援现场感到非常困惑：明明许多人已经身在安全出口了，可他们怎么就不知道去打开那扇门呢？最后，他们得出的结论是：因为没有一个明确的指示，告诉大家那是安全出口！

所以，在 1982 年，多摩美术大学的教授太田幸夫和他的团队共同设计了紧急出口的标志，以人像跑到门口位置表示：此门可供逃生用。该标志选取的绿色是一个重要元素，因为它在许多国家的文化里普遍代表着安全，并且与红灰的火灾现场对比鲜明（图3-15）。1987 年，这个标志被 ISO 组织采纳，作为紧急出口标志样式。在英国、日本、韩国、泰国、挪威、美国、加拿大、中国等地均被采用。就此，这个绿色小人走上了它的成名之路。

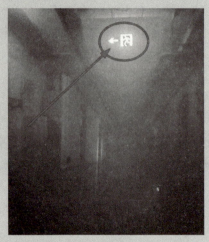

图 3-15　浓烟弥漫时，应急逃生警示灯为火灾现场指明了逃生路线

5. 7S 在高校中的应用

（1）全面检查

全面检查自己的学习场所，包括看得见和看不见的地方（设备内部、桌椅橱柜后、踏板下等死角）。这种全面检查可以使自己对周边场所有全面的了解，清楚场所内的所有工具设备和物品，这是整理的基础性工作。检查时要不断提问，并作出判断后加以整理和清除。例如：

场所或空间是否凌乱？有没有随手乱放的情况？有无工具或材料掉到地上？能不能将必需的物品做好标识、分类放好？

（2）确定"要"与"不要"

在日常办公、生产、教学实训中，需要将物资进行清点后做好分类：将办公或生产用品、周转用的盛具、使用中的垃圾桶、备件和原材料以及半成品、消防安全用品等列为需要保留的物品；将不再使用、废弃、破损、过期的各种物资归类到不需要的物品清单中。确定物品是否需要后，就应当按照清单将必需品按类别归纳好，把不必要或废弃品进行及时整理。场地允许的前提下，可以将废弃物采取统一堆放的方法保存，同时需要注意安全。如果废弃物仍存在一定变卖的价值，则需要尽快将其变卖给废品回收站。

（3）维持和预防

在清扫的过程中，要进行细心的检查，让所有的物品都保持在最佳状态中。因此，清扫的目的是保持令人心情愉快、干净亮丽的环境；减少脏污对品质的影响；减少工业伤害事故。

（4）制定制度

制定全面切实可行的评比、奖惩、巡视制度，使现场管理有序可循，有据可依。当现场管理要满足个人需求时，个人应确保自觉接受制度监督，直至养成良好的习惯并上升至素养层面。

（5）醒目标识

学习掌握日常所见的安全警示标识（图 3-16），具备消防等应急处理工具的基本操作能力。这对紧急避险、处理突发事件具有至关重要的作用。

图 3-16 部分安全警示标识

身为团队负责人，还需要在警示标识的使用上，确保其首先放置于醒目、危险系数较高的场所。设置安装消防设施、灭火器材时，应当数量齐全，具备醒目标识，紧急逃生路线务必明确，一旦突发意外情况时，使成员生命安全得到保障。

思考题

仔细阅读表 3-2，分组模拟现场，或就当前实训情况做赋分评估。根据你的评分汇总，考虑你所在的小组或实训现场在管理中是否存在问题？结合所学 7S 管理知识，思考如果要避免问题，该采取哪些方案或方法？

表 3-2　7S 管理实施量化赋分表

项次	检查项目	分数/分	检查状况	得分	备注
1	通道状况	0	有很多东西胡乱堆放，或脏乱		
		1	虽能通行但要避开，台车不能通行		
		2	摆放的物品超出通道		
		3	虽然超出通道，但有警示牌		
		4	很通畅，又整洁		
2	工作场所的设备、材料	0	一个月以上未用的物品杂乱存放		
		1	角落、窗台等地放置不必要的东西		
		2	放半个月以后要用的东西，且紊乱		
		3	一周内要用，且整理好		
		4	3 日内使用，且整理很好		
3	办公桌（作业台）上、下及抽屉	0	不使用的物品杂乱存放		
		1	半个月才用一次的物品也有		
		2	一周内要用，但过多过杂		
		3	当日使用，但杂乱		
		4	桌面、抽屉内物品最低限度，且整齐		
4	料架状况	0	杂乱存放不使用的物品		
		1	料架破旧，缺乏整理		
		2	摆放不使用物品，但整齐		
		3	料架的物品整齐摆放		
		4	摆放物品为近日用，很整齐		

续表

项次	检查项目	分数/分	检查状况	得分	备注
5	仓库	0	杂乱塞满东西，人不易行走		
		1	东西杂乱摆放		
		2	有定位规定，未严格遵守		
		3	有定位规定也在管理状态，但进出不方便		
		4	任何人均易了解，退还也简单		
小计					

作为标识的另一种呈现形式，统一的工装制服也必不可少。无论是实习生还是企业员工，都需要在特定场合与时间穿着整齐划一的制服。除此之外，肩章、胸章、挂牌、工作帽等标识物也建议统一标准。

延伸阅读

工装与制服的起源

职业装起源于欧洲劳动人民的日常穿着，本来就是为了适应特别工种的需要而设计的。早期样式源于法国渔民的衣着，由于终年与海浪为伍，在海中谋生的渔夫便自行设计了敞领少扣的上装，以便海上捕鱼劳动，后来被深入当地的贵族所欣赏，便流传开来。而职业装里最高雅的款式当属燕尾服，原来竟是马车车夫的装束。燕尾服背后长长的开衩设计则是为了满足中世纪欧洲马车夫御马方便。

现代职业装中的标准配饰领带，则源于17世纪的欧洲。当时一队克罗地亚骑兵队走过巴黎的闹市，他们个个身着笔挺的制服，脖子上都系着一根好看的布条（图3-17），这种装束引起了崇尚潮流的巴黎人的极大兴趣，并争相效仿，后来一位大臣朝见法王路易十四时便佩戴白色领带，并在喉部打上了漂亮的结扣，路易十四见了大加赞赏，并下令以此为高贵的标志。

图 3-17　以佩戴领带为传统的克罗地亚骑兵队

与领带相配的则是衬衫的硬领。但硬领的诞生时间与用途却与领带不完全重合。古代军人为了防御敌人发箭射伤喉部，特地在衬衣衣领上缝制硬质的金属或皮革护颈，久而久之便成了衬衣的硬领。

职业装中的另一项设计袖扣，起源于18世纪。时任普鲁士国王的腓特烈大帝非常注重士兵军容，当他看到士兵的衣袖通常很脏，便询问下层的军官。军官回答是士兵们在训练时，经常用袖口擦拭脸上的汗水，为了改变士兵们的不良习惯，腓特烈下令在所有的军装衣袖处缝上金属扣，这样，当士兵再用袖子擦脸，就会被扣子蹭到脸，自此，普军的军容仪表变得好多了，而老百姓外套的袖口也效仿军队，钉上扣子作为装饰。

> **思考题**
>
> 通过第一节的学习，分析在日常生活中，生活环境或宿舍内务是否达到了需要整理的地步？分析整理的流程，厘清顺序，参照学材读本内容，填写学材校园住宿环境评分表。

第二节　创新创业

一、创新创业概念解析

1. 创业的概念

创业是创业者及创业搭档对他们拥有的资源或通过努力对能够拥有的资源进行优化整合，从而创造出更大经济或社会价值的过程。创业是一种需要创业者及其创业搭档组织经营管理、运用服务、技术、器物作业的思考、推理和判断的行为。

2. 创新创业的概念

创新创业是指基于技术创新、产品创新、品牌创新、服务创新、商业模式创新、管理创新、组织创新、市场创新、渠道创新等方面的某一点或几点创新而进行的创业活动。创新是创新创业的特质，创业是创新创业的目标。

3. 创新创业的内涵

创新创业是基于创新基础上的创业活动，既不同于单纯的创新，也不同于单纯的创业。创新强调的是开拓性与原创性，而创业强调的是通过实际行动获取利益的行为。

二、创新创业分析比较和特点

1. 创新创业与传统创业的区别

创新创业与传统创业的根本区别在于创业活动中是否有创新因素。这里的创新不仅指技术方面的创新，还包含管理创新、知识创新、流程创新、营销创新等方面。只要能够给资源带来新价值的活动就是创新。在某一方面或者某几个方面进行创新进而创业的活动，就是创新创业。没有在任何方面进行创新的创业就属于传统创业。

2. 创新创业的特点

（1）高风险。创新创业是建立在创新基础上的创业，但是创新受到人们现有认知、行为习惯等方面的影响，会面临被接受的阻碍，因而创新创业会面临比传统创业更高的风险。管理学家彼得·德鲁克（Peter F. Drucker）关于创新有独到的见解："真正重大的创新，每成功一个，就有99个失败，有99个闻所未闻。"

（2）高回报。创新创业是通过对已有技术、产品和服务的更优化组合，对现有资源的更优化配置。能够给客户带来更大、更多的新价值，从而开创所在创业领域的"蓝海"，获取更多的竞争优势，也获取更大的回报。

（3）促进上升。创新创业是在创新基础上的创业活动，创新是创业的基础和前提，同时创业又是创新成果的载体和呈现，并在创业活动过程中，不断优化资源配置、总结提炼，以实现创新的更新与升级。创新带动创业，创业促进创新。

延伸阅读

电影赏析《奇迹·笨小孩》

2022年年初上映的电影《奇迹·笨小孩》的故事发生在2013年的深圳。电影讲述一群普通人在南方热土深圳奋力拼搏、逆转人生的故事，展现他们逐梦未来的奋斗精神。电影中20岁的景浩独自带着年幼的妹妹景彤来到深圳生活，兄妹俩生活温馨却拮据。为了给妹妹筹措心脏病治疗的医药费，他必须在一年半的时间里凑齐35万元。景浩决定放手一搏，他创办好景电子元件厂，拆解残次机中的精品零件卖给手机公司，只要良品率达到85%以上，4个月就可以赚80万元。

勤劳的景浩凭借坚韧不拔的毅力和善良乐观的天性，深深地感染了身边的朋友，他们克服了工厂场地、设备、资金不足的窘境，凭着对美好生活的憧憬和对改变命运的一腔执着，无视社会上的歧视与偏见，克服了一个又一个看似不可能的险峰与路障，最终成功创业。谱写了新时代创业者的热血与孤勇故事，收获了人生的成功（图3-18）。

图3-18 《奇迹·笨小孩》剧照

三、相关培训与赛项

1. "创办你的企业"培训

SYB 的全称为"Start Your Business",意为"创办你的企业"。是人力资源和社会保障部自 20 世纪 90 年代末开始积累创业培训经验,结合国际劳工组织先进经验,引入国际上先进的"创办和改善你的企业"(start and improve your business,SIYB)培训课程和技术,并结合本土化经验,深受国内广大创业者欢迎和好评的创业技术培训。该培训为实现我国创业培训技术的模式创新和持续发展,为推进大学生和返乡农民工就业创业发挥了积极作用。

SYB 培训的学习,可以帮助创业者判断自己是否适合创办企业、适合创办什么样的企业,衡量自己的创业想法是否现实可行,进而最终完成自己的创业计划书。该培训共分为两部分、十个步骤。第一部分"创业意识"包含两个步骤:评价你是否适合创业和建立一个好的企业构思。第二部分"创业计划"包含后面八个步骤,分别为:评估你的市场、企业的人员组织、选择你的企业法律形态、企业的法律环境和责任、预测你的启动资金、制订你的利润计划、判断你的企业能否生存、开办你的企业。通过上述十个步骤的学习,创业者们可以初步了解和理性评估自己的创业计划,最终选取一个适合自己的构思,通过系统的创业知识与技能,实现构思"落地"为一个真正的企业,并完成自己的创业计划书,如图 3-19 所示。

图 3-19 创业意识的培训与互动

延伸阅读

制订创业计划书和开办企业的条件分析

创业之前,你需要收集和利用大量的信息。在顺利完成前面所有步骤之后,你已经通过大量的练习掌握了充足的信息。这意味着,你要对所有信息进行综合分析,完成你的创业计划书,再次判断你的创业项目有多大的成功机会,从而决定你是否应该创办这家企业。

一、完成你的创业计划书

你的创业计划书一定要写得很详尽,它应该包括以下几部分。

企业概况:简述你选择创业项目的理由、你的企业愿景(希望成为怎样的企业),重点说明你的主要经营范围和企业类型。

创业者个人情况：分析你具备的相关知识和经验，不断培养和提高自己的创业能力。

市场评估：任何企业都要通过满足顾客需求来获取利润，你要调查和了解市场的大小、未来的发展前景，以及目标顾客和竞争对手的情况。

市场营销计划：你要针对目标顾客的需求确定产品的市场定位，详细介绍产品或服务的特点、价格、营业地点、销售渠道和促销方式。

企业组织结构：你要考虑如何组建企业，包括确定企业的法律形态、组织结构、组成人员及其职责。

投资：创业前期你要进行投资预测，包括采购设备、装修店面等，合理、有效的投资有利于降低创业风险。

流动资金：你要考虑企业日常运转所需要支出的资金，一般每个月的运转资金包括工资、租金、水电费、办公用品购置费、保险费、电话费等，必需、必要的流动资金是企业正常运转的保证。

销售收入预测：你要知道你预测的销售量是否切合实际，它能带来多少收入。

销售与成本计划：你要通过测算成本和利润来了解企业的损益情况。

现金流量计划：你要更准确地测算出每个月的现金流入和流出情况，及时采取应对措施，帮助你的企业保持充足的动力，使企业在任何时候都不会面临现金短缺的威胁。

附件：一般来讲，你提供的信息越详尽，获取帮助的机会就越多。你可以根据需要把诸如申请哪种营业执照、合伙协议、公司章程、产品或服务目录、价格表、岗位职责和工作定额等内容都附在创业计划书后面。

创业计划书的格式并不是一成不变的，实际操作中你可以根据自己的实际情况设计和选择不同的创业计划书格式进行撰写。

只要你能够根据上述要求写出创业计划书，那么你再撰写其他形式的创业计划书也就没有什么困难了。申请贷款时，银行等金融机构要了解的情况可能会更加详细，或要求你撰写另一种格式的计划书，但上述内容都是必不可少的。

二、创办企业的决定

你的创业计划书已经完成，接下来就要考察你是否做好了开业准备。下面的问题都是你要考虑的。

（1）你是否有决心和能力创办企业

你已经汇集了大量有关创办企业的信息。现在，你要客观地面对自己，再次考虑你是否做好了开办和管理这家企业的准备。客观分析，你是否具备成功企业主的基本特征？

（2）你的企业能否赢利

你的销售与成本计划反映了企业开办第一年可能获得的利润。企业前几个月可能没有赢利，但以后应当会有赢利。如果企业较长时间亏损或者利润很少，请考虑以下几个问题。

销售量能不能提高？销售价格有没有提高的余地？哪些产品或服务的成本最高？有没有可能降低这些成本？能否靠减少库存或原材料的浪费来降低成本？

企业的收益起码要能够支付你的工资，给自己定的工资报酬应该和你投入企业创办和经营的时间与精力、你的能力和所担负的责任相称，它等于你雇用员工来做你的工作时该支付的工资。除了你的工资之外，你的投资还应带来利润回报。

（3）你有没有足够的资金来办企业

你制订的现金流量计划显示了企业现金流入和流出的动态。你要有足够的现金去支付到期的账单。即使企业有销售收入，但如果周转资金不足，企业也会倒闭。

如果你的现金流量计划显示某月你的企业现金短缺，你可以采取以下措施。

减少赊销额，加快现金回笼；采购便宜的替代品或原料，减少材料消耗，从而降低当月成本；要求供应商延长你的付款期限；减少电话费、电费等的费用开支；推迟添置新设备；租用或贷款购买设备。

（4）你对创业计划书是否满意

有很多机构和专家可以帮你准备和审核创业计划书，例如政府有关部门、企业顾问、会计师、银行家、律师、一些协会的代表、工商管理院校和培训机构人士。

你的创业计划书是一份非常重要的文件，它为你提供了一个在纸面上而不是在现实中测试你所构思的企业项目的机会。如果创业计划书表明你的构思不好，你就要放弃它，这样就能避免时间、金钱和精力的浪费。所以，先做出一份创业计划书很有必要，在此期间，你可以向尽可能多的人征求意见。

你要反复审阅创业计划书的内容，直到满意为止。创业计划书是要交给一些关键人物看的，如潜在的投资者、合伙人或贷款机构，你需要仔细斟酌，以便准确地向对方传递他们所需要的信息。

记住，你的创业项目立项可能需要相关政策的支持和有关部门的特种行业许可，对此，创业前你必须高度重视。

三、制订开办企业的行动计划

现在你已经决定要开办企业，但还停留在纸面上。在和顾客实际打交道之前，你还有很多工作要做。做这些事要有章法，要按部就班。所以，你要制订一份行动计划，确定有哪些工作要做，由谁来做，以及什么时候完成。把要做的事情列一份清单。

选择合适的营业地点；筹集落实启动资金；办理企业登记注册手续；接通水电、电话、网络；购买或租用机器设备；购买存货；招聘员工；办理保险；宣传你的企业。

你要落实的事情很多，所以尽量不要浪费时间，制订行动计划是能够帮助你合理安排任务的最简单有效的方法。制订的计划要严谨，以免遗漏事项。

（资料来源：张立新，刘康.创办你的企业 培训练习册[M].北京：中国劳动社会保障出版社，2018.）

2. 大学生创新创业大赛

（1）中国"互联网+"大学生创新创业大赛

中国"互联网+"大学生创新创业大赛首次举办于2014年，第一届到第四届大赛累计参加大学生人数490万名，团队个数119万个。目前已经成为覆盖全国所有高校、面向全体高校学生、影响巨大的赛事活动之一，如图3-20所示。

大赛旨在深入贯彻落实全国教育大会精神，加快培养创新创业人才，持续激发大学生创新创业热情，展示创新创业教育成果，搭建大学生创

图3-20 "互联网+"大学生创新创业大赛宣讲现场

新创业项目与社会资源对接平台。主要设以下赛项："互联网+"制造业、"互联网+"现代农业、"互联网+"信息技术服务、"互联网+"社会服务、"互联网+"公共服务、"互联网+"文化创意服务。

（2）"创青春"全国大学生创业大赛

"创青春"全国大学生创业大赛是由共青团中央教育部、人力资源和社会保障部、中国科学技术协会、中华全国学生联合会和地方省级人民政府主办，工业和信息化部、国务院国有资产监督管理委员会、中华全国工商联合会支持的，一项具有导向性、示范性和群众性的创业竞赛活动，每两年举办一届，首届举办时间为2014年。

历届大赛围绕"青春建功新时代，创业追梦新征程"主题，以培养创新意识、启迪创意思维、提升创造能力、造就创业人才为宗旨，下设大学生创业计划竞赛（即"挑战杯"中国大学生创业计划竞赛）、创业实践挑战赛、公益创业赛三项主题赛事。

（3）中国创新创业大赛

中国创新创业大赛是由科学技术部、财政部、教育部、中共中央网络安全和信息化委员会办公室、中华全国工商联合会共同指导举办的一项以"科技创新、成就大业"为主题的全国性创业比赛。

中国创新创业大赛分为地方赛、全国总决赛两个阶段。地方赛由省级科技管理部门负责牵头组织，优胜企业按分配名额入围全国总决赛；全国总决赛分新材料、新能源及节能环保、生物医药、电子信息、先进制造、互联网6个行业进行比赛。

（4）全国大学生电子商务"创新、创意及创业"挑战赛

全国大学生电子商务"创新、创意及创业"挑战赛（简称"三创赛"）是由教育部高等学校电子商务教学指导委员会面向全国高校（含港澳台地区）举办的大学生竞赛项目，是教育部、财政部"高等学校本科教学质量与教学改革工程"重点支持项目。自2009年开始至2018年已经成功举办了8届，得到了国家和越来越多企业的大力支持与赞助。

"三创赛"赛事旨在激发大学生兴趣与潜能，培养大学生创新意识、创意思维、创业能力和团队协同作战精神的学科性竞赛。

延伸阅读

首届中国"互联网+"大学生创新创业大赛金奖项目

第一届中国"互联网+"大学生创新创业大赛以"'互联网+'成就梦想，创新创业开辟未来"为主题，在吉林大学成功举办，参赛项目主要包括"互联网+"传统产业、"互联网+"新业态、"互联网+"公共服务和"互联网+"技术支撑平台四种类型。大赛共吸引了31个省份及新疆生产建设兵团1878所高校的57253支团队报名参加，提交项目作品36508个，参与学生超过20万人，带动全国上百万大学生投入创新创业活动。

冠军项目是哈尔滨工程大学"点触云安全系统"项目（图3-21）。项目的起源要追溯到成立于2009年的千元软件工作室。这个第一批在哈尔滨工程大学创业联盟注册的子公司，主要由硕士生和博士生组成，最初靠接网站、网页制作等外包项目赚钱，年销售额30万元以上。

创始人宋超，哈尔滨工程大学计算机学院网络信息安全硕士。著名的12306验证码开

模块三　三种精神的实践养成与技能提升

图 3-21　获得第一届"互联网+"大学生创新创业大赛冠军的"点触云安全系统"项目团队

发者，杭州微触科技有限公司 CEO，其公司为国内最大的验证码云服务商。在校期间曾担任学院研究生会主席、党支部书记、班长等重要职务，多次获得国际和国家级科技竞赛奖项。

2011 年 11 月，宋超和团队在移动互联网头脑风暴时，偶然想到了"点触验证码"的想法，研发组随即进行尝试性开发。这才有了杭州微触科技有限公司的诞生。同年年底，宋超与其他几名学技术的同伴设计出了一套完全不同的验证码程序，由此引发了一场验证码革命。

2012 年，凭借自主研发点触式安全验证项目，宋超获得浙报集团、阿里巴巴和创新工场的数百万天使投资基金资助，开始了自己的创业之路。经过不懈努力，公司已初具规模并进入浙江省优秀大学生创业扶持计划，2015 年入选浙江省高新企业"雏鹰计划"。

2013 年，宋超已成功地完成了从"学霸"到 CEO 的转变，在远程完成学业的同时，带领"微触"完成了井喷般的成长，授权网站从二百余家增长至上万家，并实现年营收 200 余万元。2013 年 9 月，微触旗下的产品点触云安全平台安装量超 10000。作为国内最大的验证码云服务商，每日验证请求超百万次，每日拦截互联网违法信息 40 万条以上。

一般的人工智能对媒体信息实际意义的识别较为困难，而方便应用到验证码上的，就是图片意义的识别，所以他们的验证码就是让用户在特殊处理过的组合图片中识别特定区域的意义，比如在几张图片中识别出水果，让用户用点击、拖拽、触摸的方式，完成验证码的输入。

公司申请了"图像加密算法""专利印刷算法"等发明专利，其主营的"点触云安全系统"更是成为国内最先进、最安全的验证码技术，而"微触"已悄然成为国内最大的第三方安全验证码服务提供商，拥有包括 12306、中国邮政、NIKE 等用户，产品体系覆盖用户信息安全整个层面，处于行业领先地位。在互联网安全形势日趋严峻的今天，宋超将带领团队进行更多的摸索和尝试，力争成为新一代信息安全领域的"独角兽"。

课后练习：运用所学知识，对你的创业条件、资源、项目、步骤等做综合评估，如果你适合创办企业，你的经营方向将从何开始？请做出你的创业计划书。

任务三 社会技能

学习目标

知识目标
（1）能概括以"技"服人的表现。
（2）能陈述志愿服务的内涵和志愿精神。
（3）能列举志愿服务的类型和途径。

能力目标
（1）在依托技能进行服务中磨炼自己的专业技能。
（2）掌握组织和参与志愿服务的技能技巧。

素质目标
形成主动参与社会服务和志愿服务的意识，增强劳动品质。

行为养成目标
能够积极参与志愿服务活动或依托专业技能进行的社会服务活动，在学习、生活中践行劳动精神，努力学习，提高专业技能；热心奉献，服务社会发展。

第一节 以"技"服人，发挥一技之长

习近平致首届全国职业技能大赛的贺信

值此我国首届职业技能大赛开幕之际，我向大赛的举办表示热烈的祝贺！向各位参赛选手和广大技能人才致以诚挚的问候！

模块三 三种精神的实践养成与技能提升

> 技术工人队伍是支撑中国制造、中国创造的重要力量。职业技能竞赛为广大技能人才提供了展示精湛技能、相互切磋技艺的平台，对壮大技术工人队伍、推动经济社会发展具有积极作用。希望广大参赛选手奋勇拼搏、争创佳绩，展现新时代技能人才的风采。
>
> 各级党委和政府要高度重视技能人才工作，大力弘扬劳模精神、劳动精神、工匠精神，激励更多劳动者特别是青年一代走技能成才、技能报国之路，培养更多高技能人才和大国工匠，为全面建设社会主义现代化国家提供有力人才保障。
>
> 预祝大赛取得圆满成功！
>
> 习近平
> 2020年12月10日

编者的话

劳动者素质对一个国家、一个民族的发展至关重要，我国经济社会的发展需要，对技能型人才提出了更高的要求。"心心在一艺，其艺必工；心心在一职，其职必举。"身为新时代的大学生，更要珍惜磨炼技能、施展才华的广阔舞台，走技能成才、技能报国之路，在青春的赛道上跑出当代青年人的最好成绩。

故事导入

邢小颖：一技之长，服务学生

邢小颖毕业于陕西工业职业技术学院，现在是清华大学基础工业训练中心的一名实践课教师，"'90后'高职毕业女生在清华大学担任老师"的词条曾一度登上微博热搜（图3-22），引发了网友的热议。

2022年5月24日，在教育部介绍职业教育发展情况的新闻发布会上，对邢小颖进行了远程连线，以下是教育部官网发布的邢小颖的发言稿。

"大家好，我叫邢小颖，是清华大学基础工业训练中心的一名实践课老师。挺意外的，去年我莫名其妙地'火'了，我讲铸造课的视频获得两亿播放量和百万点赞，可能职业院校的毕业生给顶尖学府的学生讲课，会让很多人觉得不可思议。下面，我从三个方面和大家分享我这十年的

图3-22 邢小颖

（图片来源：清华大学官方微博，2022-01-11）

成长经历。

一是步入高职，练就技能。2011 年，我考入陕西工业职业技术学院，听说材料专业的毕业生很'抢手'，用人企业来晚了就招不到人了，所以我选择了材料成型与控制技术专业。初入校园，发现学校分布着很多工业厂房，感觉学校像个工厂。走进实训中心，映入眼帘的是一排排的实训设备，不像教室，更像是车间。铸造、钳工等实操对体力要求高，作为班里为数不多的女生，刚开始有点吃不消，但我骨子里不服输的信念一直在，每次实训课，我都是第一个到，提前做准备，向老师请教操作要点和注意事项，课上一箱接一箱，折了练，练了折。碰到问题，拿出书本研究工艺，再接着练。在校三年，待的最多的地方就是实训基地，通过反复实操，一项项技能就这样被我熟练掌握，这为我以后的工作奠定了坚实基础。

二是初入清华，站稳讲台。2014 年，我以专业综合排名第一的成绩被推荐到清华大学基础工业训练中心任教，和我一样毕业于陕西工业职业技术学院在清华任职的前后有 5 批 13 人。上学时，超过总学时一半的实训课，让我们掌握了扎实的专业技能，这是我们能够在清华为本科生讲授实践课的根本原因。入职初期，没有教学经验，我有些惶恐和不安，实践课操作过程多，面对国内顶尖的学生，既要保证演示的过程行云流水，还要保证学生不走神、听明白，对我是极大的考验。我抓住一切学习的机会，经过综合培训和练习，终于站稳了讲台，连续七年荣获清华大学基础工业训练中心实践教学特等奖和一等奖。每次实训课后，学生都会提交一份思想报告，我也经常会出现在学生们的报告里，有学生说：'邢老师的动作特别利索，我们可能要干半小时的活，她十分钟之内就能搞定。'也有学生说：'小颖老师讲课富有激情、风趣幽默、妙语连珠，简直是宝藏老师。'训练中心嘈杂，我得大声讲课，学生常提醒我：'老师您小点声吧，我们能听清，您嗓子哑得让我们心疼。'我把我和学生的这种彼此体恤称为'双向奔赴'，觉得我们这种双向奔赴的情感太美好了。学生的评价和关心让我信心倍增。有时，学生问我是不是清华毕业的？我会从容地告诉他们，我是高职毕业的。我时常想，必须不断努力提高，才能有站稳清华讲台的十足'底气'。

三是深耕专业，学习一直在路上。2015 年，我报考了中国地质大学的专升本，2017 年顺利毕业拿到学士学位。那两年，我上班时间身份是老师，周末又变成了学生，也会疲惫，也会修改毕业设计改到崩溃，但是最后收获颇丰、内心充盈，感觉一切都值得。工作之余，我在专业领域做研究、发论文、申请专利，2021 年获评工程师职称，让自己成长为'双师型'教师。为充分发挥实践课思政育人功能，我着力将专业领域'大国工匠'元素融入课堂，用'工匠精神'感染学生，让他们体悟我国从制造大国迈向制造强国的自豪。"

（资料来源：清华大学基础工业训练中心实践课教师邢小颖. 沐职教春风 绘出彩人生 [R/OL]. 中华人民共和国教育部政府门户网站，2022-05-24.）

故事分析： 平凡人也可以不平凡，邢小颖凭借自己过硬的专业技能，实现了人生的华丽逆袭，依托自己的"一技之长"成了清华大学教师，服务教育事业，将自己的知识和技术教给更多的学生，实现了自己的人生价值。

问题导入： 你觉得高职院校学生应该如何学习专业技能，以技能为依托服务他人和社会，实现人生价值？

一、"技能"的含义

（一）技能与生活

技能的应用在日常生活中无处不在，例如有的人会烹饪，可以给家人做各种各样的美食；有的人特别会整理家务，总是把家里收拾得井井有条；有的人会化妆，可以给自己化适合不同场合的妆容；有的人会维修，能对破损的家用器具进行简单维护……

这些都是不同技能在生活中的缩影，我们的生活处处离不开技能，也可以说一个人掌握的生活技能水平的高低直接影响他的生活质量，生活技能可以帮助人们解决日常生活中的问题，使人们的生活更健康、更便捷、更美好。

（二）技能与职业

大学生在学校的专业学习，本质上来说就是知识和技能的学习，为日后确立职业目标、顺利就业做准备。职业院校学生的专业学习尤其具有很强的实践操作性和岗位针对性，专业强不强、技术硬不硬，通常是步入社会的学生能否获得职业准入资格、从事专业技能工作的基础性条件。

随着现代服务业的发展和社会分工的不断细化，社会对于技能人才的需求呈现多样化，越来越多的新职业开始涌现，2022年新修订的《职业教育法》中规定："要大力发展先进制造等产业需要的新兴专业，加快培养托育、护理、康养、家政等方面的技术技能人才。"未来，可以有越来越多的人通过自己的一技之长实现就业，依靠不断提高的技能水平，创造更多的社会价值，实现个人发展和人生抱负。

（三）技能与科技

技能与科技有着不可分割的联系，技能是人们在实际生产生活中进行某种实际操作的能力，它不仅是丰富的实践经验的积累，更蕴含着科学技术的力量。技能人才不仅可以通过技能为社会提供产品和服务，还可以通过发明创新在科技领域创造价值，从具体工作中的方法创新，到行业的技术革新，再到国家重大科技的突破，技能人才在加快产业升级转型、推动技术创新、提高企业竞争力等方面发挥着重要作用。

二、以"技"服人的基本表现

所谓以"技"服人，就是凭借自身的一技之长，为他人服务，为社会做贡献。

（一）技能服务美好生活

在日常生活中，我们经常能看到一些平凡却又身怀绝技的人，他们在自己的生活中默默耕耘，凭借自己掌握的"手艺"帮扶邻里、不求回报；在学校中，我们也常能看到青年

新时代劳动教育
——"劳动精神 工匠精神 劳模精神"教程

  大学生们走出校门、走进社会,凭借自己在学校所学的专业知识和技能,帮助困难群体,热心服务他人、倾情奉献社会。正是这些平凡又不平凡的人,尽自己所能,依靠一技之长服务社会,用勤劳的劳动奉献社会,才让人们的生活更加美好,社会更加和谐。

  一直以来,职业院校担任着培养技能型人才的重任,《大中小学劳动教育指导纲要(试行)》中指出:职业院校要"定期开展校内外公益服务性劳动,做好校园环境秩序维护,运用专业技能为社会、为他人提供相关公益服务,培育社会公德,厚植爱国爱民的情怀。"身为一名职校生,更应该勤于学习、善于学习,利用好学校和社会搭建的平台,结合自身专业学习特点和专业技术优势开展社会实践和志愿服务(图3-23),凭借自己的一技之长为他人服务、为社会做贡献,让青春绽放出最美色彩。

  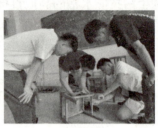

井盖彩绘　　　　　　　　家电维修　　　　　　　　桌椅维护

图 3-23　学校社会实践和志愿服务

典型案例

宋薛礼:靠一技之长,换百姓安全

  宋薛礼,1970年生,来自北京市大兴区清源西里社区,是一名普通的锁匠。

  从1992年开始,宋薛礼(图3-24)就一直从事锁匠行业和志愿服务工作,他兢兢业业、刻苦钻研,同时积极参与社区志愿服务,为群众排忧解难。在开锁配钥匙工作中,他对现役军人、残疾人、见义勇为人员、空巢老人、困难低保户等给予50%优惠;对革命烈士家属、孤寡老人等特殊群体以及突发疾病等危急情况一律免除开锁费用。从业以来,共义务开锁修锁5500余次,免费配钥匙7.2万余把,开锁挽救了75条宝贵的生命。2014年,他花费5万元制作了5000套清源连心卡,分发给辖区残障和高龄老人预防走失。2016—2018年,他为清源街道困难、残疾、孤寡、空巢等200个家庭免费安装200套防盗锁具。

图 3-24　宋薛礼
(图片来源:北京日报,2021-07-28)

  此外,宋薛礼还开办公益讲堂,开通百姓锁匠宋薛礼咨询热线,印制了大量宣传品,普及居家锁具安全常识。

> "一个人的力量是有限的，如果能够成立一个团队，就能带动更多热心公益的人参与志愿服务。"2009年10月28日，宋薛礼积极推动成立北京市大兴区清源街道志愿服务协会。协会成立以来，宋薛礼带领协会工匠会员在每月5日、10日，以及学雷锋日、劳动节、重阳节、"12·5"志愿者日等重要时间节点，到社区、学校、部队、敬老院及农村，提供修锁配钥匙、理发修脚、义诊、家电维修、法律咨询等志愿服务。
>
> 2020年年初，宋薛礼组织发动100余名党员和志愿者，在6个社区提供人员摸排、物资运输等志愿服务，并为清源街道24个社区和9个部门工作者提供免费理发服务1200余人次。同时，宋薛礼还利用自己的开锁修锁技能，为10户居民进行免费开锁修锁服务。
>
> （资料来源：救命锁匠近30年挽救75条生命.青瞳视角，2021-07-16.）
>
> **案例分析**：于平凡中坚守爱与奉献，于危机中救生命于水火，几十年来，宋薛礼一直默默奉献，用自己的开锁技能回报社会，为民服务，让百姓更安全、生活更美好。

（二）技能成就出彩人生

"素质是立身之基，技能是立业之本。"在过去经济不发达、物质不丰富的年代，人们学习某种技术技能，往往是以此谋生，一辈子有稳定的收入。如今，年轻人学习一技之长、练就过硬本领，不仅仅是为了养家糊口，更多的是为了在工作岗位上成长成才，在奋斗中实现个人价值、成就精彩人生。

俗语云："一招鲜，吃遍天"，在当今社会，社会分工越来越细，每一个领域、每一个行业、每一个职业的深耕细作都离不开扎实的技能基础。一个拥有精湛技艺的人就意味着能拥有更大的平台，能做更多的事情。职业教育的发展为年轻人学习技能提供了丰富的机遇，许多技能学子发挥技能优势，在技能大赛中大放异彩，实现了人生的华丽逆袭。

典型案例

身边的榜样：凭借硬本事，端上稳饭碗

山东劳动职业技术学院现代城市系陈成龙（图3-25）、李鹃冰（图3-26）两位老师

图3-25 陈成龙

图3-26 李鹃冰

原为学校 2017 级学生，在校期间，两人凭借专业技能参加"第一届全国职业技能大赛"并分别取得了"家具制作项目铜牌"和"平面设计技术项目优秀奖"的好成绩，同时获得"全国技术能手"称号。取得成绩后摆在两位年轻人面前的机会很多，甚至不少省外单位都向他们投来了橄榄枝，但两人都毫不犹豫地选择了留校任教，为学校继续培养专业人才。

（资料来源：身边的榜样.齐鲁网，2022-05-05.）

齐鲁新青年：凭借"硬本事"，端上"稳饭碗"

案例分析： 劳动创造美好生活，技能成就出彩人生。高职院校毕业的陈成龙、李鹃冰两人发挥专业技能，依靠自身"硬本领"摇身一变成为高校教师，继续为学校培养人才贡献自己的专业力量，收获了人生价值，依托技术技能服务社会。

（三）技能支撑强国战略

从制造大国到制造强国，从中国制造到中国智造，国家对高素质技能人才的需求越来越迫切。习近平总书记在致首届大国工匠创新交流大会贺信中强调"技术工人队伍是支撑中国制造、中国创造的重要力量"，技能人才在参加重大工程、建设制造强国中发挥着重要作用。

个人命运和国家命运紧密相连，身为新时代技能人才，要提升社会责任感，将个体的职业诉求和社会理想相联系，以自己的技能劳动服务社会，走技能成才、技能报国之路，积极投身到制造强国的建设中，投身于实现中华民族伟大复兴的宏伟事业中。

典型案例

何小虎：职校毕业生成为液体火箭心脏钻刻师

2022 年 4 月 16 日 9 时 56 分，神舟十三号载人飞船返回舱在东风着陆场成功着陆。这激动人心的时刻，背后凝聚着每一位航天人的汗水。

被誉为液体火箭"心脏钻刻师"的何小虎（图 3-27），是航天科技六院西安航天发动机有限公司的一名高级技工，主要从事载人航天、探月工程、火星探测等各型号液体火箭发动机相关产品的精密加工。

图 3-27　何小虎

（图片来源：人民网，2022-04-28）

何小虎平时总是穿着一套印有"中国航天"字样的藏蓝色工装，"穿上这身衣服，就要对产品质量负责。"在他看来，通过创新不断提高航天发动机质量，不仅是科研人员的职责，也是技能劳动者的责任。而创新，来源于对基础技术、基础工艺的深入研究。

> 喷嘴成品合格率的大幅提升就是何小虎的创新成果。过去，发动机燃烧室相关零部组件喷嘴加工使用的钻削方式，不仅后期需要大量人工参与，成品合格率也低。关注到这个问题之后，何小虎和团队查资料、翻文献，寻找解决办法，"连做梦都在攻关"。天道酬勤，何小虎想到了采用车-铣-磨高效复合加工法、实现无人化加工的理论设想，将钻削改为铣削。然而，他这个大胆的想法一度遭到同事质疑。如何让机床实现这种指令？选择什么样的刀具、什么样的参数？质量如何保证？所有的问题都指向"不可能"。
>
> "创新，肯定会遇到困难。"何小虎认准方向，查阅了大量资料，终于找到了方法路径。编了又改、改了又编，不知道重复了多少次，他和团队终于实现了在机床上铣削的动作和功能，并进行了产品试验。何小虎创新的加工方法，不仅能满足设计要求，还大大提高了产品质量，产品合格率达 98% 左右。
>
> 深耕一线 12 年，何小虎先后解决了 65 项火箭发动机加工难题，独创"微小孔高效加工法""异型零件高效找正法""极限加工稳定性控制法"，有效提升了新一代液氧煤油发动机喷注燃烧系统工作的高可靠性。几年间，何小虎先后培养出 20 多名徒弟，他也成为陕西省带徒名师。
>
> （资料来源："火箭心脏钻刻师"将青春融入航天梦.人民网，2022-05-03.）
>
> **案例分析：**一切劳动者，只要肯学肯干肯钻研，练就一身真本领，掌握一手好技术，就能立足岗位成长成才，就能在劳动中发现广阔的天地，在劳动中体现价值、展现风采、感受快乐。何小虎用自己的努力攻克一项项技术难关，凭借卓越的技能为航天事业和社会发展做出贡献，他的故事影响和带动着航天领域一名又一名年轻的技能工人，更让人们对技能工人有了新的认识。

三、职业院校学生如何提高技术技能

一直以来，人们对职业教育存在着"职业教育就是低层次教育"的偏见，职业院校学生也在无形中受着"偏见"的影响，在 2022 年 5 月 1 日起新修订的《职业教育法》规定："各级人民政府应当创造公平就业环境。用人单位不得设置妨碍职业学校毕业生平等就业、公平竞争的报考、录用、聘用条件。"技能型人才前途广阔、大有可为，在就业、服务社会方面发挥着越来越重要的作用，那么职业院校的学生该如何锻炼自己的专业技能，培养技能优势呢？

让一技之长香起来

（一）专业学习是技能提升的基本保障

实践是检验真理的唯一标准。知识是能力的基础，认真学好基础知识，掌握扎实的理论功底，学习思考方式和处理问题的方法，学会分析探究知识的形成过程和知识的实用价值，形成获取新知识的能力，才能为不断发展和终身学习打下基础，增强可持续发展的能力。

（二）实习实训是学生技能提升的实践方式

实习主要是指把学生直接安排到工作岗位上，在工作中学习，以提高学生的动手操作能力。实训只要是通过模拟实际工作环境，学生通过参与式学习使自己在专业技能、实践经验、工作方法、团队合作等方面得到提高。高职院校学生要充分利用学校搭建的平台，在实习实训中精进专业能力、练就卓越技能。

（三）技能大赛是学生技能提升的有力抓手

习近平总书记在致首届全国职业技能大赛的贺信中指出："职业技能竞赛为广大技能人才提供了展示精湛技能、相互切磋技艺的平台，对壮大技术工人队伍、推动经济社会发展具有积极作用。"职业教育技能竞赛是对参赛者实践操作技能的考查，也是对学生在职业技能操作方面发展水平的评价，是学生技能提升的重要平台和有力抓手。

思考题

你还能想到其他技能提升的方式吗，请通过查阅资料、咨询老师、同学讨论等形式，了解大学生技能提升的方法途径。

延伸阅读

大学生暑期"三下乡"

大学生三下乡是指"文化、科技、卫生"下乡，是各高校在暑期开展的一项意在提高大学生综合素质的社会实践活动。

1996年始，中共中央宣传部、文明办、教育部、科技部、司法部、农业部、文化部、卫生部、国家人口计生委、广播电影电视总局、新闻出版总署、共青团中央、全国妇联和中国科协14部委联合开展了大学生"三下乡"活动。

大学生"三下乡"使大学生能够将自己在校所学的先进科学的生活观念在广大农村传播，紧密结合他们所学专业技术知识，在农村开展多种形式的先进科技文化知识和生活观念的宣讲活动。大学生参与新农村建设的进程，为大学生了解中国国情开启了一扇窗口，密切了高等教育与新农村建设的关系，同时提高了大学生的社会实践能力和综合素质，为国家未来的发展培养了优秀人才。

大学生是我国科学技术发展的后备军，应该发挥知识技能的优势，为农村建设服务，为农民群众服务。广大的农村需要大学生去发挥聪明才智，大学生也需要到农村去，在服务农民群众的实践中接触社会，了解国情，增强社会责任感和历史使命感。通过"三下乡"，大学生可以改造世界观、价值观，把农村建设的需要和青年学生的成长很好地结合起来，走正确的成长成才道路，如图3-28所示。

图3-28　大学生暑期"三下乡"

话题讨论： 结合自己的专业想一想，自己能为社会做些什么？

第二节 以"志"服人，彰显无边大爱

劳动教育中的志愿服务

2020年3月20日，中共中央、国务院印发《关于全面加强新时代大中小学劳动教育的意见》中明确提出，支持学生深入城乡社区、福利院和公共场所等参加志愿服务，开展公益劳动，参与社区治理。

2020年7月7日，教育部印发《大中小学劳动教育指导纲要（试行）》，指出普通高等学校要强化服务性劳动，自觉参与教室、食堂、校园场所的卫生保洁、绿化美化和管理服务等，结合"三支一扶"、大学生志愿服务西部计划、"青年红色筑梦之旅""三下乡"等社会实践活动开展服务性劳动，强化公共服务意识和面对重大疫情、灾害等危机主动作为的奉献精神。

2020年9月，教育部等九部门发布《职业教育提质培优行动计划（2020—2023年）》（以下简称《行动计划》）。《行动计划》指出，将劳动教育纳入职业学校人才培养方案，设立劳动教育必修课程，统筹勤工俭学、实习实训、社会实践、志愿服务等环节系统开展劳动教育。

编者的话

志愿服务是社会文明进步的重要标志，是培育和践行社会主义核心价值观的有效载体。党的十八大以来，习近平总书记高度重视志愿服务工作，强调要在全社会广泛弘扬奉献、友爱、互助、进步的志愿精神。志愿服务活动不仅可以强化青少年的社会责任感，培育青少年的公共服务意识、爱国情怀，还能与劳动教育互促互进、相得益彰，是学校进行劳动教育、提高学生劳动能力的重要方式。

故 事 导 入

有一种青春叫奉献——徐本禹的支教人生

2013年，华中农业大学"本禹志愿服务队"的同学们给习近平总书记写了一封信，汇报了他们开展志愿服务活动的成果及他们的认识体会。同年12月5日，他们收到了习近平总书记的回信。总书记肯定了他们在服务他人、奉献社会中取得的成绩和进步，勉励他们弘扬志愿精神，为实现中华民族伟大复兴的中国梦作出新的更大贡献，并向这支志

愿服务队和全国广大青年志愿者致以诚挚问候和崇高敬意。

说起"本禹志愿服务队",要从这支队伍的带头人徐本禹开始讲起。徐本禹,中共党员,1982年出生在山东聊城一个贫困的农民家庭。1999年,徐本禹考入华中农业大学。他端过盘子,扛过书架,做过家教,也受到过许多好心人的帮助。"我一直告诉自己,别人给我一口饭,我一定要还别人一碗肉!"大学四年,徐本禹用自己的奖学金和生活补助资助了5名贫困学生。

1. 放弃公费读研赴贵州支教

徐本禹做家教时偶然看到一篇对贵州"岩洞小学"的报道,改变了他的人生轨迹。大三暑假,他和4名志愿者来到当时没有通水、没有通电、没有通路的贵州省大方县猫场镇狗吊岩村为民小学支教,原计划两周的支教最后变成了两个月。

2003年7月,徐本禹高分考上母校公费研究生,但他一直牵挂着贵州的孩子们。经过再三考虑,他决定放弃读研究生的机会,重返贵州支教。

2. 大山深处孤身支教

狗吊岩是一个几乎封闭的"孤岛",这里不通公路、没有电,更别说电话,寄一封信都要跑18公里崎岖的山路。尽管自己也是苦孩子出身,但是这里的苦还是有些令他难以承受。在狗吊岩,徐本禹一周要上六天课,一天上课时间达到了8小时。徐本禹负责五年级一个班,除了教语文、数学外还要教英语、体育、音乐等。由于信息闭塞,学生不了解外面的任何东西,一篇200多字的文章出现20个错别字是很正常的现象。

随着时间的流逝,这所岩洞中的小学因为徐本禹的坚持,有了前所未有的活力。"孩子们可以听懂普通话了,甚至可以用半生不熟的普通话与人交流。来上学的学生也多了起来,原来只有140人,现在超过了250人。最重要的变化是唤起了村民对知识的重视。"为民小学的创办者吴道江如是说。

3. 支教事迹感动中国

2004年,徐本禹作为大学生志愿者的典型,被评为"感动中国"年度人物。颁奖词说,"如果眼泪是一种财富,徐本禹就是一个富有的人,在过去的一年里,他让我们泪流满面。从繁华的城市,他走进大山深处,用一个刚刚毕业大学生稚嫩的肩膀,扛住了倾颓的教室,扛住了贫穷和孤独,扛起了本来不属于他的责任。也许一个人的力量还不能让孩子的眼睛铺满阳光,爱,被期待着。徐本禹点亮了火把,刺痛了我们的眼睛。"

徐本禹的事迹引发全国关注,很多人也把目光聚焦到了贫困学生和改善当地的教学条件上,在好心人的帮助下,当地学校的教学条件发生了翻天覆地的变化。徐本禹带动了一批批青年学子投身支教事业,如图3-29所示。

2005年,华中农业大学"本禹志愿服务队"成立。十多年来,"本禹志愿服务队"志愿者人数超过45000名,公益项目涵盖支教、扶贫、环保、关爱特殊群体……志愿服务遍及鄂、黔、滇、闽、冀五省。一届又一届成员接过徐本禹传递的爱心接力棒,将青春挥洒在大山里,为大山里的孩子们插上希望的翅膀。

图3-29 本禹志愿服务队

(图片来源:共产党员网,2019-04-19)

（资料来源：身边的榜样：有一种青春叫奉献——徐本禹的支教人生．共产党员网，2019-04-19．）

故事分析：有一种青春叫奉献，有一种选择叫无悔，徐本禹用满腔的热情投身乡村支教，为大山里的孩子带来光明和希望，用自己的行动和劳动带动了更多人投身于志愿服务，将奉献传递，让爱心永存。

问题导入：你是否参加过志愿服务活动，你对志愿服务了解多少？

一、志愿服务的定义及特征

《志愿服务条例》规定，志愿服务是"志愿者、志愿服务组织和其他组织自愿、无偿向社会或者他人提供的公益服务"。志愿服务广义上指志愿者不以获取物质报酬为目的，自愿贡献时间、能力和财富，为社会和他人提供的公益服务。

1. 自愿性

自愿性是指志愿者参与志愿服务是出自本人意愿，而非出于强迫或者环境造成的压力。自愿性是区别志愿服务与其他公益服务的典型特征，决定了志愿服务参与者的主体地位。

2. 无偿性

志愿者不以获取报酬或盈利为目的，他们利用自己的时间、能力和财富贡献公益服务，因此是不获得劳动报酬的，是无偿的。无偿性代表着不应以一般社会劳动时间计算劳动报酬回馈志愿者，但是无偿性不排斥为保证志愿服务顺利进行而安排的适度的交通补贴、餐饮补助等必要开支。

3. 公益性

公益性是指志愿者从事的服务行为及其导致的结果是符合社会公共利益要求、符合公序良俗原则和志愿服务道德伦理的。志愿服务的公益性是区别亲社会行为和反社会行为的基本特征。不具有公益性的志愿行为，不是社会倡导的志愿服务。

4. 组织性

志愿服务的组织化是现代志愿服务发展的一个显著特点，体现了志愿者从自发自为朝着共促共进发展，能够有效提升志愿者对群体的认同和志愿服务的专业化水平。

二、志愿服务精神

志愿精神是体现在志愿者、志愿服务行动之中的内在精神特质，中国青年志愿者协会将志愿精神表述为"奉献、友爱、互助、进步"（图3-30）。以"奉献、友爱、互助、进步"为主要内容的志愿精神，不仅体现了中华民族的传统美德，也体现了社会进步发展的时代要求，是中国志愿服务实践活动的核心。

志愿服务是进行劳动教育的重要实施载体。劳动教育在实

图3-30 中国青年志愿者标志"心手标"

施途径方面有自己的特点，它主要不是在课堂里"讲"出来的，而是组织学生在真实的劳动中"干"出来的，主要通过生产劳动和公益劳动等来实施。志愿精神体现为"个人对生命价值、社会、人类和人生观的一种积极态度"。志愿精神在影响志愿者和救助对象、作用于社会体系结构和心理各方面的基础上，最终的目的是在全社会每个成员的心灵中得到内化，成为一种面对人生、社会和生命的个体态度。这是志愿精神的最深层次，是"奉献服务""自助助人""公民参与""互助友爱"和"共同进步"等精神内涵在个人人生态度之中的升华。而劳动教育最核心的价值是培养人格，两者在培养目标上具有高度一致性。

> **典型案例**
>
> ### 一名"90后"西部计划志愿者的责任人生
>
> "生在井冈山、长在南泥湾、转战数万里、屯垦在天山……"突然响起的音乐让人想不到这是一个"90后"的手机铃声。"这首《兵团进行曲》就是兵团人的真实写照，一听到这个歌我就很振奋。"他特意又播放了一遍，自豪地说。
>
> 他叫范亚菠，曾经是一名西部计划志愿者，而今，他选择扎根在祖国边疆（图3-31）。
>
> 2013年7月早上5时，他怀着对陌生环境满心的憧憬坐上K597列车，前往新疆，行程刚开始时，还是繁华的城市、富饶的乡村、密集的人群、成片的绿茵，随着绿皮火车缓缓西行，火车道两旁变得越来越荒凉，行驶一天后，放眼望去，除了光秃秃的山，就是戈壁滩，荒无人烟、黄沙漫天、无边无际。"这是什么地方？"他开始惴惴不安。
>
>
>
> 图3-31 范亚菠和当地群众一起学习
> （图片来源：中国青年网，2019-10-10）
>
> 范亚菠自认为并不是个矫情的人，虽然从小在县城长大，但也吃过苦。"我想，环境再差也差不到哪去，毕竟是个县级市。"可是，从合肥到乌鲁木齐，从乌鲁木齐到北屯市，由火车转大巴，60小时的路程让他头昏眼花、疲惫不堪。
>
> 刚开始的两年，他特别怕过冬天，更怕过年，北疆冬长夏短，5月到9月是难得的耕种和收获季节，其余季节的蔬菜、物资长期依赖内地供应，冬季蔬菜有时比羊肉还贵。志愿者没有工资，每个月1900元的生活补贴只能维持日常支出，下馆子成了一件奢侈的事情。
>
> "然而，生活就像一杯美酒，需要慢慢品尝，才会发现它的美好！"渐渐的，范亚菠发现，这里的人淳朴善良，路不拾遗，夜不闭户，人们安居乐业。在他的心里，兵团更像是一个移民的大家庭，这里除了转业的军人，还有来自全国各地的支边青年、知识分子汇聚在一起，兵团人给予的亲人般的关怀和家的温暖让他有了"想要留下"的念头。

> "哪里需要我们，我们就到哪里去！"
> "献了青春献终身，献完终身献子孙！"
> 在兵团服务的这两年，这句话让范亚菠多次落泪。兵团所有人都不是新疆本地人，大家来自五湖四海，不论是转业军人还是支边青年，他们在这里结婚生子，子孙们也成为追随者。
> "我工作的地方闪耀着兵团人和当地人智慧的光芒。"范亚菠有感于兵团人无私奉献、艰苦奋斗的精神，也成为一名国家公务员，在服务期结束后，他毅然决然地选择留在石河子工作，成为一名兵团人。
> 他坦言："在去西部之前，我都不清楚共青团到底是做什么的，志愿服务期间，我补上了这门课。"他认为，只有了解后才谈得上是否热爱，耳濡目染的环境熏陶很重要，青少年的思想教育和价值观引领要从小培养。
> "人不能只知道索取，奉献才是人生的意义。"他坚定地说，"无论任何时候，在何种情况下，兵团人都时刻牢记自己是共产党的队伍，是人民的子弟兵，哪里需要我们，我们就到哪里去！"
> 如今，选择参加西部计划的大学毕业生如雨后春笋，他们愿意到兵团甚至更加艰苦的地方历练自己，像范亚菠一样选择留下的支边青年也在逐年增加，在无悔奉献中书写青春担当。
> （资料来源：中国青年网，https://finance.youth.cn/csr/201910/t20191010_12090333.htm.）
>
> **案例分析：** 有人认为，"90后""00后"是缺乏责任感、张扬个性、生活比较自我的一代，但范亚菠用自己的实际行动告诉世人，当代青年人并不缺乏责任感，是勇于担当新时代重任的一代。

三、大学生参与志愿服务的类型和途径

志愿服务有助于大学生坚定理想信念，培养优良品德和磨炼意志品质，同时大学生志愿服务也是践行劳动教育，培养学生劳动意识，获得劳动技能、劳动知识，达到个性全面发展的重要方式之一。作为一名当代大学生，要积极参加志愿服务，立足新时代、展现新作为，主动承担社会责任，热诚关爱他人。

（一）大学生参与志愿服务的类型

1. 日常社区类

日常社区类志愿服务是指大学生志愿者在高校党团组织的带领下，深入社区对居民开展的志愿服务。学生开展日常社区类志愿服务的内容覆盖了居民生活的方方面面，例如：生活帮扶、青少年教育、医疗保健、法律援助、宣传教育等，是大学生开展志愿服务活动的最主要形式，如图 3-32 和图 3-33 所示。

图 3-32　志愿者进社区进行卫生清扫　　　　图 3-33　志愿者进敬老院慰问老人

2. 助学支教类

助学支教类志愿服务是指大学生为支援教育和教学管理工作等实践活动开展的志愿服务活动。1999年，团中央、教育部共同启动了中国青年志愿者研究生支教团工作（图3-34），采取公开招募的方式，每年在全国部分重点高校中招募一定数量取得保送研究生资格，能够胜任助学支教的应届本科毕业生，以志愿服务的方式到国家中西部贫困地区开展为期1年的支教工作，有力地促进了中西部贫困地区基础教育事业的发展。

图 3-34　北京大学第一届研究生支教团

（图片来源：中国青年志愿者网，2019-09-12）

3. 应急救援类

应急救援类志愿服务是指大学生志愿者针对自然灾害和人为造成的突发、具有破坏力的紧急事件采取的预防、响应的志愿服务活动。应急救援类一般针对的是突发性的、严重影响社会公众的公共安全事务、灾害与事件。

4. 环境保护类

环境保护类志愿服务是指大学生志愿者用环保的理念、科学的理论指导，协调社会与环境之间的关系，保护和改善环境的志愿服务活动，如图3-35和图3-36所示。

图 3-35　志愿者科普环保知识　　　　　图 3-36　志愿者清理草地垃圾

5. 大型活动类

大型活动类志愿服务是指为了保障大型活动的顺利开展，在高校及相关部门的统一领导下，以大学生志愿者为主体开展的志愿服务活动（图 3-37）。大型活动类志愿服务的内容一般包括交通维护、维持秩序、宣传报道、后勤保障以及组织方所需要的其他活动等。

6. 海外服务类

随着中国国际地位的不断增强和志愿服务国际网络的日益完善，海外志愿服务逐渐成为发展援助的重要方式。实施海外服务计划，派遣青年志愿者出国服务，是共青团组织服务党政外交大局的积极举措，如图 3-38 所示。

图 3-37　北京冬奥会志愿者　　　　　　图 3-38　海外服务志愿者
（图片来源：人民网）　　　　　　（图片来源：中国青年志愿者网，2021-09-26）

（二）大学生参与志愿服务的途径

1. 高校社团自发组织

社团自发组织主要指在高校内由学生自发组建的志愿类社团发起的活动。2005 年 1 月共青团中央、教育部联合下发的《关于加强和改进大学生社团工作的意见》中明确指出，要积极支持大学生社团开展健康有益的活动，积极倡导社会公益型社团。

2. 高校团委直接组织

一方面是日常志愿服务实践活动，主要形式是以校青年志愿者协会为基础，吸纳团总支、团支部、学生会、学生社团的力量，发挥院系专业特长优势，深入开展敬老助残、科技创新、绿色环保、义务支教、关爱留守儿童、关爱社区群众、关爱身边困难同学等志愿服务活动；另一方面是暑期社会实践活动，青年学生利用暑假深入西部、山区、农村、学校、社区等基层一线，在了解国情、认识社会的同时，开展力所能及的志愿服务、公益活动，如图 3-39～图 3-41 所示。

图 3-39　大学生暑期社会实践

图 3-40　关爱自闭症儿童

图 3-41　"冬日暖阳"爱心募捐活动

3. 借助社会组织合作参与

大学生参加由社会组织、基金会、媒体、爱心企业组织开展的活动，其中又以社会组织为主体。

4. 借助网络平台参与

在"互联网+"的时代，志愿服务活动的组织、招募和记录早已通过信息化平台来实现。志愿服务网络平台可以搭建有效的信息沟通平台，实现志愿服务主体、客体及志愿服务信息的高效供给，大学生通过网络平台可以即时了解谁需要服务、需要什么样的服务等志愿服务客体信息，并进行自由选择。

5. 参与政府主导赛会

自 2008 年北京奥运会以后，政府主导的大型赛会对大学生志愿者的需求越来越大，如庆祝中国共产党建党一百周年庆祝大会、2022 年北京冬奥会等，大学生在历次大型活动中展示了青春风采，共青团也在其中主动承担了组织、推动和宣传的职责。

6. 参与专项行动计划

专项行动指西部计划、研究生支教团项目、暖冬行动、七彩假期、关爱行动、阳光助残行动等活动。这些专项活动有明确的服务地点和服务时长要求，并且有政府的资金保障和政策扶持，有的还需要大学生志愿者通过高校团委的正规招募和岗前培训。

> **思考题**
>
> 你主要是通过何种方式参与志愿服务，你还知道大学生参与志愿服务的其他途径吗？

> **延伸阅读**

大学生志愿服务西部计划

2003年，共青团中央、教育部、财政部、人力资源和社会保障部根据国务院常务会议和全国高校毕业生就业工作会议精神，联合实施大学生志愿服务西部计划，招募一定数量的普通高等学校应届毕业生或在读研究生，到西部基层开展为期1~3年的志愿服务工作，鼓励志愿者服务期满后扎根当地就业创业。

西部计划按照服务内容分为基础教育、服务三农、医疗卫生、基层青年工作、服务新疆专项、服务西藏专项、基层社会管理七个专项。

（1）基础教育：在县乡中小学从事教学及教学管理工作。本专项包括研究生支教团。

（2）服务三农：在县乡农业（林业、牧业、水利）技术单位从事农业科技工作。

（3）医疗卫生：在乡镇卫生院以及部分县级医院、防疫站从事医疗卫生工作。

（4）基层青年工作：在县级团委从事加强团的基层组织建设、促进青年就业创业、预防青少年违法犯罪、维护青少年合法权益等工作。

（5）服务新疆专项：围绕新疆和生产建设兵团经济社会发展需要在基层单位从事基础教育、农业科技、医疗卫生等服务。

（6）服务西藏专项：围绕西藏经济社会发展需要在基层单位从事基础教育、农业科技、医疗卫生等服务。

（7）基层社会管理：围绕西部基层社会公益、社会保障、社会福利、法律援助、扶贫开发、金融开发等公共服务需求及党政、司法、综治等工作需要开展服务。

西部计划是国家重大人才工程"高校毕业生基层培养计划"的子项目，是引导和鼓励高校毕业生到基层工作的五个专项之一。党中央、国务院高度关心西部计划志愿者，高度重视西部计划和研究生支教团工作。习近平总书记曾多次做出批示或给志愿者回信，肯定志愿者们在西部地区辛勤耕耘、默默奉献，为当地经济社会发展、民族团结进步做出了贡献，勉励越来越多的青年人以志愿者为榜样，到基层和人民中去建功立业，让青春之花绽放在祖国最需要的地方，在实现中国梦的伟大实践中书写别样精彩的人生。

1. 西部计划报名步骤

第一步：登录西部计划官方网站，在西部计划报名系统进行注册、填写报名信息、下载打印《报名登记表》。（如果你所在的高校为教育部最新公布的《全国普通高校名单》中所列高校，但在报名系统中找不到，表明所在高校还未成为西部计划高校项目办，具体可咨询校团委）。

第二步：报名表经所在院系团委审核盖章，交所在高校项目办（设在校团委）审核备案。

第三步：高校项目办在收到你的《报名登记表》后，将及时对其在网上报名填写信息的真实性等情况进行审核。

第四步：高校项目办审核后，在西部计划信息系统中填写审核意见。高校项目办审核通过即报名成功。

2. 西部计划招募流程

（1）高校项目办（设在校团委）收到学生报名登记表后，应及时对报名学生的情况进行审核，并组织报名学生开展笔试、面试（图3-42），选拔志愿精神突出、笔试面试成绩优秀、专业符合岗位要求的学生进行岗位对接。

图 3-42　大学生志愿服务西部计划志愿者选拔面试

（2）岗位对接之后，参加高校项目办组织的统一体检。

（3）体检之后，学校将公布录取名单并公示3天。若无异议，将名单报招募省项目办。

（4）全国项目办委托各招募省项目办向参与人发放《确认通知书》。

（5）全国项目办汇总审定新到岗服务志愿者名单。

计划志愿者

话题讨论： 当代大学生如何在志愿服务中增强劳动能力和劳动品质？

新时代劳动教育
——"劳动精神 工匠精神 劳模精神"教程 学材

张丽芳 主 编
王晴晴 张 松 李瑞红 杨学英 副主编

清华大学出版社
北京

内 容 简 介

本书以"劳动精神、工匠精神、劳模精神"(以下简称"三种精神")为核心,以"劳动最光荣,劳动最崇高,劳动最美丽,劳动最伟大"为价值理念,围绕三种精神进行内容设计,彰显中国意蕴、民族传统和时代风尚。本书注重故事讲述,精选能够体现三种精神的技术能手、全国劳模、大国工匠作为典型人物,挖掘他们身上的故事,通过人物故事讲述,向学生传递精神理念,进行知识浸润。本书在编写理念上体现了学生主体,为学生设计了学材,这是本书最大的特点。另外,还专门设计技能培养任务、制订了评判标准,为学生提升劳动技能提供文本。教材和学材相互呼应,形成互补。

本书适合作为高等院校劳动教育课程教材,也可以作为各级各类学校开展劳动教育相关课程和培训的参考用书。

本书封面贴有清华大学出版社防伪标签,无标签者不得销售。
版权所有,侵权必究。举报:010-62782989,beiqinquan@tup.tsinghua.edu.cn。

图书在版编目(CIP)数据

新时代劳动教育:"劳动精神 工匠精神 劳模精神"教程/张丽芳主编. — 北京:清华大学出版社,2023.8(2024.1重印)
ISBN 978-7-302-64374-6

Ⅰ.①新… Ⅱ.①张… Ⅲ.①大学生—劳动教育—高等职业教育—教材 Ⅳ.① G40-015

中国国家版本馆 CIP 数据核字(2023)第 149813 号

责任编辑:张 弛
封面设计:刘 键
责任校对:袁 芳
责任印制:杨 艳

出版发行:清华大学出版社
网　　址:https://www.tup.com.cn, https://www.wqxuetang.com
地　　址:北京清华大学学研大厦 A 座　　邮　编:100084
社 总 机:010-83470000　　邮　购:010-62786544
投稿与读者服务:010-62776969, c-service@tup.tsinghua.edu.cn
质量反馈:010-62772015, zhiliang@tup.tsinghua.edu.cn
课件下载:https://www.tup.com.cn, 010-83470410

印 装 者:三河市人民印务有限公司
经　　销:全国新华书店
开　　本:185mm×260mm　　印 张:15.5　　字　数:370 千字
版　　次:2023 年 9 月第 1 版　　印　次:2024 年 1 月第 2 次印刷
定　　价:56.90 元(全两册)

产品编号:098184-01

目　录

模块一　理论认知与三种精神 1
  任务一　劳动精神 1
    寻找身边的最美劳动者 1
  任务二　工匠精神 3
    小工匠养成记 3
  任务三　劳模精神 5
    与劳模面对面 5

模块二　劳动安全与法律法规 8
  任务一　劳动安全 8
    劳动安全大调查 8
  任务二　劳动法律法规 15
    令人心动的 offer——最佳劳动纠纷代理人 15

模块三　三种精神的实践养成与技能提升 21
  任务一　日常生活技能 21
    "断舍离"整理术 21
    "劳动教育主题周"工作日志（五天）.. 26
  任务二　生产性劳动 34
    7S 在日常自我管理中的应用 34
    定制创业策划书 37
  任务三　社会技能 54
    "技"服万家——我的技能服务 54
    "志"怀天下——我的志愿服务 57

模块一

理论认知与三种精神

任务一 劳动精神

寻找身边的最美劳动者

任务目标

走进社区，走进工厂，走进车间，走进各单位，通过观察、访谈等方式，寻找身边的最美劳动者，挖掘他们身上体现的劳动精神和闪光点，分享自己在寻找过程中的体悟和感受。

呈现方式

讲述最美劳动者的一个故事；
制作最美劳动者的一条视频；

记录最美劳动者的一篇文章；

拍摄最美劳动者的一张照片。（讲述照片背后的故事）

"劳之果"赏析

我身边的最美劳动者（文章类、讲述类）

我身边的最美劳动者（图片类、视频类）

任务二 工匠精神

小工匠养成记

劳动目标
亲自动手，实践锻炼。提升执行力，践行工匠精神。

劳动内容
制作一个与自我学习专业相关或者个人爱好相关的作品，可以个人独立完成，也可以采用小组作业、分工合作的方式。

劳动方法与工具
根据作品需要灵活选择劳动方法与工具。

劳动过程
第一步，制作一个与本专业相关或个人爱好相关的作品，可以是实物类的手工制品，也可以是操作类的编一个程序，剪辑一段视频等。可以独立完成，也可以小组分工。

第二步，在制作过程中要用照片或视频的方式记录，将制作过程中遇到的难点、作品创新点随时记录下来。

第三步，向同学和老师分享作品，并讲述创作过程和创作思路。

劳动成果与评价
填写完成附件 小工匠养成记工作报告，提交过程性照片或视频。能按时提交作品、工作报告、照片或视频为合格，在此基础上作品具备一定创新性为良好，作品具备较高水平为优秀。

新时代劳动教育
——"劳动精神 工匠精神 劳模精神"教程学材

附件 小工匠养成记工作报告（填写参考）

姓名	李某	班级	大专21机电1班	劳动任务	小工匠养成记
任务类别			□团队任务		□个人任务
		团队成员			

作品名称	
作品介绍	从总体上介绍作品的基本情况、创作思路。
制作难点	你认为作品的创作难点是什么，制作过程中是否遇到困难，形成困难的原因，你是如何克服困难的？
创新点	简述作品创新性。

模块一 理论认知与三种精神

任务三 劳模精神

与劳模面对面

劳动目标

寻找一位身边的劳模，进行面对面的访谈，寻找劳模身上的闪光点，感悟劳模精神，与劳模一起成长。

劳动内容

完成"我与身边的劳模面对面"访谈表，撰写访谈总结和个人感悟。

劳动方法与工具

访谈（面对面或者线上交流）

劳动过程

（1）寻找你身边的劳模。

他也许是曾经教过你的老师，也许是你身边的某位同学，也许是宿管阿姨，安保人员……

（2）和对方约定好访谈时间、地点和方式。

（3）精心设计访谈问题，与"劳模"进行交流沟通。

（4）认真梳理谈话信息，做好总结提炼。

劳动成果与评价

（1）请认真填写"我与身边的'劳模'面对面"访谈表。

（2）完成不少于800字的访谈总结和个人感悟。

"我与身边的'劳模'面对面"访谈表（填写参考）

姓名	李某	班级	大专21机电1班	劳动任务		我与身边的"劳模"面对面	
任务类别			☐团队任务			☑个人任务	
	团队成员						
访谈时间			地点		形式		
受访者基本情况	姓名		性别		年龄		
	单位						
	职务						

访谈问题	1. 从事这项工作多长时间了？ 2. 为什么选择这项工作？ 3. 介绍下每天的工作情况。 4. 工作中比较难忘的经历。 5. 工作中遇到的问题，如何解决的？ …… （参考）
访谈记录	访谈者： 受访者： 访谈者： 受访者： ……
访谈照片	

"我与身边的'劳模'面对面"访谈总结及感悟

可以参考下面的思路。
你和"劳模"交流后的感受如何？
你和"劳模"的差距在哪里？
如何能成为像"劳模"一样的劳动者？
……

模块二

劳动安全与法律法规

任务一 劳动安全

劳动安全大调查

劳动序曲

近年来,伴随着社会经济快速高质量发展,劳动安全这一涉及全体劳动者切身利益的话题越来越引发高度关注。如何牢牢掌握劳动安全知识,如何切实提升自己的劳动安全意识,如何识别劳动过程中的安全隐患并做好个人防护,这些都成为当代大学生亟须学习和掌握的内容。

模块二 劳动安全与法律法规

劳动目标

通过此次任务，使同学们全方位了解大学生面临的劳动安全状况，并通过调查让同学们充分认识到劳动安全的重要意义，给予同学们劳动安全方面一些切实可行的意见和建议。

劳动内容

结合大学生学习、生活、工作实际开展一次以劳动安全为主题的社会调查活动并形成相应的调研报告。

劳动方法

（1）问卷调查法。通过问卷调查的形式广泛了解同学们的劳动安全意识现状。

（2）个别访谈法。有针对性地选择访谈对象，制订访谈计划，采集分析劳动安全现状及对劳动安全防护的意见和建议。

（3）团队合作法。活动采用团队合作的方式进行。

劳动过程

第一步，自行组建调查团队，每个班级组建 3~5 个团队，每个团队 8~10 人。

第二步，结合劳动安全问题自拟调研题目，可以针对大学生劳动安全意识进行调研，也可以针对劳动安全隐患进行调查。

第三步，制订活动方案。鼓励同学们深入基层、深入劳动一线，采取多种渠道、多种调查方式相结合，制订合理有效的活动计划。内容涵盖活动进行的时间地点、活动步骤、注意事项等。

第四步，活动实施。此次调查活动可以采取问卷调查或人员访谈两种方式进行。设计调查问卷时应注意面向两类人群，一类是在校大学生，另一类是已经顶岗实习的应届毕业生。访谈人员面向一线劳动者选取具有代表性的人员开展，如直接从事校园安全工作、就业指导工作的老师，在企业就职从事一线劳动的学校毕业生等。

第五步，活动总结。对此次安全大调查的情况进行梳理总结，形成调查报告。

"劳之果"赏析

分团队拟定劳动安全调查问卷或者访谈提纲，填写调查活动记录表（见附件1），活动后提交至少 1000 字的劳动安全调查（访谈）报告（见附件2）。

附件 1

劳动安全大调查活动记录表

所属院系班级 _____

指导教师　　　_____

团队负责人　　_____

填写日期 _____年_____月_____日

表（一） 调查选题介绍

调查题目	
调查时间	_____年____月____日至____月____日
调查地点（访谈人员）	

团队所属院系班级		指导教师	
团队负责人		通信地址	
联系电话		电子邮件	

问题的提出（调查问卷或访谈提纲）

调查（访谈）对象的选择及说明

调查（访谈）过程及说明

指导教师意见：
（签字）

表（二） 团队成员介绍

团队成员一（负责人）				
姓　　名		性别		出生日期　　　　年　　月　　日
院　　系			专业班级	
联系电话			电子邮件	
本人的组织协调能力及专业能力、调查成果介绍：				

其他团队成员				
（请根据本团队实际人数增加团队成员表格）				
姓　　名		性别		出生日期　　　　年　　月　　日
院　　系			专业班级	
联系电话			电子邮件	

指 导 教 师				
姓　　名		性别		出生日期　　　　年　　月　　日
院　　系			职　　称	
联系电话			电子邮件	

注：请将调研报告附后。

附件 2

劳动安全调查报告

所属院系班级 _____

指导教师　　　_____

团队负责人　　_____

填写日期 _____年_____月_____日

劳动安全调查报告

一、调查（访谈）的基本情况（时间、地点、对象、方法……）

二、劳动安全调查（访谈）内容及分析

三、活动总结及反思

四、可行性意见或建议

模块二 劳动安全与法律法规

任务二
劳动法律法规

令人心动的 offer——最佳劳动纠纷代理人

劳动目标

(1) 运用常见的劳动法律条款分析劳动纠纷。
(2) 树立法律思维。
(3) 建立劳动维权意识。

劳动内容

以法律案例为依托，学生的角色是劳动纠纷代理人，以模块二任务二学习的法律知识为基础，班级内自由组建 3~5 个法律小组。对给定的案例进行法律分析，提出纠纷的解决方法，并指出在纠纷解决过程中，需要准备哪些证据材料，以及劳动者为避免劳动纠纷需做好哪些工作。

劳动方法与工具

(1) 头脑风暴法。各法律小组成员就案例内容和附件 1 和附件 2 中各栏目内容畅所欲言，在观点碰撞和相互补充的基础上总结出本组的最终结论。各法律小组组内推选出 1 名主持人和 1 名记录员。主持人的职责是组织小组内讨论的开展、控制小组讨论的时间（20~30 分钟为宜）、维持讨论的纪律、总体把握讨论的进程。记录员负责记录本组内各成员的观点和组内最终达成的一致意见。

(2) 问卷调查法。完成本任务需要各法律小组填写法律分析清单和劳动者维权指南，通过填写这两份材料考查学生对知识的掌握和运用情况。各法律小组以案例内容为切入点、以法律分析清单和劳动者维权指南各栏目为方向展开头脑风暴，得出本组的结论后依次填写小组互评以外的各项内容。

劳动过程

第一阶段，各法律小组采用头脑风暴的方式就案例中涉及的法律问题寻找相关法律规定，展开讨论，进行法律分析，分条整理结论。

第二阶段，在法律分析的基础上，分别填写法律分析清单和劳动者维权指南。

劳动成果与评价

以法律小组为单位填写法律分析清单（附件1）和劳动者维权指南（附件2）。填写完毕，各法律小组指定一名代表对本组填写的附件1和附件2的内容进行介绍。各法律小组通过聆听其他小组的内容介绍，在相应栏目中完善本小组的填写内容，并在"小组互评"一栏中对其他法律小组的成果进行评价。

附件1 法律分析清单

小组名称	
小组成员	
案例内容	2022年4月，小张大学毕业后，到A公司工作。A公司告知小张试用期为一年，一直未与小张签订书面劳动合同。五一假期期间，A公司因业务量大，安排小张加班，但未给予其任何报酬。在试用期的第三个月，A公司以小张不符合录用条件为由，口头通知小张不用再来上班。A公司的哪些做法违反了劳动法？小张该如何维护自己的合法权益？
相关法条	
法律分析	
维权途径	
小组互评	

小组互评标准

分为优秀、良好、及格、不及格四个层次。被评为相应等级需同时符合该层次的各项评判标准。各层次的评判标准如下。

优秀：
（1）法条查找准确、全面。
（2）法律分析正确、全面。
（3）维权途径具有高效性、合法性、现实可行性。
（4）小组代表思路清晰、语言表达流利、讲解清楚明了。

良好：
（1）能够找到案例涉及的主要法条。
（2）能够就案例涉及的核心问题进行分析，且分析内容正确。
（3）维权途径具有合法性、现实可行性。
（4）小组代表思路清晰、讲解清楚明了。

及格：
（1）能够找到案例涉及的部分法条。
（2）能够就案例涉及的部分问题进行分析，且分析内容正确。
（3）维权途径具有合法性。
（4）小组代表能够清楚表述本组的结论。

不及格：
（1）法条查找不正确。
（2）无法对案例涉及的问题展开分析。
（3）无法提出相应的维权途径。
（4）小组代表无法清楚表述本组的结论。

附件2　劳动者维权指南

小组名称	
小组成员	
劳动者常见的劳动争议情形	
劳动争议的解决方法	
从自身做起避免纠纷的方法	
小组互评	

小组互评标准

分为优秀、良好、及格、不及格四个层次。被评为相应等级需同时符合该层次的各项评判标准。各层次的评判标准如下。

优秀：

（1）总结的常见劳动争议情形不低于 5 种。

（2）劳动争议解决方法具有多样性、高效性、合法性、现实可行性。

（3）小组代表思路清晰、语言表达流利、讲解清楚明了。

良好：

（1）总结的常见劳动争议情形不低于 4 种。

（2）劳动争议解决方法具有高效性、合法性、现实可行性。

（3）小组代表思路清晰、讲解清楚明了。

及格：

（1）总结的常见劳动争议情形不低于 3 种。

（2）劳动争议解决方法具有合法性、现实可行性。

（3）小组代表能够清楚表述本组的结论。

不及格：

（1）无法总结常见的劳动争议情形。

（2）无法提出劳动争议解决方法。

（3）小组代表无法清楚表述本组的结论。

模块三

三种精神的实践养成与技能提升

任务一 日常生活技能

"断舍离"整理术

劳动目标

学习并掌握"断舍离"的技巧及方法,通过对物品的整理,养成干净整洁、自律卫生的生活习惯。

劳动内容

制订一项整理计划,完成整理过程并进行整理前后的对比。

劳动方法与工具

本项任务介绍了"断舍离"整理的原则以及收拾房间、物品分类整理的几个小技巧,帮助大家更好地制订计划,改变认知,养成自觉自律的生活习惯,如学材图 3-1 所示。

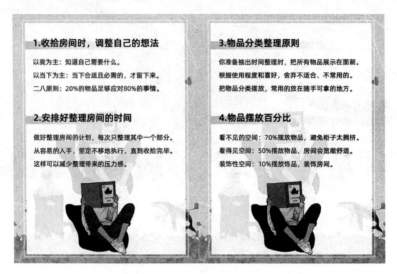

学材图 3-1 "断舍离"整理小技巧

(图片来源:豆瓣网)

(资料来源:为什么要"断舍离"?这是我听过最好的答案,豆瓣小组,2021-08-27.)

(1)以我为轴心 "这个帽子可以用,所以继续留着",这是以物品为中心。而"断舍离"要看这个帽子我是不是在用,如果不是就要"舍",这就是以我为轴心的思考方式。

(2)以当下为主 只挑选当下对我来说必要的东西。先从一定要扔掉的东西下手,再对剩下的物品进行筛选,慢慢再由是否需要变成是否合适、是否舒服。

(3)二八原则 即家中的物品 80% 隐藏放置,20% 用来展示。

(4)七、五、一收纳原则 看不见的空间比如衣柜、抽屉等,只放满七成,避免空间太拥挤;看得见的空间比如带玻璃的橱柜,只放五成,看上去宽敞舒适;装饰性的空间是给人看的,只放一成东西即可。

劳动工具建议大家准备大号垃圾袋 2 个、抹布 1 条、水盆 1 个、扫帚簸箕 1 套,也可依据个人整理习惯进行完善。

劳动过程

根据《"断舍离"整理术——劳动过程考核评价表(填写参考)》,逐步完成下面的学材表格填写并实施。

第一步,现象描述。对要整理对象的脏乱程度进行客观描述。比如"衣服在凳子上、床上乱扔乱放","桌面有灰、有油渍,日常用品与学习用品混作一团"等。

第二步,原因分析。对混乱的房间或准备整理的房屋一角的脏乱程度做一下分析,是什么原因导致的混乱状态。找到原因就可以对症下药了。

第三步，制订劳动计划。可以通过网络、书籍等多种途径搜集资料，对要进行的劳动有充分的认识，制订合理有效的劳动计划。内容涵盖整理的范围、计划用时、劳动步骤、规范标准等。

第四步，准备劳动工具。根据要整理的范围、对象，准备相应的劳动工具，如抹布、水盆等。

第五步，劳动实施。在劳动过程中注意安全，能根据实际情况进行行为顺序的调整，虚心听取他人的建议。

第六步，劳动经验。完成整个劳动过程后，对比劳动计划是否完成既定目标，是否达到预期效果，未达成的原因及调整策略是什么，根据劳动结果进行自我反思，总结经验。

劳动成果与评价

参考附件1填写完成"'断舍离'整理术——劳动过程考核评价表"（见附件2）并提交整理前后的对比照片或视频。

（1）拍摄展现劳动过程、整理前后的对比照片（不少于6张，可拼图）。

（2）拍摄剪辑一段视频，呈现完整的劳动过程，限时5分钟。

附件1 "断舍离"整理术——劳动过程考核评价表（填写参考）

姓名	李某	班级	大专21机电1班	劳动任务		整理书桌		
任务类别			□团队任务		☑个人任务			
团队成员	姓名	李某						
	班级	大专21机电1班						
自主劳动"六步法"								
	基本流程		完成情况			自我评价	同学评价	教师评价
第一步	现象描述 10分		1. 桌面物品摆放杂乱无章 2. 书本因堆放有破损、折页现象 3. 教材与作业本交叉叠放 4. 桌洞存有剩饭等垃圾					
第二步	原因分析 15分		1. 懒得整理 2. 不会整理 3. 没有意识到整理的必要性					
第三步	劳动计划 10分		1. 计划用时20分钟 2. 整理个人书桌 3. 步骤 （1）把桌洞及桌面的所有东西都摆出来，俯视 （2）扔掉剩饭外包装、空水瓶等垃圾					
第四步	劳动工具 5分		1. 大垃圾袋1个 2. 抹布1块 3. 水盆1个 4. 清扫工具1套					
第五步	劳动实施 40分		1. 处理垃圾到位，未发生二次污染 2. 未发生因水盆摆放不合理发生误碰洒水现象 3. 书本分类清晰，合理归类摆放					
第六步	劳动校验 15分		1. 桌面物品摆放整齐有规律 2. 桌洞整洁、无多余垃圾 3. 整理技巧有无创新点 4. 是否在规定时间内完成整理任务					
	劳动感受 5分							

附件2 "断舍离"整理术——劳动过程考核评价表（个人填写）

姓名		班级			劳动任务					
任务类别				□团队任务			□个人任务			
团队成员	姓名									
	班级									
自主劳动"六步法"										
基本流程			完成情况				自我评价		同学评价	教师评价
第一步	现象描述 10 分		1. 2. 3. ……							
第二步	原因分析 15 分		1. 2. 3. ……							
第三步	劳动计划 10 分		1. 2. 3. ……							
第四步	劳动工具 5 分		1. 2. 3. ……							
第五步	劳动实施 40 分		1. 2. 3. ……							
第六步	劳动检验 15 分		1. 2. 3. ……							
	劳动感受 5 分									

"劳动教育主题周"工作日志(五天)

劳动目标

学会记录工作日志,养成经常反思、提高总结的良好职业习惯。

劳动内容

完成劳动教育周的实践活动,并在劳动手册上记录工作日志。如所在学校尚未开设劳动教育周活动,也可做每日学习工作记录用。

劳动方法与工具

通俗地讲,工作日志(学材图3-2)就是记录自己每天的工作内容、每项工作花费的时间、在工作过程中遇到的问题以及解决问题的思路和方法。你是否有过这样的感受:一天下来忙忙碌碌,回顾一天的生活却发现很多重要的事情还没做,又或是时间的碎片化让你在结束一天工作的时候想不起今天到底做了哪些工作。工作日志可以帮助人们抵抗时间碎片化问题。通过长期科学地记录工作日志,可以提高自己的工作技能。

值得一提的是,工作日志不是记"流水账",把每天做的事情事无巨细地都记下来。这不仅不能帮助你提升工作效率,还会引导你慢慢养成凡事敷衍的态度,最终影响工作心情,对工作失去信心和热情。

如何记好工作日志呢?给大家介绍一种KPTP日志法。它是由Keep、Problem、Try、Plan四个单词的首字母组成。

K(keep),今天做了哪些工作;

P(problem),遇到了哪些问题;

T(try),计划尝试如何解决这些问题;

P(plan),明天的计划是什么。

学材图3-2 日志本

这样说可能不太好理解,我们先来看一个日志模板。

利用日事清(KPTP)工作日志法写日志

K——今天的工作

上午:

(1)网站首页是否做的问题思考。最终决定做。理由是:虽然目前网站的页面比较差,但美观度和完整性比之前好。后续改版的话,也可以在此基础上继续。

(2)思考日志的配合工作,参见附件。

(3)写日志的系列文章,完成2篇。参见附件。

下午：
(1) 继续写日志系列文章，处理配图等。
(2) 做网站的用户图，给立家，测试是否合格。
(3) 谁在用页面修改。

P——存在的问题

网站谁在用页面设计得太差了，好在在立家的"逼迫"下重构了页面方案。目前的版本先如此，等曹溢滟回来后再进行新版本更新。

T——尝试做哪些改变

思考网站改版还有哪些细节的工作没有完成。首页的人像图、用户说，还没有做。

P——明天的计划

(1) 网站剩下的工作清单思考。
(2) OKR 目标与研发沟通，制定相应的分解、执行步骤。
(3) 发工资。
(4) 收纳箱插件问题测试沟通。

OKR 这种工作方法值得尝试！这是目前我们接触到的，从逻辑上讲，最符合我们的工作驱动方式。

(资料来源：三茅网，作者 Harden88，2014-08-20.)

如果你已经开始尝试记录工作日志，可能会发出这样的感慨："计划不如变化大"。原本计划好了第二天要做的事情，但经常会有这样那样的事情插进来，有时候是老师交办的紧急事项，有时候是同学拜托的小忙，或者是各种小意外耽误了计划的进行，导致该做的工作没有及时去做，影响了工作效率。所以才有了前面提到的，有时候忙忙碌碌一天下来，回头想想却发现很多重要的事情还没做，时间反而都被一些不重要的事情挤占了。这时候，你就需要用到时间管理中的四象限法则来规划工作的轻重缓急。

时间管理四象限法则（学材图 3-3 和学材图 3-4），是由著名管理学家史蒂芬·柯维提出的一个时间管理理论。按照该法则，我们每天面对的纷繁复杂的事务，均可按照重要和

	重要	
位次：第二象限 内涵：重要但不紧急 精力分配：50% 做法：计划做 饱和后果：虽忙碌但不盲目 原则：集中精力处理，投资于第二象限，做好计划，先紧后松		位次：第一象限 内涵：重要且紧急 精力分配：20% 做法：马上做 饱和后果：压力无限增大，危机 原则：越少越好，很多第一象限的事情是因为它们在第二象限没有被很好地处理
不紧急		紧急
位次：第四象限 内涵：不重要也不紧急 精力分配：5% 做法：减少做 饱和后果：浪费生命 原则：可以当作休养生息，但不能长期沉迷其中		位次：第三象限 内涵：不重要但紧急 精力分配：25% 做法：授权做 饱和后果：忙碌且盲目 原则：越少越好，放权给别人去做
	不重要	

学材图 3-3　时间管理理论四象限法则

紧急两个不同的程度进行衡量,基本上可以将事务分为四个象限:重要且紧急、重要但不紧急、不重要但紧急、不重要也不紧急。

举例说明:

学材图 3-4　四象限举例

由此可以得出结论:把主要精力有重点地放在"不重要但紧急"或者"重要但不紧急"这两个"象限"的事务上是必要的。达到这种目的,就需要很好地安排时间,做好时间规划,有计划地推进各项工作。

(资料来源:职场趣话《时间管理——四象限法则》.百度网,2021-05-10.)

劳动过程

根据 KPTP 工作日志法和时间管理四象限法则,填写学材 29~33 页的"劳动教育主题周"工作日志。

首先,把今天已知的要进行的工作进行罗列,从中挑选出第一象限"重要且紧急的事",填写在"重点工作"一栏中,集中精力先完成这一象限的工作。

其次,根据第二象限"重要但不紧急"的原则将工作内容填写在表格中的"日常工作"一栏中。第二象限的事情,虽然不那么紧急,但是如果你现在不重视它,它随时都可能发展成重要且紧急的事情。因此第二象限的事情要定好时间有计划地去做。

再次,根据第三象限"不重要但紧急"的原则将工作内容填写在"临时性工作"一栏中。注意,这类事情因为迫切的呼声会让我们产生"这件事很重要"的错觉,而实际上就算重要也是对别人而言。很多时候,我们花大量时间在此象限打转,大多数情况下不过是在满足别人的期望与标准。在这一栏的工作可以尝试授权给别人或者婉拒。

最后,第四象限"不重要也不紧急"所指的事情,填写在"休闲一刻"一栏中。比如看无聊的小说、刷小视频、闲聊、玩网络游戏等,虽然有时候在我们很忙很累的时候,需要这样的事情来放松或缓解压力,但是如果将此类事情没有控制地去做,反而对身心有损。刚开始时也许有滋有味,到后来你就会发现内心其实很空虚。所以,第四象限的事情尽量不要去做。

好记性不如烂笔头,好好写工作日志,写出经验,写出工作价值。现在就开始吧!

劳动成果与评价

填写下面的"劳动教育主题周"工作日志。

"劳动教育主题周"工作日志

姓名		班级		_____年___月___日		
劳动岗位：			劳动地点：			
工作分类	工作项目		完成情况	遇到问题		解决措施
重点工作	1. 2. 3. ……					
日常工作	1. 2. 3. ……					
临时工作	1. 2. 3. ……					
休闲一刻						
本日工作总结及心得	1. 2. 3. ……					
明日工作提醒	1. 2. 3. ……					
自评	优秀　良好　合格　不合格			劳动指导教师评价	优秀　良好　合格　不合格	

自评标准：

优秀：当日工作计划如期完成且有解决问题的措施；良好：当日工作计划完成80%，对未完成的项目有原因分析及补救措施；合格：当日工作计划完成60%，对未完成的项目有原因分析及补救措施；不合格：工作计划完成不足50%。

教师评价标准：

优秀：当日工作计划如期完成，态度认真，规划合理；良好：当日工作计划完成80%，对未完成的原因及补救措施分析合理、措施到位；合格：当日工作计划完成60%，态度认真，分析原因深刻；不合格：当日工作任务未完成，工作态度敷衍，表格填写随意。

"劳动教育主题周"工作日志

姓名		班级		_____年___月___日	
劳动岗位：			劳动地点：		
工作分类	工作项目		完成情况	遇到问题	解决措施
重点工作	1. 2. 3. ……				
日常工作	1. 2. 3. ……				
临时工作	1. 2. 3. ……				
休闲一刻					
本日工作总结及心得	1. 2. 3. ……				
明日工作提醒	1. 2. 3. ……				
自评	优秀　良好　合格　不合格		劳动指导教师评价	优秀　良好　合格　不合格	

自评标准：

优秀：当日工作计划如期完成且有解决问题的措施；良好：当日工作计划完成80%，对未完成的项目有原因分析及补救措施；合格：当日工作计划完成60%，对未完成的项目有原因分析及补救措施；不合格：工作计划完成不足50%。

教师评价标准：

优秀：当日工作计划如期完成，态度认真，规划合理；良好：当日工作计划完成80%，对未完成的原因及补救措施分析合理、措施到位；合格：当日工作计划完成60%，态度认真，分析原因深刻；不合格：当日工作任务未完成，工作态度敷衍，表格填写随意。

"劳动教育主题周"工作日志

姓名		班级		_____年___月___日	
劳动岗位：			劳动地点：		
工作分类	工作项目		完成情况	遇到问题	解决措施
重点工作	1. 2. 3. ……				
日常工作	1. 2. 3. ……				
临时工作	1. 2. 3. ……				
休闲一刻					
本日工作总结及心得	1. 2. 3. ……				
明日工作提醒	1. 2. 3. ……				
自评	优秀　良好　合格　不合格		劳动指导教师评价	优秀　良好　合格　不合格	

自评标准：

优秀：当日工作计划如期完成且有解决问题的措施；良好：当日工作计划完成80%，对未完成的项目有原因分析及补救措施；合格：当日工作计划完成60%，对未完成的项目有原因分析及补救措施；不合格：工作计划完成不足50%。

教师评价标准：

优秀：当日工作计划如期完成，态度认真，规划合理；良好：当日工作计划完成80%，对未完成的原因及补救措施分析合理、措施到位；合格：当日工作计划完成60%，态度认真，分析原因深刻；不合格：当日工作任务未完成，工作态度敷衍，表格填写随意。

"劳动教育主题周"工作日志

姓名		班级		_____年____月____日	
劳动岗位：			劳动地点：		
工作分类	工作项目		完成情况	遇到问题	解决措施
重点工作	1. 2. 3. ……				
日常工作	1. 2. 3. ……				
临时工作	1. 2. 3. ……				
休闲一刻					
本日工作总结及心得	1. 2. 3. ……				
明日工作提醒	1. 2. 3. ……				
自评	优秀　良好　合格　不合格		劳动指导教师评价	优秀　良好　合格　不合格	

自评标准：

优秀：当日工作计划如期完成且有解决问题的措施；良好：当日工作计划完成80%，对未完成的项目有原因分析及补救措施；合格：当日工作计划完成60%，对未完成的项目有原因分析及补救措施；不合格：工作计划完成不足50%。

教师评价标准：

优秀：当日工作计划如期完成，态度认真，规划合理；良好：当日工作计划完成80%，对未完成的原因及补救措施分析合理、措施到位；合格：当日工作计划完成60%，态度认真，分析原因深刻；不合格：当日工作任务未完成，工作态度敷衍，表格填写随意。

"劳动教育主题周"工作日志

姓名		班级		_____年____月____日		
劳动岗位：			劳动地点：			
工作分类	工作项目		完成情况	遇到问题		解决措施
重点工作	1. 2. 3. ……					
日常工作	1. 2. 3. ……					
临时工作	1. 2. 3. ……					
休闲一刻						
本日工作总结及心得	1. 2. 3. ……					
明日工作提醒	1. 2. 3. ……					
自评	优秀 良好 合格 不合格			劳动指导教师评价	优秀 良好 合格 不合格	

自评标准：

优秀：当日工作计划如期完成且有解决问题的措施；良好：当日工作计划完成80%，对未完成的项目有原因分析及补救措施；合格：当日工作计划完成60%，对未完成的项目有原因分析及补救措施；不合格：工作计划完成不足50%。

教师评价标准：

优秀：当日工作计划如期完成，态度认真，规划合理；良好：当日工作计划完成80%，对未完成的原因及补救措施分析合理、措施到位；合格：当日工作计划完成60%，态度认真，分析原因深刻；不合格：当日工作任务未完成，工作态度敷衍，表格填写随意。

任务二 生产性劳动

7S 在日常自我管理中的应用

劳动目标

通过对本模块第一节的学习,掌握 5S 的基本内容以及 7S 的操作流程。

劳动内容

通过日常学习生活与自我管理的结合,发掘自己需要提升改进管理方式的实例。

劳动方法与工具

参见正文表 3-2,根据学到的有关 7S 方面知识,根据 7S 实施量化赋分表的项目、评分要求,对自己的校园住宿情况进行评分,客观直接地进行评判。

劳动过程

本模块第一节主要阐述了两个知识点:实习实训以及现场管理。通过实习实训相关概念、意义和价值的学习,引入现场管理的概念,最终落脚到对自我的管理中。

承接教材课后思考内容,分析自己当前住宿环境是否存在待整改必要?如是,可从以下方面着手。

第一,查看物品摆放;第二,分析收纳程序;第三,评价卫生状况;第四,进行清洁清扫;第五,总结归纳规律;第六,进行安全整顿。

列好步骤后,可参照表 3-2 内容对自己进行赋分,同时采取行动,力所能及地整理改善居住环境和住宿条件。学习本章前,可以进行预习,并对清扫整理情况以宿舍为单位进行宿舍间互评,邀请辅导员或班主任老师做评审成员并给予点评。

劳动成果与评价

根据学到的有关 7S 方面知识，对自己的校园住宿情况进行评分

项目	基 本 要 求	考核评分要点	子项得分	本项得分
1. 整理（15分）	1.1 室内家具放置统一、规范。3分	按实际评分		
	1.2 学校明令禁止使用的物品，占有空间有碍整洁、美观的物品、包装等"不需要物品"清理出寝室。5分	发现明令禁止使用的物品1件扣1分；发现其他"不需要物品"1件扣0.5分		
	1.3 过季节衣服、被子等"不常用物品"经过清洗、晾晒、叠放、收藏放在衣柜中。4分	衣服、寝具等生活用品按照季节需要放置，过季物品置于柜内、不外露。发现1起扣0.5分		
	1.4 个人区域墙壁干净整洁，无乱挂乱贴现象。2分	挂、贴明星照片等1起扣0.5分，挂、贴不健康图片的1起扣2分		
	1.5 清洁工具齐全、质量完好。1分	清洁工具齐全0.5分，质量完好0.5分		
2. 整顿（20分）	2.1 床上用品放置统一、整齐，床面平整、被子折叠美观。4分	统一、整齐、床面、被子各1分		
	2.2 清洗用品位置固定，有规律摆放。4分	毛巾、脸盆、牙刷杯、其他（护肤化妆品等）各1分		
	2.3 鞋子位置固定、够用，放置整齐。3分	鞋子位置固定1分；位置够用1分；放置整齐1分		
	2.4 体育用品和其他用品摆放区域合适，整齐有序。3分	体育用品1分；其他用品（箱包等）区域适合1分，整齐1分		
	2.5 晾晒衣物整齐，阳台内物品放置有序。3分	晾晒衣物整齐1分。不影响他人1分；阳台内物品放置有序1分		
	2.6 清洁工具位置固定、够用，放置规范。1分	位置固定0.5分，放置规范0.5分		
	2.7 废弃物处理环保化。2分	废弃物分类处理1分，处理效果1分		
3. 清扫（15分）	3.1 地面每天清扫，保持清洁。3分	地面清洁，无废弃物，无积水。按实际评分		
	3.2 门窗每周擦洗，保持清洁。2分	门窗清洁，无灰尘。按实际评分		
	3.3 墙壁和顶面在必要时进行清洁，保持干净。2分	墙壁和顶面清洁。无污迹、鞋印、球印，无蜘蛛网。按实际评分		
	3.4 家具随时保持清洁。2分	床栏、扶手、桌子、橱柜、脸盆架等无灰尘。按实际评分		
	3.5 卫生间每天清洁1次，保清洁，无积水，无异味。3分	卫生间清洁1分，无积水1分，无异味1分		
	3.6 个人床单、棉被清洁和比较清洁。2分	太脏的扣1分		
	3.7 个人衣服鞋袜经常换洗，基本无脏衣服、脏鞋袜积累。1分	视脏衣服、鞋袜积累程度按实际评分		
4. 清洁（10分）	4.1 建立卫生值日制度。执行良好。4分	"寝室卫生值日表"上墙2分，执行情况2分		
	4.2 建立常用物品摆放规范。2分	"常用物品摆放规范表"上墙2分		
	4.3 室内环境舒适。4分 硬环境：光线、通风、排水等2分 软环境：寝室文化2分	硬环境：按实际评分。提倡建设反映寝室特色和中职学生特点的寝室文化，按实际评分		

续表

项目	基本要求	考核评分要点	子项得分	本项得分
5. 素养（20分）	5.1 不吸烟，不喝酒，不赌博。6分	每项2分，发现1起，该项得0分		
	5.2 遵守作息制度和请假制度。4分 按时起床，1分；按时就寝，1分；按时出入寝室，1分；有事请假，1分	按时起床：无故不按时起床发现1起扣1分；按时就寝：熄灯后未回寝室1起扣1分；熄灯后讲话1起扣1分；教学时间无故在寝室发现1起扣1分；不请假擅自回家，发现1起扣0.5分		
	5.3 自觉维护公共卫生。4分 自觉维护走廊、过道等室外卫生，2分；不将方便面、饭盒等速食类食品带入寝室2分	发现果壳、垃圾、污水乱丢、乱倒等不文明行为，1起扣1分。发现1起扣0.5分		
	5.4 爱护公物。2分	发现损坏门窗（含玻璃、锁销）、床、桌椅等公共卫生设施的，按照程度，轻微的1处扣0.5分，严重的1处扣5分		
	5.5 同学间互相关心，和睦相处。2分	按实际评分。发现打架1起扣2分，有吵架、骂人现象扣1分		
	5.6 自觉服从楼层管理员（生活指导教师）管理，讲礼貌。2分	走访管理员（生活指导教师），根据其评价评分		
6. 安全（20分）	6.1 各种设备设施维护良好，处于正常使用状态；发现问题立即维修并达到安全标准。3分	发现设备设施不能正常使用，或者是报修后24小时内未能修复，1起扣1分		
	6.2 寝室附近消防器材的设置符合消防安全规定，掌握消防器材的正确使用方法。3分	消防器材设置符合规定，1分；做到"三懂"（懂防火知识，懂灭火知识，懂防火制度）1分；四会（会报警，会使用灭火器，会扑救初起火灾，会疏散自救）1分		
	6.3 公共（安全）通道通畅，并有明显指示。2分	通道通畅1分；指示明显1分		
	6.4 违纪违规现象。12分；无违规使用电器和私拉乱接电线，私自变更保险丝熔断电流等现象3分；无携带、存放管制刀具现象1分；无夜不归宿现象2分；无留宿外人现象1分；无就寝拼铺现象1分；无爬窗越墙返回寝室现象1分；无个人财产不安全情况1分；无其他不安全、不健康的情况2分	发现1起扣1分；造成不良后果的，加倍扣分；照成不良后果的，本项指标得0分；发现管制刀具，1起扣1分；发现无故夜不归宿，1次扣1分；留宿外寝室同学1起扣0.5分，留宿校外人员1起扣1分；发现爬窗越墙现象，1起扣1分；发现个人财产丢失的1起扣0.5分，数额较大的加倍扣分；发现其他不安全不健康的现象，视程度扣1~2分，特别严重的，本指标得0分		

作业提交方式：填写完成学材中的表格，汇总得分，将自己的减分项与特色项进行凝练，整理成报告；同时提交宿舍整理照片或视频等。

定制创业策划书

劳动目标

通过对本模块第二节的学习,掌握创业的基本概念以及创业计划书的制订方法。

劳动内容

学习者可以采取头脑风暴法,思考适合自己创业的项目,发掘创业所需资源,为自己初创企业创造应有的条件。

劳动方法与工具

参考下文中的创业计划书模板,也可以由学习者自行拟订创业计划书以及思维导图

劳动过程

本模块第二节主要阐述了:创新创业的概念和实施方案,重点在于如何分析制订创业计划书。

承接教材知识拓展内容,分析自己当前是否具备创业条件。如具有坚定的创业信心,可从以下方面着手。

首先,分析自己初创企业的计划;其次,坚定创办企业的决心;最后,制订行之有效的具体计划。

列好步骤后,可参照本部分教材内容,对自己进行全面剖析,同时采取行动,力所能及地搜集整理信息,进行计划的制订。学习本章前,可以进行预习,通过与同学的探讨,客观评价自己能否创业成功,邀请辅导员或班主任做评审成员并给予点评。

劳动成果与评价

将下列要素进行归纳整理,分别作出客观分析,并制订行之有效的创业计划书:企业概况、创业者个人情况、市场评估、市场营销计划、企业组织结构、投资、流动资金(月)、销售收入预测、销售与成本计划、现金流量计划,完成附件的创业计划书制作。

附件

创业计划书

企 业 名 称 _____

创业者姓名 _____

日　　　期 _____

通 信 地 址 _____

邮 政 编 码 _____

电　　　话 _____

传　　　真 _____

电 子 邮 件 _____

一、企业概况

选择创业项目的理由

_____
_____
_____
_____

简述企业愿景

_____
_____
_____
_____

企业主要经营范围

_____
_____
_____
_____

企业类型：□ 制造企业　　□ 贸易企业　　□ 服务企业　　□ 农林牧渔企业

□ 其他（请说明）

二、创业者个人情况

以往相关经验（包括时间）

_____
_____
_____
_____

教育背景及所学习的相关课程（包括时间）

_____
_____
_____
_____
_____

三、市场评估

目标顾客描述

市场容量或变化趋势

预计市场占有率

竞争对手主要优势

1.

2.

3.

4.

5.

竞争对手主要劣势

1.

2.

3.

4.

5.

本企业相对于竞争对手的主要优势

1.

2.

3.

4.

5.

本企业相对于竞争对手的主要劣势

1.

2.

3.

4.

5.

四、市场营销计划

1. 产品或服务

产品或服务	主 要 特 征
（1）	
（2）	
（3）	
（4）	
（5）	

2. 价格

产品或服务	预测成本价格	预测销售价格	竞争对手的销售价格
（1）			
（2）			
（3）			
（4）			
（5）			

折扣销售	
赊账销售	

3. 地点
（1）选址细节

地　　址	面积 / 平方米	租金或建筑成本

（2）选择改地址的主要原因

_____
_____
_____
_____
_____
_____
_____
_____
_____
_____

（3）销售方式（选择一项并在左侧的□内画"√"）

将把产品或服务销售或提供给：□最终消费者　□零售商　□批发商

（4）选择该销售方式的原因

_____
_____
_____
_____
_____
_____
_____
_____
_____

4. 促销

广　告		成本预测	
人员推销		成本预测	
营业推广		成本预测	
公共关系		成本预测	

五、企业组织结构

企业将登记注册成

☐ 个体工商户　　　☐ 个人独资企业

☐ 合伙企业　　　　☐ 有限责任公司

☐ 其他（请说明）

拟定的企业名称

企业成员

职　务	薪金/工资（月）
企业主或经理	
员工	

企业将获得的营业执照、许可证

类　型	预计费用

企业承担的其他法律责任（保险、纳税等）

种　类	预计费用

股份合作协议

条款＼协议内容＼合作人				
企业计划注册资金				
出资方式				
出资数额				
股权份额及利润分配				
利润数额与亏损承担				
分工、权限和责任				
违约责任				
转股、退股及增资				
协议变更和终止				
其他条款				

企业组织结构图

六、投资

1. 机器、机械和其他生产设备

根据企业销售量的预测,假设达到100%的生产能力,拟购置以下机器、机械和其他生产设备。

项 目	数 量	单 价	金额/元
(1)			
(2)			
(3)			
(4)			
合 计			

供应商名称	地 址	电话或传真

2. 器具、工具和家具

根据企业生产经营活动的需要,拟购置以下器具、工具和家具。

项 目	数 量	单 价	金额/元
(1)			
(2)			
(3)			
合 计			

3. 交通工具

根据交通和营销活动的需要,拟购置以下交通工具。

项 目	数 量	单 价	金额/元
(1)			
(2)			
(3)			
合 计			

供应商名称	地 址	电话或传真

4. 电子设备

项 目	数 量	单 价	金额/元
(1)			
(2)			
(3)			
合 计			

供应商名称	地　　址	电话或传真

5. 无形资产

根据企业需要，拟购买以下无形资产。

项　　目	金额/元	备　注
（1）		
（2）		
（3）		
合　　计		

6. 开办费

根据企业需要，开业前需支付以下费用。

项　　目	金额/元	备　注
（1）		
（2）		
（3）		
合　　计		

7. 其他投资

根据企业需要，除固定资产、无形资产、开办费外，还需支付以下费用。

项　　目	金额/元	备　注
（1）		
（2）		
（3）		
合　　计		

8. 投资概要

项　　目	金额/元	月折旧额/摊销额/元
房屋		
机器、机械和其他生产设备		
器具、工具和家具		
交通工具		
电子设备		
无形资产		
开办费		
其他投资		
合　　计		

七、流动资金（月）

1. 原材料（或商品）和包装费

项　目	数　量	单　价	金额/元
（1）			
（2）			
（3）			
（4）			
（5）			
合　计			

供应商名称	地　址	电话或传真

2. 其他经营费用（不包括折旧费和贷款利息）

项　目	金额/元	备　注
工资和薪金		
租金		
促销费		
办公用品购置费		
维修费		
保险费		
水电费		
电话费		
其他费用		
合　计		

八、销售收入预测

销售情况 产品或服务	月/季/年											合计
（1）	销售数量											
	平均单价											
	月销售额											
（2）	销售数量											
	平均单价											
	月销售额											
（3）	销售数量											
	平均单价											
	月销售额											
（4）	销售数量											
	平均单价											
	月销售额											
（5）	销售数量											
	平均单价											
	月销售额											
（6）	销售数量											
	平均单价											
	月销售额											
合计	销售总量											
	销售总收入											

注：八、九、十 3 张表格，要求逐月填写 1 年的销售收入预测，如企业投资回收周期较长，可选择按季或年来填写。

九、销售与成本计划

项目 \ 金额/元 \ 月/季/年		合计										
销售	含税销售收入											
	增值税											
	销售净收入											
成本	原材料（列出项目）											
	(1)											
	(2)											
	(3)											
	包装费											
	工资和薪金											
	租金											
	促销费											
	保险费											
	维修费											
	水电费											
	电话费											
	宽带费											
	办公用品购置费											
	其他费用											
	折旧和赊销											
	总成本											
附加税费												
利　润												

续表

项目	金额/元 月/季/年									合计
所得税	企业所得税									
	个人所得税									
	其他									
净利润										

注：对于"所得税"项目的填写，有限责任公司填写"企业所得税"，个体工商户、个人独资企业和合伙企业填写"个人所得税"，实行定额征收的企业填写"其他"。

十、现金流量计划

项目	金额/元	月/季/年											合计
现金流入	月初现金（A）												
	现金销售收入												
	赊账销售收入												
	贷款												
	企业主（股东）投入												
	现金流入合计（B）												
现金流出	现金采购												
	赊账采购												
	包装费												
	工资和薪金												
	租金												
	促销费												
	保险费												
	维修费												
	水电费												
	电话费												
	宽带费												
	办公用品购置费												
	其他费用												
	贷款本息												
	税金												

续表

项目	金额/元 月/季/年								合计
现金流出	投资（列出项目）								
	现金流出合计（C）								
月底现金（A+B−C）									

附件

创业计划书是一份全方位描述企业发展的文件，是创业者素质的体现。此创业计划书正文中没有涉及或者需要详细描述的内容可以在附件中加以完善。根据需要，把诸如申请哪种营业执照、合作协议或合伙协议、公司章程、产品或服务目录、价格表、岗位责任和工作定额，以及有必要证明自己资质的复印件和其他文书材料等附在创业计划书后面。

任务三 社会技能

"技"服万家——我的技能服务

劳动目标

挖掘自己的技能优势,理论联系实际,用自己的专业技能服务他人。

劳动内容

开展一次以"我为群众办实事"为主题的公益服务劳动,走进社区,依托自己的专业技能为社区居民解决生活中遇到的困难,展现青年学生的风采与担当。

劳动方法与工具

在进社区进行公益劳动之前,需对社区居民的需求进行充分调研,以保证服务开展的有效性和针对性,那么如何搜集社区居民的生活需求信息呢,本任务给大家介绍了"问卷调查法",帮助同学们合理设计调查问卷,高效搜集信息,大家一起来看看吧!

一、把握目的和内容

问卷设计的第一步就是要把握调研的目的和内容,这一步骤的实质是规定设计问卷所需的信息。

二、搜集资料

搜集有关资料的目的主要有三个:一是帮助研究者加深对所调查研究问题的认识;二是为问题设计提供丰富的素材;三是形成对目标总体的清楚概念。

三、确定调查方法

不同类型的调查方式对问卷设计是有影响的。按问卷填答者的不同,分为自填式问卷调查和代填式问卷调查(学材图 3-5)。自填式问卷调查,按照问卷传递方式的不同,可分为报刊问卷调查、邮政问卷调查和送发问卷调查。代填式问卷调查,按照与被调查者交谈方式的不同,可分为访问问卷调查和电话问卷调查。

随着科技的发展,如今二维码调查成为最受欢迎的问卷调查方式,它打破了传统的被

项目	自填式问卷调查			代填式问卷调查	
问卷形式	报刊问卷	邮政问卷	送发问卷	访问问卷	电话问卷
调查范围	很广	较广	窄	较窄	可广可窄
调查对象	难控制和选择，代表性差	有一定控制和选择，但回复问卷的代表性难以估计	可控制和选择，但过于集中	可控制和选择，代表性较强	可控制和选择，代表性较强
影响回答的因素	无法了解、控制和判断	难以了解、控制和判断	有一定了解、控制和判断	便于了解、控制和判断	不太好了解、控制和判断
回复率	很低	较低	高	高	较高
回答质量	较高	较高	较低	不稳定	很不稳定
投入人力	较少	较少	较少	多	较多
调查费用	较低	较高	较低	高	较高
调查时间	较长	较长	短	较短	较短

学材图 3-5　自填式问卷调查和代填式问卷调查的优缺点

动式调查方法在设备、时间和环境上限制，受访者可以随时随地使用随身携带的移动终端设备扫码参与调查，大大减少调查对象参与调查的阻力与成本。

四、确定内容

问卷一般由卷首语、问题与回答方式、编码和其他资料四部分组成。问题与回答方式是问卷的主要组成部分，一般包括调查询问的问题、回答问题的方式以及对回答方式的指导和说明等。

在设计问卷时，要合理安排所提的问题，通常要有一个递进的过程，一般性问题放在前面，最重要的问题放在中间，后面放一些被调查者可以自由发挥的题目。这样比较符合被调查者的心理活动状况，进而提高调查的效果。

五、分析数据

对所收集到的问题进行归纳、整理、分析，撰写调查报告。

劳动过程

第一步，技能分析。分析自己的专业技能优势，确定自己可以为居民们做哪些方面的服务。

第二步，制订方案。通过调查问卷的形式充分调研社区居民的实际需要，制订出合理有效的活动计划。

第三步，劳动准备。提前进社区进行宣传，按照自己所要进行的技能服务类型提前准备公益劳动需要的工具、材料。

第四步，劳动开展。在整个公益劳动开展过程中要注意安全，团队成团之间加强协作，对被服务对象要示以热情和尊重。

第五步，经验总结。通过此次公益劳动反思自己在专业技能上存在的不足，吸取好的劳动经验，在下一步的专业学习上取长补短。

劳动成果与评价

填写附件"技"服万家——我的技能服务总结评价表。

新时代劳动教育
——"劳动精神　工匠精神　劳模精神"教程学材

附件　"技"服万家——我的技能服务总结评价表

姓　　名		班　　级		
劳动时间		劳动地点		
服务对象				
劳动技能	我的学习专业			
	我的技能水平			
	我的劳动优势			
服务准备	1. 居民需求 2. 劳动工具 3. 社区宣传			
服务内容	1. 2. 3. ……			
服务评价	评价对象	不满意	满意	非常满意
	自我评价			
	服务对象评价			
服务感悟	我的收获			
	我的不足			
	我的反思			

"志"怀天下——我的志愿服务

劳动目标

参与一项志愿服务，掌握策划志愿服务活动的基本流程，在志愿服务中培养"奉献，有爱，团结，进步"的志愿精神。

劳动内容

在校园内开展一次"安全知识宣传"志愿服务活动，通过多种形式向同学们宣传安全知识，增强同学们的安全意识，创建安全校园。

劳动方法与工具

为了确保志愿服务的顺利开展，往往需要提前准备一份具体、详细、针对性强的活动方案，活动方案是为某一次活动制订的书面计划，那么制订活动方案需要注意哪些问题呢？本项任务整理了志愿服务活动策划书模板，帮助同学们学会撰写策划方案，顺利完成志愿服务。

志愿服务策划书

活 动 主 题

策划人 _____

日　　期 _____

一、活动背景
_____
_____

二、活动主题
_____
_____

三、活动目的
_____
_____

四、活动对象
_____
_____

五、活动时间
_____
_____

六、活动地点
_____
_____

七、活动形式
_____
_____

八、活动流程
1._____
2._____
3._____
4._____
……

九、注意事项
1._____
2._____
3._____
4._____
……

十、活动意义
_____
_____

十一、物资预算
_____
_____

劳动过程

第一步，确定活动形式。进行"安全知识宣传"可以有多种形式，例如在班级或者宿舍开展一次安全隐患排查，制作安全知识手册，绘制安全知识黑板报和手抄报，开展"安全知识小讲堂"等。可根据自己的需要和专长确定此次志愿服务的内容形式。

第二步，明确责任分工。以 8~12 人为标准组成志愿服务小组，团队成员之间明确责任和工作分工，提高工作效率。

第三步，策划活动方案。制订详细的活动进度安排，撰写志愿服务策划书。

第四步，开展具体活动。通过查阅资料、咨询师友等形式广泛搜集安全知识，志愿服务过程中注意宣传内容的时效性和有效性，如遇困难可以及时与老师沟通协调、寻求帮助。

第五步，总结活动经验。思考在整个活动开展过程中存在的优点和不足，记录活动流程，增长开展志愿服务活动的经验。

劳动成果及评价

（1）形成一份完整详细的志愿服务策划书（参考前文）。

（2）填写附件"志怀天下"——我的志愿服务考核评价表。

（3）书写"我的志愿宣言"，可简单描述一下自己 1~3 年内参与志愿服务的计划和目标，比如服务次数、服务类型、服务成果等。

附件 "志怀天下"——我的志愿服务考核评价表

个人姓名		班级	
团队成员			
活动主题			
劳动任务个人完成效果多方评价	评价要求（每项20分，共100分）		评价得分
自我评价	1. 能认真参与志愿活动，积极学习相关的知识和技能。（20分） 2. 能预先制订志愿活动计划，围绕志愿服务目标，有效地完成志愿服务活动。（20分）		
同学（其他团队、小组）评价	3. 能在规定的时间内完成志愿服务，志愿服务记录及时、真实、完整，文字表达清晰准确。（20分） 4. 在志愿服务过程中能虚心听取他人的建议，不断进行自我反省，发现问题能及时更正。（20分）		
教师评价	5. 能顺利地完成志愿服务，从志愿服务中提升劳动能力。（20分）		

我的志愿宣言	
志愿服务目标	
志愿服务计划	
志愿服务座右铭	